AF467867

GASTON DUJARRIC

# LA VIE
DU
# SULTAN RABAH



## LES FRANÇAIS AU TCHAD

PARIS
LIBRAIRIE AFRICAINE & COLONIALE
J. ANDRÉ, ÉDITEUR
27, RUE BONAPARTE, 27
1902

# LA VIE

DU

# SULTAN RABAH

DU MÊME AUTEUR :

**L'État mahdiste du Soudan**, 1 vol. (J. Maisonneuve, éditeur).

**Vie de Mahomet d'après la Tradition** (*en collaboration avec* E. Lamairesse), 2 vol. (J. Maisonneuve, éditeur).

**Revue de l'Islam**, mensuelle, fondée en 1895 (Librairie Africaine et Coloniale).

GASTON DUJARRIC

# LA VIE
DU
# SULTAN RABAH



## LES FRANÇAIS AU TCHAD

PARIS
LIBRAIRIE AFRICAINE & COLONIALE
J. ANDRÉ, ÉDITEUR
27, RUE BONAPARTE, 27
1902

# LA VIE DU SULTAN RABAH

## PREMIÈRE PARTIE

## LE TRAITANT ZOBÉIR & LES DÉBUTS DE RABAH

*Les débuts de Zobéir et l'exploitation du Soudan égyptien par le gouvernement et par les traitants. — Le commerce et la traite au Soudan. — La vie dans les zeribas. — Conquête du Darfour par Zobéir. — Le futur Khalife Abdullahi et le futur Sultan Rabah. — Démêlés de Zobéir avec le gouvernement. — Révolte de Soliman-Bey, fils de Zobéir. — Choses Djaliin et Danagla. — Défaite et mort de Soliman. — L'histoire racontée par Zobéir.*

Zobéir (1) est de Dongola. Il appartient à cette race d'hommes robustes et aventureux, de laquelle est sorti le Mahdi Mohammed-Ahmed et qui, de tout temps, a fourni les voyageurs les plus audacieux, les chasseurs d'esclaves les plus hardis du Soudan.

Venu de bonne heure à Khartoum et entré d'abord comme scribe au service de négociants de cette ville, Zobéir fut bientôt enrôlé parmi les *hotariah* (soldats, mercenaires, irréguliers) que des syndicats de trafiquants envoyaient au loin, dans le Sud, à la chasse de l'ivoire et des esclaves.

(1) C'est pour se conformer à un usage très général que l'on orthographie ainsi le nom de ce personnage. Ce nom s'écrit aussi Zubehr, Zebehr, Zoubir, Zibêr ; Schweinfurth emploie cette dernière forme. Le véritable nom de Zobéir ou Zibêr est Zibêr-Râhama-Ghyimme Abt. Selon un auteur (Jacques Daunis : *Revue de Paris*, 1895) il serait fils d'un arabe Djaliin et d'une négresse de Chendy ; et ce serait au service de Ali Abou Amouri, négociant du Bahr-el-Ghazal, qu'il aurait commencé sa fortune. Selon Chaillé-Long-Bey (*Les trois prophètes*,) Zobéir, lorsqu'il quitta Khartoum pour se rendre au Soudan, était au service de la maison Rataz, Agad, Abou-Saoud et autres

Il était ambitieux, énergique et intelligent; il ne tarda pas à prendre de l'ascendant sur ses compagnons, à gagner la confiance de ses maîtres, à devenir chef de bande.

Il résolut alors de s'affranchir de ses commettants, de faire pour son propre compte le trafic et la traite qu'il avait faits jusque-là pour les autres.

« Avec le temps, dit en parlant de lui R. Slatin-Pacha (1), il arriva à se rendre indépendant et fonda une zeriba pour son compte. Aidé d'indigènes bien armés, il s'appropria quelques terres, amena de grandes quantités d'ivoire et réunit un grand nombre d'esclaves qu'il échangeait à des marchands du Nil contre des armes et des munitions. Je ne crois pas que Zobéir-Pacha fût meilleur ou pire que la plupart des autres trafiquants de cette espèce ; le commerce auquel il s'était adonné lui paraissait parfaitement licite. Ce dont on ne peut douter, c'est que c'était un homme d'une volonté de fer et d'une intelligence remarquable. En cela, il dépassait de beaucoup les autres marchands d'ivoire et d'esclaves : ce fut, du moins je le crois, la raison principale de son immense succès. »

C'était le temps où florissait le commerce des esclaves. L'Egypte n'avait pas encore achevé de soumettre le Soudan, où ses possessions effectives se bornaient à la Nubie et au Khordofan, maïs la conquête de cette dernière province avait ouvert aux trafiquants et aux négriers les portes du Bahr-el-Ghazal et du Darfour, pays indépendants, peuplés et riches, où allaient désormais, pendant bien des années, s'approvisionner d'ivoire et de nègres, non seulement les chefs indigènes des provinces conquises qui étaient forcés de payer au gouvernement égyptien un tribut « en nature », mais encore des entrepreneurs trafiquants de Khartoum, parmi lesquels figurèrent des indigènes, des levantins et jusqu'à des européens.

D'abord ce fut le gouvernement lui-même qui *exploita* ces régions du Soudan. Les plus hauts fonctionnaires, et même les gouverneurs généraux ne dédaignaient pas de prendre part à de vastes razzias, qui étaient effectuées parfois avec un grand déploiement de forces. Une expédition, qui partit en 1838 d'El-Obéïd comprenait 4,850 hommes, fantassins et cavaliers, avec 3 pièces de canon. Une autre, en 1844-45 était forte de 6,000 hommes; elle n'accomplit pas moins de dix-sept étapes et poussa jusqu'au delà du Sobat.

« Parfois, les nègres attaqués n'opposaient aucune résistance : le chef du village s'entendait avec le commandant égyptien et lui livrait un certain nombre de captifs; quelquefois ils s'enfuyaient devant les Égyptiens : le plus souvent au contraire, ils se défendaient avec la plus extrême énergie : les Égyptiens alors donnaient l'assaut au village, ou bien en faisaient le siège, attendant le moment où l'absence de vivres et d'eau obligerait les habitants à se rendre (2). »

---

(1) R. Slatin-Pacha : *Fer et Feu au Soudan*.

(2) Pallme, cité par Dehérain (de qui sont les renseignements qui précèdent, *Le Soudan égyptien sous Méhemet-Ali*).

D'ailleurs les divisions entre tribus, qui permettaient de les armer les unes contre les autres, favorisaient encore les entreprises des Égyptiens.

Les Égyptiens rapportaient de ces expéditions des bœufs, des moutons, des chameaux et des esclaves. Ces razzias étaient principalement organisées sur les populations qui vivaient hors des limites de la domination égyptienne, que par conséquent elles ne reconnaissaient point. Dans les territoires effectivement soumis, les populations étaient assujetties à l'impôt, qui se payait soit en or, soit en bestiaux ou en produits agricoles, et dont les versements étaient rigoureusement exigés. Quant aux esclaves razziés au loin, ils étaient conduits d'étape en étape. Le gouvernement ne les nourrissait point. Les villages situés sur les routes suivies par les convois devaient leur fournir des vivres. Comme beaucoup mouraient en route, de privations et de misère, les conducteurs des convois rapportaient leurs oreilles, enfilées en chapelets, afin que le compte de paires d'oreilles justifiât le déficit en êtres humains. A l'arrivée des convois dans les centres de commerce, un certain nombre d'esclaves étaient vendus par l'administration aux ghellabas qui en trafiquaient entr'eux et dans le pays. D'autres étaient incorporés dans les troupes, ou donnés aux soldats, aux officiers, aux fonctionnaires, en paiement d'honoraires ou de solde toujours arriérés. Ceux-ci revendaient souvent à vil prix une partie de leur lot aux marchands.

Le gouvernement escomptait les produits de ces expéditions, non comme une ressource aléatoire, mais comme recettes normales (1).

Les soldats et les officiers mettaient à la capture des noirs un acharnement d'autant plus grand qu'ils étaient payés partiellement, comme on l'a dit, en monnaie humaine; « en poursuivant les nègres, ils couraient après leur argent. »

Chaque expédition ramenait un grand nombre d'esclaves : souvent plus de 1,000; parfois 2,000, et même 3,000.

Sur les marchés de Khartoum, alors (en 1837), le prix d'un esclave variait suivant l'âge, le sexe, la provenance, les aptitudes, de 100 à 375 francs (400 à 1,500 piastres.

Les razzias ne cessèrent point, par suite des entraves qui furent apportées ultérieurement à la traite, mais elles perdirent de leur importance.

D'ailleurs les trafiquants dont on parle plus haut, s'étant établis en force dans les payslimitrophes des provinces conquises, avaient fini par y substituer leur action à celle des agents du gouvernement, qui fermaient les yeux sur leurs opérations, pourvu qu'ils payassent régulièrement de fortes patentes. De même que le commerce, la chasse aux nègres passa entre leurs mains; à leur laisser cette besogne, l'administration ne perdait pas tout bénéfice et dégageait sa responsabilité.

Cependant, le gouvernement faisait encore de temps à autre battre ces pays indépendants par des expéditions spécialement organisées, afin de se procurer des esclaves quand la nécessité de trouver des ressources supplémentaires lui

(1) Dehérain : *Op. cit.* (D'après Thibaut; Bowring; Pallme, Perron; etc.)

faisait oublier que l'abolition de cet odieux trafic lui avait été imposée par les puissances européennes. « Sur le grand chemin du Nil, dit Schweinfurth (1), chemin découvert d'où l'on ne peut rien détourner, la suppression de la traite de l'homme était hautement annoncée et mise en scène par le gouvernement général de Khartoum, avec force proclamations pompeuses. Mais ici, dans l'intérieur, toutes les portes étaient ouvertes au commerce si éloquemment prohibé. Nulle part au monde il n'existe de traitants d'esclaves plus avides que les chefs de ces petits corps de troupes égyptiennes (régulières.) On les voit aller de zeriba en zeriba, suivis d'une longue queue de noire marchandise, qui s'augmente à chaque station. »

Les marchands de Khartoum les plus entreprenants entretinrent longtemps dans les régions soumises de véritables armées qui, étant sans cesse en mouvement, se mêlant pour en tirer profit aux querelles de toutes les tribus, étendaient toujours un peu plus la sphère de leurs déprédations et de leurs razzias.

Mais comme le commerce de l'ivoire et surtout des nègres donnait des bénéfices énormes, il ne resta pas longtemps entre les mains des seuls Khartoumiens. Témoins de leur façon de procéder, et désireux de réaliser les mêmes profits, des indigènes « s'établirent ; » des aventuriers qui avaient débuté comme mercenaires à la solde de quelques maisons de la capitale et qui étaient parvenus à de hauts emplois dans ces armées de forbans, se rendirent indépendants de leurs maîtres. Ceux-ci et ceux-là finirent par se substituer peu à peu aux grands spéculateurs de la métropole, dont ils continuèrent d'ailleurs les agissements, en usant de moyens semblables. Zobéir fut, de ces anciens soldats ou commis, un des premiers à se rendre libre.

En quelques années, il réussit à imposer son autorité sur un vaste territoire qui s'étendait sur le Bahr-el-Ghazal, le Dar-Fertit, le sud et l'ouest du Darfour, tandis que d'autres traitants se partageaient les régions voisines. Ils se livraient tous à des opérations analogues, avec l'assentiment tacite du gouvernement qui, considérant ces arrière-pays comme des dépendances naturelles de l'Egypte et les traitants comme des espèces de fermiers généraux, leur imposait de forts tributs.

Une certaine entente régnait en général entre les traitants, malgré la concurrence qu'ils se faisaient. Chacun d'eux ayant ses établissements, (zeribas,) ses troupes, ses agents, avait plus ou moins organisé le territoire sur lequel il dominait par la force et que d'ailleurs il cherchait toujours à étendre, du côté où son expansion ne pouvait porter ombrage aux autres. Les chefs locaux, par intérêt ou par crainte, reconnaissaient leur suzeraineté et leur payaient tribut, quitte à se rattraper en pillant de temps-à-autre les tribus plus éloignées (2).

Les troupes que ces traitants entretenaient dans leurs domaines respectifs et

(1) Georges Schweinfurth : Au Cœur de l'Afrique, 1868-1871 — Voyages et découvertes, etc. Paris. Hachette et Cie, 1675.

(2) R. Slatin-Pacha : *Op. cit.*

qui étaient réparties entre leurs différentes zeribas, comptaient jusqu'à plusieurs milliers d'hommes, armés à l'européenne, et étaient organisées militairement. Que pouvaient être les soldats de pareils chefs ? Des africains de toute origine et de toute race, hommes libres ou esclaves ; gens capables de tout, mais surtout avides, braves et féroces. Ces forces se grossissaient encore, à l'occasion, de contingents indigènes obligatoirement fournis par les vassaux (1).

* * *

La plupart de ces grands traitants étaient musulmans ; les populations qu'ils razziaient, ou dont ils achetaient les hommes à des ghellabas — sortes de « colporteurs » de chair humaine — étant fétichistes ou idolâtres, ils prétendaient faire la traite autant en trafiquants qu'en bons croyants. C'est ainsi que Zobéir, étendant la zone de ses battues dans le Bahr-el-Ghazal jusqu'à des tribus vassales et tributaires du Darfour, mais désirant éviter toute contestation de la part du sultan de ce royaume, lui écrivait avant de commencer ses razzias ; et pour justifier son invasion, le traitant faisait valoir au souverain que « les nègres, race sans maître et pratiquant le paganisme, étaient regardés par les musulmans comme un butin qui leur était désigné par la loi du Prophète (2). »

Aussi y avait-il des fakis, attachés à leurs zeribas, qui avaient pour mission de convertir ou tout au moins de circoncire les noirs volés, et de faire des eunuques de ceux auxquels leur âge permettait d'infliger la castration.

L'on sait avec quelle facilité l'homme libre, dans l'Afrique barbare peut, de nos jours encore, tomber dans l'esclavage. Il se passait naguère dans le Soudan égyptien méridional ce qui se passe encore dans le Soudan central et occidental ; les mêmes mœurs, les mêmes instincts ont ici et là créé des conditions semblables, et inspiré des procédés analogues.

« C'est l'esclave qui fait le fond de la richesse des indigènes. Aussi tous les moyens sont bons pour se procurer des captifs. Quelques-uns font le commerce. D'autres, plus puissants, font la guerre. Un certain malinké des environs de Siguiri avait un captif pour toute fortune. Il le vendit, à Bamako, pour quatre barres de sel. Revendant son sel sur le marché de Kankan contre des noix de kola, il se rendit dans le Bouré et s'y procura de l'or. Puis il partit pour Sierra-Leone. Là, il acheta avec son or sept fusils et quatre barils de poudre, qu'il rapporta et revendit à un chef de Samory pour huit esclaves. Au bout de huit voyages il était arrivé à en posséder quarante-neuf.

Mais ce que fit là un homme isolé, un village, un chef puissant ne le feront pas. Dès qu'un village se sent plus fort que son voisin, il l'attaque, le prend et emmène les habitants en esclavage.

On raconte à ce sujet la légende suivante : « Un homme passait sur un che-

(1) R. Slatin-Pacha : *Op. cit.*
(2) Schweinfurt : *op. cit.*

min quand il entend derrière lui une voix crier : Arrête, je te fais captif ! L'homme se retourne et voit sur ses talons un autre homme, armé d'un fusil. Etant lui, désarmé, il se rend. Le conquérant donne son fusil à porter à son nouvel esclave et marche fièrement devant lui. Mais le captif, tout-à-coup, mettant son maître en joue, s'écrie : Arrête, je te fais captif ! L'autre, étant sans défense, se rend et est dûment ligotté par son nouveau maître.

..... Entre chefs, le plus puissant attaque son voisin, pille le pays, emmène les habitants.

.... Rohlfs raconte que, étant en séjour à Kouka, il vit quelques-unes des bandes armées du Sultan du Bornou aller piller des régions éloignées de l'empire, et en ramener des esclaves (1). »

Dans les pays exploités directement ou indirectement par les gens de Khartoum, les choses se passaient à peu près de même; mais là, les populations n'étaient pas razziées seulement par leurs chefs ou par des chefs voisins; elles étaient exposées encore aux coups de main des bandes jetées sur les tribus par les traitants, et même, comme on l'a vu, aux entreprises des troupes régulières du gouvernement égyptien : celles-ci et celles-là, d'ailleurs, ne quittaient pas une région sans emmener un grand nombre de captifs. Les ghellabas, parcouraient incessamment la contrée avec des marchandises d'échange pour acheter, isolément ou par petits groupes les esclaves faits dans les petites guerres locales; ils les revendaient ensuite aux traitants établis dans les zeribas, qui eux, en faisait le commerce « en gros. »

Le trafic des ghellabas n'était pas sans aléas : il arrivait souvent que la marchandise s'enfuyait à travers la brousse, emportant les provisions ou la pacotille qu'elle transportait. Puis le marchand devait avoir assez d'avances pour se procurer en quantités suffisantes le cuivre, les cotonnades, les fusils de traite, les menus objets, qui lui servaient de monnaie pour acheter les captifs. Enfin, les bêtes de somme destinées à porter tout cela en attendant qu'il eût ramassé assez d'esclaves pour pouvoir se passer d'animaux, coûtaient cher et souvent mouraient en route. Puis, c'était en somme un métier dur, que de courir perpétuellement d'une tribu dans l'autre, toujours sous la menace d'une révolte du convoi, ou d'un coup de main de quelque autre forban.

Les coquins qui exerçaient ce commerce se trouvaient donc parfois à plaindre. Cependant ils le préféraient à tout autre. Ce brocantage de la chair humaine n'était pas seulement dans les mœurs, il était surtout dans les goûts des Soudaniens.

« Il faut avouer, dit Schweinfurth (2), qu'au Soudan égyptien le commerce légitime n'offre aucune ressource. Les hommes vivent là comme des animaux, sans besoins et sans désirs, ne faisant aucune dépense, n'ayant d'autre bonheur que de thésauriser. De luxe, de confort domestique, même dans les étroites

(1) *Bulletins et Mémoires de la Société Africaine de France;* 1895, n° 7.

(2) *Au Cœur de l'Afrique.*

limites de la vie orientale, ils n'ont pas la moindre notion. Tout le service, tout le travail indispensable est, en outre, fait par des esclaves. Dès lors pas de demande, pas de salaires, pas de capital circulant, pas de gages : d'où il suit que les pauvres n'ont pas de moyens d'existence. L'esclave devient le seul article à fournir, et la traite s'alimente de cette double nécessité de la vie des pauvres et de celle des riches; l'esclavage se perpétue ainsi de lui-même. »

L'esclavage était regardé tellement comme une condition naturelle pour une partie de l'humanité, que l'on trouvait dans certains pays des individus qui se faisaient volontairement esclaves, se donnaient aux gens des traitants, « pour avoir une tunique et un fusil et une nourriture régulière. »

La consommation effroyable d'esclaves qui se faisait naguère encore dans le Soudan égyptien s'explique aussi par ce fait que, dans certaines régions et pour certaines denrées, telles par exemple que l'ivoire, le *portage* est le seul mode réellement pratique de transport. C'est pourquoi le développement donné au commerce des régions méridionales, d'abord par le gouvernement qui s'en était réservé le monopole, puis par les traitants, eut pour corollaire le développe-de la traite. D'autre part, grâce à la facilité avec laquelle on peut, en Afrique, quand on possède quelques fusils, disposer de la vie et de la liberté d'autrui, les harems des princes africains ont toujours été abondamment garnis. Or, quand une femme devient mère, le maître cesse généralement, et parfois pour toujours, d'avoir commerce avec elle. Mais il ne lui rend pas pour cela la liberté, tandis qu'il cherche toujours à se procurer de nouvelles concubines. C'est ainsi qu'il n'est pas rare, encore aujourd'hui, de voir, dans le harem d'un prince, 400, 500 femmes et même plus, sans compter les domestiques esclaves destinés à leur service.

On voit que tous les esclaves n'avaient pas la même destinée. Beaucoup restaient dans le Soudan, non loin de leur pays d'origine, et devenaient ce que l'on appelle de l'autre côté du Tchad des captifs de case.

D'autres étaient affectés au service des soldats, auprès desquels ils formaient une sorte de corps auxiliaire. Les plus à plaindre étaient les captifs de commerce, jeunes gens et enfants des deux sexes que l'on envoyait après de longues et dures pérégrinations par des routes détournées dans tout le reste de l'Afrique barbare, et jusqu'en Egypte et en Arabie.

..... « Ceux qui font le commerce d'esclaves dans cette contrée soit en leur propre nom, soit comme intermédiaires, peuvent se diviser en trois catégories : les petits marchands ambulants (dont on vient de parler); les agents ou associés des gros traitants du Darfour et du Khordofan, agents fixés dans les zeribas, presque toujours en qualité de fakis ; enfin, les grands marchands établis dans les dems de l'ouest, où ils vivent sur leurs propres domaines. Ces derniers sont les seuls qui fassent campagne hors de la province, accompagnés dans ces expéditions d'une force imposante. » C'est à cette dernière catégorie que paraît avoir appartenu Zobéir.

Ces grands traitants ne tiraient pas que des esclaves des pays qu'ils exploitaient; telles régions étaient plus particulièrement indiquées pour la chasse à l'homme : ailleurs, c'étaient l'éléphant ou le rhinocéros que poursuivaient les bandes à leur solde ; tandis que leurs agents, leurs caravanes, allaient commercer sous bonne escorte, mais pacifiquement, très loin de là, jusque dans les états riverains du lac Tchad.

Parmi les productions indigènes dont le commerce était le plus rénumérateur pour les traitants il faut citer, suivant les régions, la gomme arabique, le copal, la résine, le musc ; puis les peaux brutes ou tannées, les plumes d'autruche, qui allaient en grande partie au Ouadaï, d'où les caravanes les emportaient à Benghazi et Tripoli. Mais c'étaient surtout l'ivoire et les nègres qui alimentaient le commerce et enrichissaient les trafiquants. Zobéir, pour son compte, recueillait annuellement environ 120 quintaux d'ivoire, dont il retirait 12,000 dollars; il envoyait chaque année à Khartoum 1,000 à 2,000 esclaves. Et il n'était pas seul, comme on le sait, à exploiter la contrée. C'est ainsi que, malgré l'abolition officielle de la traite, le Soudan fournissait encore à cette époque de 67 à 70,000 esclaves par an. Il est vrai que tous n'arrivaient pas à destination (1).

En échange de ces produits, quand ils ne s'en emparaient pas de force, les gens des traitants donnaient de mauvais fusils, de la poudre; du sel, de la parfumerie, des médicaments et parfois des spiritueux ; des tissus indiens ou des cotonnades d'Europe, des vêtements arabes confectionnés, des bijoux de pacotille, enfin, de la quincaillerie, et des miroirs, des perles de verroterie, etc.

On se fera une idée de la vie commerciale du Soudan, en jetant un coup d'œil sur le bazar de Khartoum, le principal centre de population et d'affaires.

« Les opérations du bazar de Khartoum représentent plus particulièrement le commerce local ou de détail; le commerce en gros appartient dans son ensemble à tout le Soudan oriental, plutôt qu'à la ville de Khartoum, qui n'est qu'un lieu de transit.

Le bazar où se fait le commerce de détail est très vaste et comprend quelques parties de rues grossièrement couvertes avec des toiles, des nattes ou des planches.

On y vend des marchandises à l'étalage, au magasin ou à l'encan. Ce dernier mode de vente ne s'opère pas comme chez nous ; ce ne sont pas les acheteurs qui se réunissent autour des objets en vente, mais les objets eux-mêmes qui sont promenés dans le bazar par un crieur qui, en même temps, fait connaître le prix du dernier enchérisseur. Parmi les objets du trafic, il faut d'abord citer l'esclave.

La partie la plus estimée de cette sorte de marchandise est la femme jeune, de laquelle on peut tirer plaisir, travail et multiplication. Les femmes esclaves se divisent en trois classes : les *comâci*, au-dessous de onze ans; les *cedâci*, de onze à quinze ans, et les *balek*, au-dessus de ce dernier âge. Naturellement ce

(1) Il en partait en moyenne : du Bahr-el-Ghazal, 25,000; du Dar-Fertit, 12 à 15,000; du Sultanat de Mofio, plus de 30,000. (*Schweinfurth.*)

sont les *ceddci*, qui sont les plus estimées. La vente se traite, soit dan de magasins avec cours nommés *okel*, soit à domicile, soit à l'encan, au bazar. Jeune ou non, l'esclave n'a pas le droit d'avoir de la pudeur; au bazar, même, elle est promenée d'un bout à l'autre presque nue, afin de mieux tenter les amateurs. L'esclave qui a eu la petite vérole a plus de prix, car cette maladie est souvent mortelle.

L'homme esclave atteint son maximum de valeur un peu plus tard que la femme; son prix est en général un peu moindre, mais il se maintient plus longtemps. Quant aux personnes âgées, hommes ou femmes, elles ont bien peu de valeur, car le produit de leur travail équivaut à peine à leur entretien. On conçoit dès lors combien est triste leur position. A trente ans, les femmes ont atteint l'âge fatal où l'on répugne à s'en charger, à moins qu'elles ne puissent se rendre utiles par quelque aptitude spéciale, leur talent culinaire, par exemple. Là est encore un des côtés affreux de l'esclavage : on a tout pris à l'esclave, jeunesse et beauté aux femmes, activité et force aux hommes; puis quand vient l'âge de la décrépitude ces malheureux n'ont aucun droit au bien-être : il ne leur reste qu'à subir de mauvais traitements ou à expirer sous la peine.

L'esclave que l'on expose à l'encan se croise avec le chameau, l'âne ou tout autre animal que l'on promène pareillement.

Les autres marchandises vendues à la criée sont généralement des vêtements, des armes ou quelques objets particuliers que l'on veut faire connaître. Une foule d'autres marchandises et de produits indigènes, ordinairement assez grossiers, se vendent dans ce bazar. Ce sont du linge et des vêtements confectionnés, de la toile de coton, de la toile bleue, un peu de soie et de drap, des peaux préparées pour divers usages, des colliers, des sachets, des cassettes, des amulettes et des verroteries de Venise; des sabres, des couteaux-poignards, des javelines et d'autres armes; de l'étain, du corail commun, de l'ambre, du papier, des rasoirs, de petits miroirs, des aiguilles et de la mercerie; de l'encens, du savon, des *garra;* du fer, des sandales, des courbaches en peau d'hippopotame, divers ustensiles, etc.

En résumé, on remarque au bazar quelques produits d'Europe, un plus grand nombre venant d'Égypte, et la généralité de ceux du Soudan oriental.

Quant à l'aspect des gens qui étalent ces produits ou circulent à certaines heures dans ce bazar, il offre une bigarrure dont on peut se faire une idée par l'énumération des différentes populations (qui se donnent rendez-vous à Khartoum) » (1).

Le commerce en gros reconnaissait pour objets les produits du pays dont on a déjà parlé à propos des pays du sud; et, en outre, la poudre d'or, les plantes médicinales, le coton, les dattes, le sésame, le miel, la cire, le fer et enfin le

(1) P. Trémaux, *Le Soudan.* (Hachette et Cie).

cuivre que l'on tirait surtout des mines d'Hofrat-en-Nahas, mais aussi de l'Abyssinie.

*
* *

Revenons maintenant aux traitants du Bahr-el-Ghazal et voyons quelle était la vie de ces potentats.

Les marchandises échangées ou volées, et les esclaves enlevés dans les razzias étaient amenés, entreposés dans les zeribas, agglomérations plus ou moins vastes de magasins et d'habitations, qu'entourait une solide enceinte défensive. C'est là que, protégés par de bonnes garnisons, résidaient le traitant ou ses vékils (lieutenants), que se préparaient les expéditions, que se formaient et arrivaient les caravanes, celles-ci apportant les marchandises destinées à être réexpédiées dans les pays de simple commerce, celles-là emmenant vers Khartoum, vers l'Egypte, vers la Mer Rouge, les malheureux nègres faits esclaves et les riches produits de l'Afrique centrale.

Ces zeribas étaient comme autant de chefs-lieux, d'où le pouvoir du traitant, ou de ses agents, rayonnait sur les chefs indigènes devenus ses tributaires et souvent ses complaisants auxiliaires pour les razzias.

Elles portaient soit un nom de lieu, soit le nom de celui qui les avait fondées.

En 1868, Zobéir, dit-on, ne possédait pas moins de trente de ces établissements; un des principaux, Dem-Ziber, est resté presque célèbre.

Le Dr Schweinfurth qui, en 1870, fut l'hôte de Zobéir, à Dem Ndouggou, dans le Bahr-el-Ghazal, a décrit (1) la résidence de cet aventurier qui était autant un roi qu'un marchand.

Elle comprenait la *zeriba* proprement dite et des dépendances. La palissade de la zériba formait un carré de deux cents pas de côté. Autour, des centaines de fermes et de groupes de huttes couvraient la pente orientale d'une vallée profonde que traversait un ruisseau alimenté par des sources nombreuses. L'ensemble de tous ces groupes produisait l'effet d'une ville soudanienne et rappelait surtout au voyageur Metamma, la grande place commerciale du Gallabat, lieu principal du trafic entre l'Abyssinie et les provinces de l'intérieur.

Disons d'abord que lorsque le célèbre voyageur y arriva, il se trouvait déjà là, outre les gens de Zobéir, un nombreux corps de troupe égyptien, venu dans le pays pour recevoir l'impôt et dont, suivant l'usage, officiers et soldats faisaient tant soit peu de traite pour leur propre compte. Il y avait encore plusieurs négriers de profession avec leur marchandise, et « plus de deux mille petits marchands » avec leurs caravanes; négriers et marchands, arrêtés à la zeriba ou aux environs par suite de quelque circonstance qui les empêchait de poursuivre leur voyage, étaient les hôtes de Zobéir, qui pourvoyait moyennant une rétribution plus ou moins forte à la subsistance de tout ce monde, et contribuait encore à celle des gens du gouvernement.

(1) *Au cœur de l'Afrique*, etc., par le Dr Georges Schweinfurth, Paris, Hachette et Cie. 1875.

Voici quel aspect présentaient les cours de la zeriba. « Le nombre exceptionnel d'étrangers qui se trouvaient alors chez Zibêr (Zobéir) donnait à l'établissement une grande animation ; mais le *dem* (1) n'en formait qu'un plus douloureux contraste avec la fraîcheur des solitudes que nous venions de traverser. Ces brocanteurs de chair humaine, sales et déguenillés, accroupis dans tous les endroits libres, et veillant sur leur butin comme des vautours sur un chameau tombé au désert ; le son aigu de leurs voix rudes, criant leurs prières blasphématoires ; ces turcs paresseux et cuvant leur ivresse (2) ; plus encore, une foule oisive et agitée, couverte de crasse et de plaies immondes : syphilis et maladies de la peau, tourbillons d'où s'échappaient des odeurs cadavéreuses, constituaient l'ensemble le plus révoltant. Partout la même vue, les mêmes cris, les mêmes exhalaisons frappaient les sens d'un dégoût insurmontable et l'esprit d'une horreur indicible. »

Le maître, cela va sans dire, était logé en tel lieu et de telle sorte que le spectacle et l'odeur de cette tourbe ne pouvaient l'incommoder. Il recevait du reste en véritable gentleman les hôtes de marque.

« Quant à Zibêr, il m'a accueilli aussi bien que je pouvais le souhaiter ; et, pendant tout mon séjour à la zeriba, je n'eus personnellement aucun motif de plainte.

Mon hôte était alors très faible par suite du coup de feu qu'il avait reçu dans l'affaire d'Hellahi (3). La balle avait complètement traversé la cheville, et la blessure était grave. Le seul moyen qu'on employât pour la guérir consistait en une injection d'huile d'olive : moyen peu actif mais qui, avec le temps, amena une guérison complète, comme je l'ai su plus tard.

Zibêr-Râhama-Ghyimme-Abî s'était fait à Ndouggou une vie somptueuse et y avait une véritable cour. De vastes bâtiments carrés et entourés de hautes clôtures composaient sa résidence. A l'intérieur de ces bâtiments étaient de grandes salles de réception, gardées nuit et jour par des sentinelles armées. Des pièces, également spacieuses, servaient à celles-ci d'antichambres : pièces meublées de divans couverts de tapis, et où les visiteurs, conduits par des esclaves richements vêtus, recevaient du café, des sorbets et des chibouks. La présence de lions, retenus par de fortes chaînes, ajoutait au caractère vraiment princier de ces grandes salles.

Dans la pièce la plus reculée du bâtiment qui occupait le centre du groupe, derrière un large rideau, était couché le riche traitant. De nombreux serviteurs attendaient ses ordres, et une bande de fakis, postés sur les divans, en deçà des rideaux, marmottaient leurs prières sans fin.

---

(1) *Dem*, ville, nom donné par les indigènes aux établissements (*Zeribas*) de grande importance ; au pluriel : *douem* ou *douèhm*.

(2) Par « turcs » il faut entendre les officiers égyptiens ; la coutume était restée, dans le Soudan, de considérer comme *turcs* tous ceux qui, de près ou de loin tenaient au gouvernement.

(3) Il s'agit d'un conflit qui avait eu lieu récemment entre un aventurier qui venait mettre à contribution les « protégés » de Zobéir, et les gens de ce dernier.

Malgré l'état douloureux du blessé, des visiteurs, qui désiraient parler au *cheick* — Zibêr se laissait appeler ainsi — se succédaient dans la chambre sans interruption. Je fus introduit près de la couche du malade ; et tout d'abord, à mon grand étonnement, une chaise me fut présentée ; je la retrouvai à chacune de mes visites, qui furent nombreuses.

Zibêr se plaignait de son impotence qui l'empêchait de veiller personnellement à ce qu'on eût pour moi tous les soins désirables.

S'il avait été valide il aurait eu grand plaisir, me dit-il, à m'accompagner et à me faire visiter son territoire. Par bonheur il ne me demanda pas de consultation chirurgicale ; et je le tranquillisai en approuvant le remède dont il faisait usage, remède inoffensif qui, au pis aller, ne pouvait lui faire aucun mal. »

Sur sa signature, (à laquelle devaient faire honneur ses correspondants de Khartoum ou d'Egypte) Schweinfurth obtint immédiatement de Zobéir ce qui lui était nécessaire pour continuer son voyage. Tous les détails que rapporte le voyageur de son séjour dans cette région, aux confins du Bahr-el-Ghazal et du Dar-Fertit, attestent la richesse et la puissance du traitant dont il fut l'hôte.

Et pourtant Zobéir n'avait pas encore, alors, atteint l'apogée du pouvoir et de la fortune. C'est seulement quelques années plus tard qu'il put se croire réellement parvenu au faîte de sa carrière, alors qu'il était gouverneur, avec le titre de pacha, de ce Bahr-el-Ghazal où il avait débuté comme simple soldat négrier.

*
* *

On a raconté de plusieurs façons comment Zobéir fut élevé à ce poste.

Suivant les uns, Zobéir se sentant enfin assez puissant pour rejeter la suzeraineté de l'Egypte aurait à une certaine époque refusé de payer le tribut que le gouvernement de Khartoum lui imposait comme à tous ses confrères. Une expédition fut envoyée contre lui, sous le commandement de Balalaoui-Mohammed (1), mais le traitant rassembla toutes ses forces, marcha contre Balalaoui et le vainquit. Le gouvernement, impuissant à contrôler Zobéir lui offrit le rang de bey à son service. Il accepta et, de concert avec Ismaïl-Pacha Ayoub, gouverneur de Khartoum, marcha contre Brahim, sultan du Darfour dont le gouvernement égyptien avait résolu l'annexion. Zobéir battit Brahim et s'empara de sa capitale El Facher, en récompense de quoi il reçut le titre de pacha et de gouverneur du Bahr-el-Ghazal (2).

---

(1) Chaillé-Long-Bey : *Les trois Prophètes* (Paris, Dentu éd., 1886.)

(2) El Balalaoui Mohammed était originaire du Ouadaï ou du Bornou. Il était fakih et se disait noble. Il vivait en parasite à la cour du sultan Hussein, du Darfour, qui finit par le chasser du pays à cause de ses intrigues. Afin de se venger, il se rendit à Khartoum, où il éblouit le gouverneur en lui dépeignant les richesses du Bahr-el-Ghazal, de la région minière d'Hofrat-en-Nahas, et même de quelques parties du Darfour, tous pays dont il serait, disait-il, facile de s'emparer, parce qu'ils étaient

Suivant d'autres, il n'y aurait pas eu d'abord de rébellion de la part de Zobéir. Celui-ci se serait borné à défendre ses établissements et ses domaines contre l'aventurier El Balalaoui, qui avait entrepris à ses risques et périls d'arracher le Bahr-el-Ghazal aux traitants, et de s'y installer à leur place. L'engagement de payer par la suite un plus gros tribut que les négriers qu'il venait déposséder, lui avait valu au moins la neutralité bienveillante du gouvernement de Khartoum, ce qui lui permettait de se faire passer, aux yeux des populations, presque comme un délégué du Khédive. Quoi qu'il en soit, il n'en avait pas moins été battu et tué par les soldats de Zobéir. « On sait que, demeuré maître du Bahr-el-Ghazal, le traitant s'empressa de prévenir une nouvelle attaque en offrant de se soumettre au gouverneur général du Soudan qui accepta ses propositions et lui fit conférer, avec le titre d'*agha*, les fonctions de mudir de la nouvelle province égyptienne. Ses troupes passèrent avec lui au service du Khédive, mais il continua ses opérations commerciales tout en préparant de nouvelles conquêtes » (1).

Cette deuxième version a une variante. El Balalaoui ne se proposait pas de conquérir seulement le Bahr-el-Ghazal, mais aussi le Darfour et le Ouadaï, et, bien que son entreprise n'eut pas le caractère d'une mission officielle, il en poursuivait néanmoins la réalisation avec des hommes et de l'argent notoirement fournis par le Khédive. Cela se passait en 1872. A la suite de la défaite et de la mort de El Balalaoui, le gouvernement égyptien somma Zobéir de rembourser au trésor les sommes avancées à l'aventurier pour son expédition, ou de continuer l'annexion du Darfour pour le compte de l'Égypte. Le traitant ayant accepté ce second terme, marcha comme on l'a dit plus haut contre Brahim, le battit et se rendit maître de ses états avec la coopération du gouverneur de Khartoum, Ismaïl-Pacha Ayoub.

Cette conquête était terminée en 1874.

*
* *

C'est pendant cette campagne qu'apparaissent pour la première fois deux personnages appelés à jouer un grand rôle, l'un dans le Soudan, l'autre dans l'Afrique Centrale.

Le premier, un baggara, devait devenir le Khalife des derviches et succéder au Mahdi Mohammed-Ahmed. C'était Abdullahi-el-Taachi ou, du nom de son père, Abdullahi eben Mohammed. Venu avec sa famille dans le sud-est du Darfour, il se trouvait à Shakka où il était avec les siens l'hôte du prince local, lorsque Zobéir pénétra dans cette région les armes à la main. Avec son père et ses frères Abdullahi se joignit aux gens du pays pour repousser l'en-

---

en fait abandonnés par le sultan fôrien. El Balalaoui arriva en effet à son but, qui était l'envoi de troupes égyptiennes à la conquête de ces dépendances politiques du Darfour, et enfin du Darfour lui-même. (D'après *Slatin-Pacha* : Fer et Feu au Soudan.)

(1) Jacques Daunis : *Un conquérant soudanais* : Revue de Paris, 1895.

vahisseur. Mais ceux de Zobéir ayant eu l'avantage, le futur Khalife allait être massacré en même temps que plusieurs autres habitants coupables de résistance, lorsque un uléma intercéda pour lui et obtint sa grâce de Zobéir. L'on a raconté que, pénétré de reconnaissance, le baggara aurait alors prédit au conquérant sur la foi d'un prétendu songe qu'il était le Mahdi, dont les musulmans attendaient la venue. Cette prédiction semble-t-il fit peu d'effet sur l'esprit de Zobéir, que sa vie passée n'avait guère préparé, en effet au rôle de Messie; pour tout remercîment il se borna donc à morigéner l'enthousiaste et lui ordonna, puisqu'il avait obtenu la vie sauve, de décamper au plus tôt.

Le marchand d'esclaves était loin de se douter que l'homme auquel il venait de faire grâce serait un jour le maître de tout le Soudan (1). Abdullahi, né vers 1845 avait alors environ 28 ans.

L'autre personnage, dont on n'avait pas eu jusqu'à présent l'occasion d'écrire le nom, et qui d'ailleurs était encore inconnu, s'appelait Rabah. On sait peu de chose sur ses origines. Fils d'un soldat au service de l'Égypte, il passe pour avoir été esclave de Zobéir, mais on ne sait comment il « appartenait » à ce maître : s'il était né dans la maison du traitant, ou si, encore enfant, il avait été acheté ou volé dans quelque razzia. La situation qu'il occupait auprès de Zobéir ne prouverait pas qu'il fut né de condition libre; dans les grandes familles musulmanes, et surtout chez ces grands marchands du Soudan, les charges les plus considérables étaient souvent confiées à des esclaves. Elle ne prouve pas d'avantage que Rabah « appartenait » au traitant, car si ces potentats étaient servis par beaucoup d'esclaves, ils avaient aussi à leurs gages beaucoup d'hommes libres. L'on a écrit quelque part que Rabah était « le frère de lait » de Zobéir : cela semble peu probable si l'on fait attention à la différence d'âge qui existait entre ces deux personnages, mais cette assertion, basée sans doute sur un renseignement mal compris, permet de supposer que Rabah était né dans la domesticité, sinon dans le harem du marchand d'esclaves à la personne duquel il était resté attaché.

Toujours est-il que, pendant la campagne du Darfour (1872-74) Rabah était le premier *Sandjak*, c'est-à-dire le principal lieutenant de Zobéir. Il n'avait alors guère plus de trente ans (2).

*
* *

Après la conquête du Darfour, Zobéir reçut donc pour sa récompense le titre de pacha, et fut nommé gouverneur d'une partie (Dara et Shakka) de ces vastes territoires dont il venait de doter l'Égypte. C'était bien le moins que le gouvernement put faire pour le traitant qui lui avait rendu de nombreux services dans le Bahr-el-Ghazal et qui, seulement dans cette campagne contre le sultan

---

(1) Gaston Dujarric : l'*État Mahdiste du Soudan*. (Paris, J. Maisonneuve).
(2) Jacques Daunis, *op., cit.*

Brahim avait dépensé personnellement 250,000 francs pour assurer le triomphe des armes du Khédive (1).

Il convient d'ajouter d'ailleurs que cette somme ne lui fut jamais remboursée, pas plus que ne lui furent restitués ses biens, que le gouvernement égyptien confisqua plus tard, et qu'il évaluait de 750,000 francs à 1 million.

Malgré la part si considérable que Zobéir venait de prendre à l'expansion de la puissance égyptienne, il était assez mal vu des agents du gouvernement, soit que ceux-ci fussent jaloux de sa subite élévation, soit qu'ils enviassent ses richesses et sa grande popularité qui leur faisait peut-être craindre que l'on ne songeât, en haut lieu, à lui donner bientôt un emploi encore plus élevé. Il ne pouvait y avoir en effet qu'animosité et défiance, chez ces turcs qui se croyaient raffinés parce qu'ils étaient frottés de bureaucrate, contre cette sorte de marchand d'esclaves et de prince demi-barbare qu'était Zobéir.

La mésintelligence ne tarda pas à se déclarer entre Ismaïl-Pacha Ayoub, (le gouverneur général du Soudan), et Zobéir, en apparence parce que celui-ci « avait souvent reproché à Ismaïl les impôts qui pesaient sur le pays » que l'on venait de conquérir (2) et que sans doute le gouverneur général entendait exploiter à la turque. En réalité, Ismaïl avait sur le cœur le pillage à fond d'El Facher, où les troupes de Zobéir, et vraisemblablement Zobéir lui-même, étant arrivés bons premiers, s'étaient appropriés les immenses richesses du sultan vaincu, ses esclaves et les milliers de femmes qui composaient le harem de Brahim, sans réserver autre chose que les miettes de ce butin royal pour Ismaïl-Pacha et ses gens. Il devait, dit Slatin-Pacha, résulter de là, chez le gouverneur, une haine mortelle contre Zobéir, que dès lors, Ismaïl chercha par tous les moyens à desservir et à éloigner.

Enfin Zobéir était fort mécontent de ce que le Khédive (à l'instigation peut-être d'Ismaïl) ne l'eût pas nommé gouverneur de tout le Darfour qu'il venait de conquérir (3).

Ismaïl, dit Chaillé-Long-Bey, commença alors son système d'intrigues et de plaintes contre Zobéir qui, finalement, prit le parti de se rendre au Caire, où d'ailleurs le mandait le Khédive, afin de combattre les allégations portées contre lui et de demander justice.

Il ne devait plus de bien longtemps revoir le Soudan.

Gordon fut sur ces entrefaites nommé gouverneur-général à la place d'Ismaïl-Pacha Ayoub, et il se prépara à entreprendre dans les possessions soudaniennes de l'Égypte une tournée d'inspection.

Bien que Zobéir s'offrit à aller dans le Darfour avec le nouveau gouverneur, pour démontrer à celui-ci la fausseté des accusations de ses ennemis, on le retint au Caire, où il est resté depuis lors, comblé d'honneurs, mais à peu près

---

(1) Chaillé-Long-Bey. *Les trois prophètes.*

(2) R. Slatin-Pacha. *Fer et Feu au Soudan*, I.

(3) Chaillé-Long-Bey. *Op., cit.*

prisonnier dans le palais qui lui a été assigné comme résidence par le gouvernement, lequel lui fait une pension annuelle de 30,000 francs.

Le Khédive n'avait pas voulu entendre ou admettre les justifications de Zobéir, mais il avait dès la première heure fait confisquer les biens du traitant.

Il est permis de croire que le gouvernement, se proposant sérieusement d'établir dans la contrée nouvellement conquise, ainsi que dans le Bahr-el-Ghazal, dont il projetait l'annexion, une administration régulière, craignit que la grande popularité de Zobéir, que les indigènes en général regardaient comme le seul maître du pays, ne contrariât ses projets d'organisation. Au Caire on était loin de prévoir, alors, la révolution mahdiste qui allait éclater quelques années plus tard et changer pour de longues années la face des choses au Soudan. Mais le Soudan est le pays de l'improbable, et c'est là surtout qu'il faut s'attendre toujours à voir arriver l'inattendu.

La révolution mahdiste éclata comme un coup de foudre, en 1881. En moins de quatre ans, le Mahdi avait chassé les égyptiens de presque tout le territoire dont ils se croyaient maîtres. En 1884, leurs dernières forces se trouvaient bloquées dans Khartoum; et Gordon, comprenant enfin que toute lutte était devenue impossible, ne voyait pour l'Égypte qu'un moyen de conserver au moins sa suzeraineté sur le Soudan : c'était d'y ramener, comme gouverneur général, ce Zobéir dont sept ou huit ans auparavant on redoutait tant la popularité.

Et, bien plus tard, en 1899, dans une circonstance où l'on craignit que le Soudan, après avoir été reconquis à grand frais, n'échappât de nouveau par un soulèvement général à l'Égypte, c'est encore à Zobéir que l'on songea à offrir le difficile gouvernement de ce pays, où contrairement au proverbe ne sont prophètes que ceux qui y sont nés.

*
* *

Mais il nous faut revenir aux événements du Darfour, auxquels on ne tardera pas à voir de nouveau mêlé le futur conquérant Rabah.

Avant son départ pour le Caire, Zobéir avait désigné pour le remplacer dans ses fonctions son fils Soliman, qui était encore un tout jeune homme, et il lui avait fait prêter serment de fidélité par sa maison et par ses troupes.

Peu après, les fôriens ayant manifesté quelques velléités de révolte contre les agents du gouvernement égyptien qui les opprimait déjà durement, Gordon qui se trouvait en inspection générale au Soudan, résolut de venir jusque dans le Darfour ; il croyait sa présence nécessaire dans ce pays aussi parce que, disait-on, Zobéir se voyant définitivement interné en Egypte poussait de là-bas, par correspondance et par messagers, son fils et ses partisans à secouer le joug égyptien.

Le premier acte de Gordon en arrivant au Darfour fut une maladresse. Dans la crainte peut-être que les bandes de Zobéir ne se déclarassent contre le gouvernement en faveur de Haroun-sef-ed-Din, qui agitait le pays afin de le faire se révolter et de se faire proclamer sultan à la place de feu Brahim, il leur envoya l'ordre de se retirer des positions qu'elles occupaient, et de se rassembler à Shakka, ce qui était presque les rejeter dans le Bahr-el-Ghazal.

Les troupes du traitant ne pouvaient que trouver injuste cette obligation d'abandonner un pays qu'elles avaient conquis, et sur lequel elles vivaient largement, aux soldats et aux agents du gouvernement. Elles étaient d'ailleurs indisciplinées, turbulentes, tout aussi barbares qu'avant la conquête; et leurs chefs, en devenant de quasi-fonctionnaires n'avaient point cessé d'être des négriers rapaces et féroces.

Tout d'abord, Soliman et les principaux chefs refusèrent d'obtempérer aux ordres du nouveau gouverneur-général; il fut même résolu entr'eux que l'on s'emparerait par surprise de Gordon, afin de pouvoir l'échanger contre le maître injustement retenu au Caire.

Mais l'arrivée inopinée de Gordon renversa ces projets. Il sut calmer les esprits et, afin de se débarrasser des deux chefs les plus écoutés des mutins, il les acheta en les faisant mudirs, l'un, Sejjid Hussein, de Shakka; l'autre, Nur Angerer, de Suga-el-Areba dans le Darfour oriental.

Quant à Soliman woled Zobéir, après des incidents assez dramatiques, mais qu'il serait trop long, et d'ailleurs sans intérêt immédiat de rapporter ici, Gordon lui ayant pardonné eu égard à sa jeunesse et à la position de son père ses velléités de révolte, le nomma bey et mudir du Bahr-el-Ghazal, pays qui avait été comme on le sait conquis moitié militairement, moitié commercialement par Zobéir.

Cette faveur devait causer la perte du jeune homme.

A peine fut-il arrivé à Dem-Ziber, chef-lieu de la province nouvellement annexée, qu'il se vit en butte au mauvais vouloir de tous les gens influents en place. Le Bahr-el-Ghazal était depuis longtemps à peu près livré à l'anarchie et c'était à qui profiterait du moment pour s'enrichir. Il y avait notamment là un résident, nommé Idris woled Dabter, originaire du Dongola, qui remplissait au mieux de ses propres intérêts une charge importante. Sommé par le nouveau gouverneur de reconnaître son autorité et de lui rendre ses comptes, Idris se déroba, et ayant réussi à indisposer contre le nouveau venu la population des trafiquants qui n'appartenaient pas à la tribu de Zobéir, il se rendit à Khartoum où il accusa le jeune homme de toutes sortes d'exactions et de malversations. Comme par surcroît Idris se faisait fort de livrer chaque année au gouvernement un très gros tribut en esclaves (bazingers), en gomme et en ivoire, il obtint facilement la destitution de Soliman, à la place duquel il fut nommé gouverneur de la province.

Le fils de Zobéir qui en somme n'avait rien à se reprocher refusa de rendre ses pouvoirs à son ennemi. Le Bahr-el-Ghazal ne tarda pas à prendre les armes, ceux-ci tenant pour Idris et le gouvernement, ceux-là restant fidèles à la maison de Zobéir. D'ailleurs Idris arrivait avec des troupes régulières; la lutte s'ouvrit en 1878 et, après des péripéties diverses, la victoire resta aux gens de Soliman.

2

Idris s'enfuit à Khartoum, et annonça que le fils de Zobéir avait soulevé tout le pays et s'était déclaré indépendant.

Bien qu'en réalité il n'y eut, au fond de toute cette affaire qu'une question de personnes, envenimée par l'antagonisme de leurs tribus, car Soliman n'était point allé au Bahr-el-Ghazal avec l'intention de se révolter, le gouvernement s'était engagé trop avant pour reculer. Il prit le parti d'agir de rigueur, alors qu'un peu de tact de la part des hauts fonctionnaires de Khartoum eût suffi pour ramener le calme dans les esprits et pour pacifier le pays. R. Gessi, officier italien au service de l'Egypte, fut chargé de conduire une forte expédition contre le bey révolté. La campagne, d'abord retardée à cause de la saison des pluies, fut ensuite rondement menée. Cependant, ce fut Soliman qui prit l'offensive. Après une série de combats malheureux, Soliman fut complètement battu, le 1er mai 1879, et ne trouva son salut que dans la fuite, abandonnant au vainqueur Dem-Ziber et les richesses qui s'y trouvaient accumulées.

Pendant plusieurs mois, avec les bandes qui lui étaient restées fidèles, le bey erra entre le Bhar-el-Ghazal et le Darfour, cherchant en vain à recruter des partisans afin d'offrir son alliance, avec des forces imposantes, au prétendant Haroun sef-ed-Din, qui n'avait pas renoncé à l'espoir de se proclamer souverain indépendant du Darfour.

Peu à peu, les gens de Soliman woled Zobéir exténués par les privations et jugeant d'ailleurs la partie perdue, l'abandonnaient. Il était à bout de forces et de ressources lorsque Gessi, parfaitement renseigné sur sa situation lui fit offrir la paix avec la vie sauve et une sécurité complète pour lui-même et pour tout son monde; en échange de quoi Soliman devrait prêter de nouveau serment de fidélité au gouvernement, et livrer ses armes et ses bazingers, lesquels seraient incorporés dans les troupes égyptiennes.

Soliman, à qui ces propositions avaient été apportées par un ancien ami de son père, Ismaïn Bernou, tint conseil avec ses chefs; tous ne furent pas d'avis de se rendre. En tête de ceux qui étaient résolus, sinon à continuer la lutte, au moins à quitter la contrée pour conserver leur indépendance, était Rabah. Après avoir pris comme on l'a dit une part active à la conquête du Darfour, Rabah était resté toujours fidèle à son maître Zobéir. Il était l'un des chefs en qui le traitant avait la plus grande confiance et qui, depuis son départ pour le Caire, formaient autour de Soliman comme une sorte de conseil des anciens. Il s'éleva avec force contre l'opinion de ceux qui inclinaient à déposer les armes. Il rappela que, consulté au début de cette insurrection, il l'avait blâmée, parce que, à ses yeux elle ne pouvait avoir qu'une issue funeste; que cependant il s'était jeté dans la lutte pour ne pas se séparer de vieux compagnons, et par fidélité à leur maître. Cependant, bien que tout fut perdu, il jugeait dangereux de se rendre. Non qu'il manquât de confiance en la parole de Gessi, mais il redoutait les représailles que les Danagla, inféodés à l'Egypte, et que l'on avait tant de fois vaincus, pillés, massacrés, leur feraient subir, à eux, les Bahara (gens, alliés et clients de Zobéir), qui étaient des Djaliin.

* * *

L'antagonisme entre Djaliin et Danagla avait à bien des reprises troublé le Bahr-el-Ghazal ; il était la seule cause originelle de cette guerre qui avait déjà fait couler des flots de sang. Ces rivalités entre tribus sont à l'Afrique centrale ce que sont dans les états civilisés les questions de clocher : il y a heureusement cette différence que chez nous les rivalités de clocher vont rarement jusqu'à la guerre civile; mais en Afrique et particulièrement au Soudan, c'est l'objet constant de toutes les conversations comme de toutes les préoccupations: cela passionne les esprits et joue dans la destinée des peuples un rôle considérable.

On va voir, par l'exemple des Danagla et des Djaliin, combien sont pourtant insignifiants, au moins à l'origine, les griefs que certaines tribus croient avoir les unes contre les autres. Si cela n'était rapporté par un auteur qui a longtemps manié les populations dont il parle, on refuserait de croire que des créatures humaines peuvent en venir aux mains pour de pareilles futilités.

« Le Bahr-el-Ghazal, dit Slatin-Pacha (1), était autrefois gouverné par des chefs indigènes.

Les tribus des Djaliin et des Danagla qui habitaient les bords du Nil, avaient dans leurs chasses aux esclaves pénétré dans ce pays et en avaient peu à peu pris possession. Les Djaliin font remonter leur origine à Abbas, oncle du Prophète, et sont très fiers de cette illustre descendance; aussi regardent-ils avec mépris les Danagla qu'ils considèrent comme descendants de l'esclave Dangal. Ce Dangal, d'après la tradition, s'était, quoique esclave et tributaire de l'évêque Copte de Bahnasa, élevé à la dignité de gouverneur de la Nubie; tout le pays qui s'étend depuis la ville actuelle de Sarras jusqu'à Debba et Méroé, était sous sa domination. Cet esclave fonda la ville qui porte de lui le nom de Dankala (Dongola) et dont les habitants furent appelés Danagla (Dongolais). Ceux que l'on désigne aujourd'hui sous ce nom sont pour la plupart des Arabes immigrés qui, dans le cours des temps, se sont mélangés aux indigènes. Tous cherchent à faire remonter leur origine aux tribus arabes libres et à repousser la tradition qui en fait les descendants d'un esclave. Malgré cela, le nom de Danagla est pour les Djaliin une épithète méprisante. »

Voilà donc ce qui cause ces guerres fratricides qui durent des années, ne cessent que pour recommencer au premier incident, et où périssent des centaines, des milliers d'individus. Une tradition, d'ailleurs plus ou moins exacte, veut que le djaliin soit noble et le danagla roturier : un froissement fait naître une querelle; chaque tribu prend parti pour son homme : des coups s'échangent; la guerre est déclarée. Les conséquences fatales de la guerre ne peuvent que fortifier l'animosité qui arme ceux-ci contre ceux-là. Cela devient à la longue une haine nationale; l'inimitié ne s'éteint plus, car chaque jour mille incidents l'évoquent et l'enveniment, sans compter les menées des intrigants et des aventuriers qui savent la faire tourner au profit de leurs desseins particuliers.

(1) Fer et Feu au Soudan

Et cette inimitié toujours vivace, tous ceux de la tribu l'éprouvent individuellement, même sans nulle raison personnelle.

*
* *

En effet voici comment, dans le conseil de Soliman, parle Rabah qui est, comme Zobéir et tous ses partisans, un Djaliin, et qui d'ailleurs est un homme intelligent et, pour le milieu, à grandes idées; qui, en plus, semble n'avoir contre Gessi aucune animosité personnelle : « Jamais, s'écrie-t-il avec force, jamais je ne consentirai à me mettre au pouvoir de Gessi, qui ne doit ses succès qu'aux Danagla ! » (1).

Et, bien que la capitulation offerte soit encore, à tout prendre, le parti qui en apparence présente le plus d'avantages, le parti qui rallie le plus de suffrages, Rabah continue à en repousser l'éventualité.

On verra du reste que les événements devaient lui donner raison.

Plutôt que d'accepter les conditions de Gessi, Rabah propose deux solutions.

On a encore plusieurs milliers d'hommes, abattus, mais suffisamment armés et sur la fidélité desquels on peut compter. Que l'on renonce à la lutte : que l'on évacue les territoires convoités par le gouvernement et dont il finira toujours par se rendre maître. On se jettera dans le Dar-Banda, entre le Bahr-el-Ghazal et l'Oubanghi. On trouvera là une contrée riche, indépendante, à peine entamée par les expéditions des traitants; on la conquerra, l'on y créera un royaume.

Il y a de l'ivoire et des nègres, en quantités suffisantes pour alimenter longtemps le commerce et la traite. Gessi ne se hasardera pas pour le moment à poursuivre jusque là les fugitifs; en attendant que d'autres expéditions soient dirigées contre eux, ils auront le temps de s'établir solidement dans le pays.

Ou bien, il faut renoncer pour toujours aux aventures : consentir à devenir agriculteurs, pasteurs, petits marchands, n'importe quoi. Et alors, il n'y a qu'à abandonner à Gessi les armes et les bazingers, comme il le demande.

Seulement il ne faut pas se livrer soi-même, car ce serait se mettre pieds et poings liés au pouvoir des Danagla détestés. Il vaut mieux s'enfuir par petits groupes, gagner telle localité du Darfour, d'où l'on pourra télégraphier directement au Caire pour demander au Khédive une amnistie complète qui sera certainement accordée. Après quoi, chacun tirera de son côté. C'est là le seul moyen d'échapper à la malveillance des Danagla après avoir déposé les armes.

Malgré les appréhensions de Rabah, Soliman et la majorité des chefs (huit sur quatorze) décidèrent de se rendre. Ismaïn Bernou profita habilement de leurs dispositions pour leur faire signer une sorte de capitulation qu'il rédigea séance tenante ; et il se hâta de regagner le camp de Gessi, dans la crainte que

---

(1) R. Slatin-Pacha : *Op. cit.*

ceux qui étaient opposés à la reddition n'obtinssent, comme l'un d'eux l'avait demandé, qu'on ne le retint prisonnier chez Soliman jusqu'à ce qu'ils aient pu mettre une distance rassurante entre eux et le délégué des Khartoumiens.

« A peine Ismaïn était-il parti que Rabah éclata en violents reproches contre ceux qui avaient consenti à se rendre, et les supplia une fois encore de suivre ses avis. Mais ces exhortations restant vaines, il donna l'ordre à ses partisans et à ses bazingers de battre le tambour de guerre. Il prit, avec émotion, congé de ses anciens compagnons d'armes et partit pour les régions lointaines du sud-ouest (1) aux accents sonores de l'*umbaïa* (2).

Un grand nombre des bazingers de Soliman se joignirent à lui, préférant mener au milieu des bois une vie pleine de dangers, plutôt que de se soumettre aux Danagla détestés » (3).

Les chefs, au nombre de cinq, qui s'étaient joints à Rabah, ne devaient pas rester longtemps associés à sa fortune. Redoutant sans doute les aléas de l'entreprise, mais restant décidés à ne point se soumettre à Gessi et aux Danagla, tandis que Rabah poursuivait sa marche en avant, ils restèrent dans des tribus dont les cheicks consentirent à les cacher jusqu'à ce que, la guerre étant finie et le danger passé, ils pussent rentrer chez eux. Mal leur en prit, car peu de temps après Gessi, ayant appris que ces chefs se trouvaient encore dans le pays, ordonna à leurs protecteurs de les livrer ; ils furent conduits enchaînés à El-Facher où le gouverneur Messedaglia-Bey les fit pendre sans jugement.

Entre temps, Gessi, s'étant transporté de son camp de Kallaka à Djerra, où se trouvait le camp des gens de Zobéir, reçut officiellement la soumission de Soliman et de ses fidèles.

Ce que Rabah avait prévu ne tarda pas à se réaliser. Gessi avait d'abord, comme cela était d'ailleurs convenu, fait désarmer les gens de la maison de Soliman; puis il avait distribué les bazingers entre ses propres bataillons. La famille, les anciens serviteurs et les partisans de Zobéir se trouvèrent alors à la merci de leurs ennemis. Gessi cependant ne fut pas sans égards pour le jeune bey : il commença par le traiter avec une certaine considération, et Soliman fut peut-être rentré en grâce, si le camp des Khartoumiens n'eût été plein de gens résolus à le perdre avec tous ceux de sa tribu. Les Danagla n'avaient pas seulement à satisfaire leur vieille rancune contre tout ce qui était de la race des Djaliin; ils avaient surtout à faire disparaître des gens qui, s'ils fussent jamais revenus en faveur, eussent pu les obliger à rendre gorge. En effet, lors de la prise de Dem-Ziber, au mois de mai précédent, les Danagla qui combattaient pour le gouvernement avaient fait main-basse sur les richesses accumulées

(1) Rabah ne continua pas longtemps sa marche dans cette direction. Ainsi qu'on le verra plus loin, il ne tarda pas à se diriger vers le nord, après sans doute avoir gagné des territoires hors de la portée des Egyptiens.

(2) *Umbaïa :* Trompe de guerre, faite d'une défense d'éléphant creusée, et qui rend des sons éclatants.

(3) R. Slatin-Pacha. *Op. cit.*

dans la zeriba de Soliman. Il y avait là, outre d'immenses sommes en or monnayé, des quantités d'objets précieux, de marchandises et d'esclaves. Pour ne parler que des femmes — objet de commerce toujours apprécié au Soudan — le seul harem de Soliman en comprenait de six à huit cents ; et il y avait encore celles des parents du bey, de ses chefs, de ses bazingers. Les Danagla avaient pu s'approprier secrètement ce butin, sans même qu'il fut déclaré à Gessi. « Aussi craignaient-ils que Soliman, pour se concilier la faveur de Gessi, ne lui révélât leur fourberie. et que celui-ci ne les contraignit à restituer les biens volés pour les remettre au Gouvernement. (1) » Enfin les Danagla étaient excités contre Soliman par leur chef, cet Idris woled Dabter, qui avait réussi à se faire nommer gouverneur à la place du jeune homme, et à cause de qui avait éclaté la révolte.

Cet Idris devait toute sa fortune à Zobéir. dont il était l'intendant, et dont il était censé gérer les biens depuis que le traitant était retenu en captivité au Caire. Comme il n'avait profité de cette charge que pour augmenter ses propres richesses, le mandataire infidèle redoutait par dessus tout que le gouvernement ne finit par pardonner à Soliman ; il appréhendait que le bey ne fut poursuivi régulièrement au sujet de sa révolte, et pour cela, envoyé à Khartoum, où il eut sans doute obtenu la permission d'aller, fût-ce sous escorte, voir son père en Egypte. Il savait que Zobéir, malgré sa position actuelle, avait été fait pacha, était traité par le gouvernement avec honneur, et jouissait en somme d'une certaine influence qui lui permettrait, une fois mis au courant des faits, de poursuivre les ravisseurs de sa fortune, et en tout cas, d'établir que Soliman ne devait pas être regardé comme l'auteur responsable de la révolte.

Tout fut donc mis en œuvre pour perdre le bey et ses compagnons dans l'esprit de Gessi, qui sans doute insuffisamment au fait des choses djaliin et danagla, se laissa circonvenir par les créatures d'Idris woled Dabter. D'abord, les Danagla firent courir le bruit que Soliman, se plaignant de n'être pas convenablement traité au camp de Gessi, regrettait d'avoir livré ses armes et serait prêt, s'il en trouvait l'ocasion, à reprendre de force sa liberté.

Puis ils accusèrent le bey d'être en intelligence avec Rabah, de lui fournir des renseignements sur les forces des Khartoumiens et de l'encourager à revenir au Darfour pour les écraser et délivrer les prisonniers.

Gessi écouta trop complaisamment ces insinuations : étranger dans le pays où rien ne lui était familier, il devait être forcément enclin à la défiance contre des gens qui peu de temps auparavant étaient encore des ennemis redoutables ; il craignit que le fruit d'une longue et difficile campagne ne lui échappât, et cédant enfin aux suggestions de son entourage, il laissa les Danagla assouvir leur vengeance sur le fils de Zobéir et ses fidèles.

En effet, dit Slatin-Pacha d'après ce que lui racontèrent des fonctionnaires égyptiens, énervé à la fin par les insinuations et les rapports tendancieux

(1) Fer et feu au Soudan.

des Danagla, « il fit venir dans sa tente Soliman et ses huit compagnons ; là, il leur reprocha sévèrement la perfidie de leur conduite. Habitués, en hommes libres, à ne pas déguiser leurs sentiments, les captifs répondirent aigrement à Gessi ; de part et d'autre la dispute devint telle que Gessi, en proie à la plus violente colère, sortit de la tente et donna aux Danagla l'ordre impatiemment attendu d'exécuter Soliman et ses compagnons. » Les Danagla ne se le firent pas dire deux fois. Ils se jetèrent sur ces malheureux sans défense, leur lièrent les mains et les poussèrent hors de la tente, jusqu'en un endroit du camp où tous les neuf tombèrent à la fois sous les balles que leur tirèrent dans le dos des soldats, apostés là par leurs ennemis avec l'espoir que les choses ne tourneraient pas autrement.

Cela se passait le 15 juillet 1879.

*
* *

Zobéir fit plus tard, au Caire, dans une interview, un récit de ces événements différent de celui qu'on vient de lire et qui émanant d'autorités égyptiennes, ne pouvait que ménager un rôle avouable à Gessi. Il nous a paru intéressant de reproduire cette autre version (1). Elle aidera le lecteur à se faire une religion sur les faits rapportés, et l'éclairera sur la manière dont parfois et notamment au Soudan on a écrit l'histoire.

Zobéir vient d'arriver au Caire. Il offre, pour prouver la fausseté des accusations portées contre lui, de se rendre au Darfour avec Gordon qui va partir pour le Soudan. « Il (Gordon) a refusé ; mais m'a dit d'écrire à mon fils Suléïman (Soliman) une lettre lui enjoignant de se soumettre à lui. Je lui écrivis, disant que Gordon allait comme représentant du Khédive et de moi ; qu'il devait le traiter en seigneur et en frère et le servir comme un esclave s'il le fallait et obéir à ses moindres paroles. J'ai donné à Gordon une lettre de ce genre. Je l'ai accompagné à la gare et mes derniers mots furent pour placer mon jeune fils de seize ans (Soliman) sous sa protection. Quand Gordon arriva, mon fils alla à sa rencontre. Gordon le traita avec beaucoup de bonté, lui donna un jeu d'échecs et le fit gouverneur de Bahr-el-Ghazal.

« Peu de temps après, un serviteur de la maison, appelé Edréis (Idris woled Dabter), se sauva, alla trouver Gordon et lui dit que Suléïman était un traître qui en dessous travaillait contre lui. Il crut tout de suite ce scélérat et le nomma

(3) Cette interview est rapportée dans *Les Trois Prophètes* par Chaillé-Long Bey, lequel, dit dans le même ouvrage : « Ces expéditions sous Gessi qui, d'humble employé s'est élevé au rang de pacha, ont pris de l'importance par l'extension que leur a donnée la presse anglaise. Elles ont servi à donner une teinte d'héroïsme et de dévouement à une croisade contre l'esclavage et les trafiquants d'esclaves, dont on peut bien mettre en doute la sincérité à propos de ce qui s'est passé à Khartoum. Nous devons nous rappeler que l'infortuné Gessi fut son propre historien, et que maintes grandes batailles prétendues livrées contre des trafiquants d'esclaves, se trouveront en réalité avoir été de simples razzias contre des zeribas sans défense. »

gouverneur à la place de mon fils, sans prendre plus d'informations. Suléïman, apprenant ceci, envoya neuf ulémas à Gordon pour l'assurer de son respect et de sa loyauté. Quand ils arrivèrent, on les fusilla tous.

« Deux autres furent envoyés. Ils subirent immédiatement le même sort. Je ne puis comprendre un pareil traitement fait à des ambassadeurs.

« Suléïman dit qu'il irait lui-même trouver Gordon et partit avec 1.200 hommes pour Dara, où il croyait le trouver. Lorsqu'il fut à six heures de distance de Dara, il apprit qu'il était à Khartoum. Il retourna sur ses pas pour y aller. En route il rencontra Gessi avec 150 hommes. Gessi lui ordonna de se rendre. Il protesta contre cette façon de le traiter en ennemi. Gessi répliqua qu'il était le représentant de Gordon, et que Suléïman ne pourrait mieux prouver la loyauté dont il se vantait qu'en venant avec lui. Suléïman dit que si Gessi voulait lui donner sa parole d'honneur que les charges contre lui seraient clairement indiquées, il se rendrait tout de suite et s'en rapporterait à la sentence prononcée. Ceci était la plus grande preuve de sa loyauté, et lui et ses hommes étant de beaucoup les plus nombreux, il eût pu aisément faire Gessi prisonnier. Gessi promit cependant. Alors Suléïman ordonna à son escorte de déposer les armes; et pendant six ou sept jours Gordon et lui furent amis, mangeant à la même table et étant sans cesse en compagnie l'un de l'autre. Le dixième jour cependant Gessi fit dire à Suléïman et à ceux de sa famille qui étaient avec lui de venir le trouver. Ils y vinrent et le trouvèrent assis sous un grand arbre. En dix minutes, il les eut tous fusillés.

« Je ne crois pas que Gordon ait jamais donné l'ordre de commettre un tel meurtre, car il est très humain. Ne pouvant pas parler notre langue, il est susceptible d'erreurs; mais je ne crois pas qu'il eût voulu fusiller mon fils sans l'entendre. Toutefois c'est une chose passée. Je lui ai pardonné comme nous espérons tous être pardonnés. Gessi est mort à Suez depuis (1). Au dernier jour, Dieu jugera entre lui et moi. »

Quelle que soit la version que l'on accepte de ces événements, ils se placent comme on l'a dit en juillet 1879. Rabah, auquel on va revenir, était alors bien loin de là, avec quelques centaines d'hommes résolus et bien armés, dans les monts Marrah et peut-être dans le nord-ouest du Darfour.

(1) Romolo Gessi était né à Ravenne en 1831. — D'abord explorateur à la solde de l'Égypte, il fut chargé par Gordon en 1876 d'explorer la région de l'Albert-Nyanza. Il reçut ensuite la misssion de réprimer la révolte de Soliman-Bey, fils de Zobéir. Il mourut de maladie à Suez en 1881.

DEUXIÈME PARTIE

# PREMIÈRES CONQUÊTES DE RABAH

*Séjour dans l'ouest et le nord-ouest du Darfour : dans le Dar-Fertit, le Dar-Banda, le Dar-Rounga ; indifférence des états de l'ouest à l'égard du Madhisme; incertitude des renseignements sur les débuts de la carrière de Rabah. — Mouvement anti-mahdiste au Dar-Tama. — Massacre de la mission Crampel. — Hypothèses et renseignements sur les meurtriers. — Renseignements sur les gens du Dar-Rounga.*

En se séparant de Soliman woled Zobéir, Rabah était à la tête d'environ 800 hommes mais sur ce nombre, selon toutes apparences, 3 à 400 seulement étaient armés de fusils. Cela n'en constituait pas moins une armée redoutable, dans un pays où les habitants ne possédaient en général que des armes indigènes.

Avec cette force, l'ancien lieutenant de Zobéir battit pendant plusieurs mois sans être inquiété par les Égyptiens la région occidentale du Darfour. Il semble qu'on ne l'ait poursuivi, dès le début, que pour la forme ; une fois qu'il eut gagné au large dans les contrées encore insoumises, le gouvernement ne s'occupa plus de lui ; d'ailleurs l'explosion du mahdisme ne devait pas tarder à faire oublier les fugitifs.

Rabah put donc mener presque en sécurité avec ses hommes, dans le Darfour, l'existence qui leur convenait à tous le mieux, ne fondant d'établissement durable nulle part, pillant ou rançonnant les populations et continuant à pratiquer sur une grande échelle le vol et la traite des nègres.

Cependant la contrée dévastée par leurs brigandages finit bientôt par ne plus leur offrir de ressources. Le Darfour est d'ailleurs un pays saharien : les pluies y sont rares ; en dehors du voisinage des cours d'eau, le paysage offre le caractère des steppes.

« La plus grande partie du Darfour est une terre sablonneuse, altérée ou presque sans eau. Aussi les fôriens qui habitent ces espèces de déserts sont chétifs, maigres, d'une teinte à nuance jaunâtre ; ils ont pour ainsi dire toujours soif ; ils sont obligés de se rationner strictement pour l'eau, comme s'ils étaient dans un navire égaré sur les mers.....

... Au Darfour, la plupart des villages sont dévastés ou à peu près par la violence et la tyrannie des gouverneurs ; il n'y a d'endroits assez bien habités que ceux dont les chefs ont assez de puissance pour se faire craindre et respecter. Hors ce cas, tout est désolation (1)..... »

On comprend qu'un pays aussi généralement pauvre ne pouvait pas nourrir longtemps Rabah et ses gens. C'est pourquoi ils essayèrent de pénétrer sur les territoires des Etats musulmans voisins, du nord et de l'ouest. Quoique indépendants et autonomes, ces états étaient et sont encore dans la dépendance du cheick de la puissante confrérie des Senoussis : bien organisés et défendus, ils résistèrent à l'invasion des gens de Rabah. Mais celui-ci, à la suite de négociations sur lesquelles on n'est pas fixé, se fit céder vers 1881 par le sultan du Borkou quelques territoires de ce pays, adjacents au Darfour et au Khordofan.

Il est permis de supposer que le sultan du Borkou, en consentant à cette cession, pensa y trouver un double avantage. D'abord, il limitait la zone d'action de ses remuants voisins aux districts qu'il leur abandonnait sur leur demande ; ensuite, leur établissement dans cette région équivalait à la création d'une sorte d'« état-tampon » auquel les « turcs » ou égyptiens, s'ils voulaient jamais étendre la conquête du Soudan de ce côté, devraient s'attaquer avant d'envahir ses propres états.

Il est probable en effet que le sultan ne prévoyait pas, alors, que dans un temps rapproché il aurait à redouter plutôt les tentatives d'expansion du mahdisme que les empiétements des turcs.

Il est probable aussi que cet arrangement fut soumis à l'approbation du cheick des Senoussis (1) eu égard à la quasi-suzeraineté qu'il exerce sur le Borkou ; et que ce personnage fut guidé, en y donnant son consentement, par les raisons que l'on vient de dire.

Sur ces entrefaites, la révolution mahdiste éclata dans le Soudan. Le Darfour, le Khordofan, la Nubie, tombèrent rapidement au pouvoir du Prophète. Tout en dirigeant la guerre Sainte, Mohammed Ahmed annonçait sa mission et notifiait son avènement aux potentats de l'ouest, les invitant à le reconnaître pour le Mahdi, à embrasser sa doctrine et à lui faire sa soumission. Il n'eut garde d'oublier le Chef de la puissante confrérie des Senoussis dont les ramifications s'étendent sur toute l'Afrique septentrionale et centrale.

Le cheick ne fit parait-il aucune réponse à la sommation du Mahdi et ses vassaux, obéissant sans doute à une consigne générale, imitèrent sa réserve. Rabah, s'il reçut la même invitation, ne répondit pas plus que les autres. Soit qu'il ne partageât pas les espérances de ses coreligionnaires du Soudan sur l'issue

---

(1) Voyage au Ouaday, par le Cheykh Moh. Ibn-Omar El-Tounsy ; *Traduction* Perron et Jomard (1851). L'aspect du pays, au temps de Rabah, avait peu changé.

(1) Jacques Daunis : *Un conquérant Soudanais.*

de la révolution, soit simplement parce qu'il désirait conserver son indépendance, il garda toujours la même neutralité à l'égard des mahdistes.

On peut remarquer d'ailleurs que le mahdisme n'eut pas d'écho appréciable dans les états de l'Ouest; même, si le Mahdi eut tenté d'étendre par la force sa propagande de ce côté, nul doute qu'il eût été repoussé ; mais il ne le tenta pas ; du moment qu'il n'y porta pas la guerre, on ne la lui déclara point, et l'on n'eût vraisemblablement pas fait alliance contre lui avec ceux qu'il combattait.

Cette attitude des sultans du centre-africain peut paraître étrange, si l'on songe que les musulmans du Ouadaï et du Borkou avaient à défendre contre la civilisation européenne les mêmes intérêts que ceux du Soudan et de toute l'Afrique barbare.

Elle peut cependant s'expliquer par plusieurs bonnes raisons. Les chefs de ces états tenaient à leur souveraineté : reconnaître la mission du Mahdi, lui prêter leur concours, c'était préparer leur dépossession ou tout au moins leur vasselage. Puis, ils n'étaient, ou ne se voyaient pas, alors, directement menacés par les « turcs » ni par les chrétiens. Quant au Senoussi, il ne pouvait logiquement favoriser par quelque moyen que ce fût l'établissement, dans le voisinage d'états agrégés à la vaste organisation politico-religieuse que ses agents ont donnée à l'Afrique, d'un empire théocratique qui n'accepterait pas sa suprématie et voudrait au contraire faire prévaloir ses propres lois dans les pays inféodés au système senoussiste.

Notons en passant que cette réserve, que gardèrent à l'égard du mouvement mahdiste les sultans de l'Afrique centrale et leurs sujets, montre combien est improbable ce soulèvement général contre les chrétiens que l'on croit les musulmans capables de réaliser.

Si Rabah ne prit aucune part au mouvement mahdiste, il ne resta pas pour cela inactif pendant que le Soudan était livré à la révolution. Mais on ne possède, sur ses actes durant cette période que des renseignements vagues, incomplets et parfois contradictoires.

L'on n'attachait pas alors à Rabah assez d'importance pour contrôler avec soin les informations auxquelles son nom encore obscur pouvait se trouver mêlé et qui ne parvenaient que de loin en loin en tels centres où elles pouvaient être utilement recueillies et enregistrées. Et d'ailleurs comment les eut-on contrôlées? On peut se faire une idée de la manière dont circulent les nouvelles, les « on-dit », dans les contrées si peu policées où se déroula d'abord la carrière de l'aventurier. On peut se figurer les altérations qu'ils subissent en passant de bouche en bouche, surtout colportés par des gens qui voient les faits à leur point de vue tout spécial de barbares, et pour lesquels il est souvent indifférent qu'un événement dont ils parlent soit arrivé à telle époque ou à telle autre.

D'autre part, les renseignements que l'on possède sur les débuts de Rabah ont été recherchés et rassemblés assez tardivement.

Il est possible, dans ces conditions, que l'on ait quelquefois attribué à l'aventurier des expéditions, des « courses », qu'il n'a pas faites; que l'on ait parlé de sa présence à certaines époques dans des régions où il ne se trouvait pas.

Rabah avait des soldats, des sujets, des vassaux ou des alliés. Son nom entrait sans doute de quelque manière dans la désignation sous laquelle ces gens se reconnaissaient entr'eux, ou bien qu'on leur donnait autour d'eux. Nous savons que dans cette partie de l'Afrique un village, une troupe, portent fréquemment le nom du chef; par exemple, dans le Haut-Oubangui-Bahr el-Ghazal : Rafaï, Zémio, Bangaso, etc. De même, on voit une quantité d'individus s'appeler *senoussi*, parce que ce terme entre dans la composition du nom de ceux qui font partie de la secte ou qui lui sont à un titre quelconque inféodés : dans la plupart des cas, c'est d'abord un adjectif, qui finit peu à peu par remplacer le nom. Pour ces raisons, il est vraisemblable que l'on a dû plus d'une fois porter à l'actif de Rabah non seulement les déplacements de ses troupes, mais encore ceux des bandes de ses vassaux, alors même que ceux-ci agissaient pour leur propre compte.

Cela explique le manque de concordance que certains faits et certaines dates pourraient présenter dans les détails que l'on donne ici, et qui proviennent de différentes sources; de même on s'expliquera par là que Rabah soit représenté comme opérant, presqu'en même temps, dans différentes régions fort éloignées les unes des autres.

On sait que Rabah occupait encore au commencement de 1884 les domaines que lui avait cédés le sultan du Borkou car c'est là qu'il reçut paraît-il (1) la sommation que lui adressa le Prophète, d'avoir à embrasser le Mahdisme.

Entre temps, sa petite armée s'était grossie des transfuges de celles de Mohammed Ahmed ; de tous les aventuriers du pays, et, probablement d'anciens réguliers indigènes de l'armée égyptienne qui, en passant dans son camp, lui apportèrent un supplément appréciable d'armement.

Il se peut aussi qu'il ait bénéficié dans une certaine mesure de la défaite de Hicks-Pacha à Shekan, dans le Khordofan (2), en accueillant une partie des fuyards échappés au massacre de l'armée de ce malheureux général.

Toujours est-il que dès le courant de 1884 il avait abandonné ses territoires du Borkou où il devait commencer à se trouver à l'étroit, pour aller chercher de nouvelles aventures bien loin de là, au sud, dans des régions plus riches et où les populations, décimées par la traite, affaiblies par des luttes continuelles entre tribus, n'étaient pas en état de lui opposer une résistance sérieuse.

Ce serait alors que Rabah aurait fait la conquête du Dar-Fertit et du Dar-Banda, au cours de laquelle « il vint se heurter aux guerriers Sakara, commandés par leur chef Bali, père de Bangaso (qui était chef du pays en 1898) (3).

(1) Jacques Daunis, *op. cit.*
(2) 5 novembre 1883.
(3) J. Wauters : *Mouvement géographique*, 1898.

La rencontre eut lieu sur les bords de la rivière Bali, non loin du village de Baso.

Les Sakara furent complètement battus et leur pays eût été dévasté et assujetti au pouvoir de Rabih comme celui des Kreisch et des Banda, si le vainqueur n'avait à ce moment été arrêté dans sa marche vers l'Oubangui, par le manque complet de vivres et la crainte de n'en pas trouver dans le sud.

Il changea alors de direction, poursuivit sa trouée conquérante vers le nord-ouest, franchit le Koto par environ 6°30 de latitude, pénétra dans le bassin du Chari et tomba sur le Dar-Rounga.....

Ces événements se passèrent au cours des années 1883-84, c'est-à-dire au moment même où Grenffell découvrait l'Oubangui supérieur jusqu'à Zongo, et trois ans avant l'arrivée de Van Gèle au confluent du Bomou. »

Le voyageur Junker a rapporté en effet que, se trouvant sur le Haut-Ouellé, en 1884, il avait appris des Niam-Niams que des gens appartenant à Rabah sillonnaient déjà les armes à la main le Dar-Rounga; ce devaient être les éclaireurs du gros des forces du conquérant, et sans doute le champ d'action de cette avant-garde s'étendait-il au loin, autour de ce pays.

Ce ne fut pas comme on le pense bien sans luttes, que Rabah put s'introduire dans le Dar-Rounga. Bien que ce pays fut agrégé à cette sorte de confédération que forment tacitement les Etats où domine l'influence des Senoussis, le conquérant, qui aurait dû se regarder au moins comme un client de la secte, en raison du service qu'il en avait reçu, commença cependant par s'emparer de la capitale El-Kouti, située à vingt journées de marche au sud d'Abescher, capitale du Ouadaï. Le sultan rugaïen, Es Senoussi ben el-Bekir ne trouva son salut que dans une prompte fuite.

Mais Rabah comprit bientôt qu'il tirerait du pays un bien meilleur parti si, pour l'exploiter, il pouvait joindre à la force un certain ascendant moral sur les populations. Il rappela donc au bout de quelque temps le sultan dépossédé à El-Kouti, le força à une réconciliation ostensible, le proclama son lieutenant et épousa une de ses filles, tandis qu'il donnait l'autre pour femme à son fils aîné Fadl-Allah.

Le Dar-Rounga où Rabah acheva dans la suite de s'établir solidement, resta la base de ses opérations contre les régions voisines jusqu'à l'époque où il entreprit la conquête du Baghirmi (1893).

*
* *

M. Jacques Daunis a raconté (1) que antérieurement à 1887, Rabah, alors établi comme on vient de le dire dans le Dar-Rounga, « reçut du khalife Abdallah, successeur du Mahdi, de nouvelles lettres l'invitant à se rendre à Omdurman. Il n'en fit aucun cas. Un lieutenant du Khalife, son cousin Osman Adam, aussi-

(1) Dans son article cité : *Revue de Paris,* 1895.

tôt après avoir pris possession du Darfour (dont il venait d'être nommé émir) engagea à son tour Rabah, en 1887, à venir s'entretenir avec lui à El-Facher. »

Rabah n'avait rien à attendre des mahdistes, et il était en droit de craindre beaucoup de leur part ; il laissa ce nouvel appel sans réponse.

Cependant, fidèle à la politique qui était peut-être comme on l'a cru dictée par le cheick Senoussi à tous ceux qui relevaient de lui, pas plus qu'il n'avait voulu aider ou reconnaître le mahdisme, il ne voulut le combattre.

C'est pourquoi on ne le vit prendre aucune part au mouvement qui éclata dans le Dar-Tama, limitrophe du Ouadaï, au N. O. du Darfour, contre les mahdistes, en 1888, à l'instigation d'un illuminé du pays, un jeune cheick nommé Abu-Djemaizeh.

Les troupes mahdistes d'Osman Adam qui occupaient depuis quelque temps le Dar-Tama, s'y livraient aux pires brigandages. La population, résolue à les chasser, se souleva et prit pour chef Abu-Djemaizeh que l'on regardait, grâce à sa piété, comme un autre prophète, et qui poursuivait les intrus de ses prédications et de ses anathèmes depuis leur arrivée dans le pays.

Osman-Adam envoya contre les révoltés, à trois reprises différentes, des troupes qui furent successivement battues. Ceux du Dar-Tama marchèrent sur El-Facher. La mort de Abu-Djemaizeh, qui succomba à la variole (en oct. ou nov. 1888), à Kebkabieh, n'arrêta pas leur élan. Ils prirent pour chef Fiki-Adam et continuèrent à se porter sur la capitale. Tous les mécontents de la contrée se joignirent à eux. La position d'Osman-Adam devint si critique, qu'il songea un moment à évacuer le Darfour. Mais il était trop tard : les révoltés étaient déjà à quelques portées de fusil d'El-Facher ; il voulut tenter un suprême effort, et fut assez heureux pour écraser dans une grande et dernière bataille les bandes de Fiki-Adam (22 juin 1889). Cette victoire ne consolida pas beaucoup la domination mahdiste sur le Darfour Occidental, où, notamment dans le Dar-Tama et le Dar-Massalat les populations continuèrent à s'opposer à toute occupation par les gens du Khalife.

Le bruit courut au Caire que cette révolte avait été fomentée par des agents et avec l'appui des Senoussis ; mais, comme on l'a vu plus haut, ceux-ci n'ont pris aucune part aux querelles entre les Mahdistes et leurs ennemis.

Rabah profita indirectement de ces événements.

Son armée se grossit d'environ un millier de combattants qui désertèrent l'armée de l'émir mahdiste pour venir prendre du service dans ses bandes. Mais lorsque le Darfour, plus tard, resta à peu près sans défenseurs, par suite de la retraite des mahdistes, que de graves événements appelaient de l'autre côté du Soudan, il ne chercha point à s'en emparer. Tout au plus, parcourut-il en partie ce pays, en 1890 ou 1891, si encore il est vrai qu'il y pénétra de nouveau à cette époque, fait qui n'est pas autrement établi. Ce qui est certain, c'est qu'en 1892 il ne s'y trouvait plus.

*
* *

Ce que l'on sait, c'est que les expéditions que Rabah organisait pour se procurer des esclaves et de l'ivoire ont toujours rayonné très loin dans le sud. Ainsi l'on croit, d'après le capitaine Van Gèle (1), que c'étaient des gens à lui qui attaquèrent les Abiras, au confluent du M'Bomou et de l'Oubanghi, en 1882 ou 83, époque où l'on sait qu'il devait être encore fixé en personne sur les marches du Borkou.

Il était donc logique que l'on crut voir encore des émissaires de Rabah dans les ravageurs musulmans qui, en mai 1891 — alors qu'on le savait pleinement établi dans le Dar-Rounga — massacrèrent la mission Crampel à El Kouti et dans la région de ce village situé presque à la limite du Dar-Rounga, du Dar-Fertit et du Dar-Banda, vers le haut Bahr-el-Abiad, à 500 kilomètres environ de l'Oubanghi (2).

La mission Crampel, qui eut une fin si tragique, était partie de France en 1890. Formée sous les auspices du Comité de l'Afrique française, elle avait pour but d'explorer la contrée située entre l'Oubanghi et le Tchad, d'y nouer des relations politiques et commerciales avec les chefs, et d'effectuer, à son retour, la traversée du Sahara pour rentrer par l'Algérie. Outre son chef, que sa valeur personnelle semblait appeler aux plus brillantes destinées, elle comprenait quatre français : MM. Biscarrat, Lauzière, Orsi et Nebout; un algérien, interprète pour l'arabe, M. Mohammed-ben-Saïd; un targui, Ischekkad-ag-Râli, qui devait, au retour, servir d'interprète et de guide à travers le Sahara, trente tirailleurs sénégalais formant l'escorte, des gens de service et porteurs en nombre assez élevé.

Avec la mission se trouvait Niarinzhe, jeune pahouine dont on aura encore à citer le nom au cours de ce récit. D'un premier voyage au Congo, Crampel avait ramené de chez les M'Fans cette enfant que son père, un chef du pays, lui avait donnée. Il l'avait amenée en France et traitée comme sa fille. En quelques mois elle avait appris notre langue et pris des manières de petite blanche. Ce vernis d'éducation d'ailleurs s'effaça bientôt après qu'elle fut revenue avec son protecteur dans son pays natal.

La mission Crampel devait concorder avec celle que commandait Monteil et qui partait du Sénégal pour compléter à travers la vallée du Niger, le Sokoto et le Bornou, la brillante exploration de Binger (3). Elle devait s'appuyer aussi sur celle que conduisait Mizon, par le Niger et la Bénoué. De ces trois missions, une seule devait parvenir au Tchad (4), celle de Monteil, en août 1892. Mizon, arrêté par les agents de la *Royal Niger Company*, ne put dépasser les parages de Yola et dut revenir par le sud.

---

(1) J. Daunis : *Op. cit.*; le capitaine Van Gèle entendit faire cette supposition dans le pays même en 1890.

(2) Ce village, dit J. Daunis, se trouve par 21° long. est et 7° 50 lat. nord à deux journées du cours inférieur du Chari.

(3) Du Niger au Golfe de Guinée par le Mossi et le pays de Kong.

(4) Jean Dybowski : *La route du Tchad* (Paris, 1893).

La mission Crampel, poursuivant l'itinéraire que son chef s'était tracé, était parvenue non sans grandes difficultés, en mai 1891, en pays N'Gapou, à El Kouti, dont on vient d'indiquer la position géographique.

M. Lauzière et M. Orsi étaient mort récemment de maladie, M. Nebout se trouvait dans une autre partie du pays, à la tête d'un détachement qui avait été envoyé à la recherche de vivres.

D'abord reçue avec certains égards par les habitants du village, des musulmans chasseurs d'esclaves dont ce ne semblait être là qu'une station provisoire, la mission ne tarda pas à se voir en butte à leurs mauvais procédés.

Crampel cependant réussit à éviter tout conflit : il avait entrepris des négociations dans le but de pénétrer dans le Ouadaï, et de se mettre en rapport avec le sultan de cet état; il en attendait à El Kouti le résultat, lorsqu'un jour sans nulle provocation de sa part, il fut attiré dans un guet-apens par les musulmans, et traîtreusement assassiné avec Mohammed ben-Saïd et plusieurs hommes de l'escorte.

A quelques jours de là, Biscarrat, qui dirigeait une reconnaissance dans le voisinage eut le même sort, dans des circonstances analogues. Seul Nebout échappa à la mort. Il put rallier quelques hommes et les ramener au Congo.

Le targui Ischekkad et Niarinzhe, ainsi que quelques tirailleurs de l'escorte furent gardés captifs par les musulmans, qui pillèrent et se partagèrent les bagages, les provisions et l'équipement de la mission.

L'armement, dans un pays où un fusil est un trésor, représentait à lui seul une aubaine merveilleuse : il se composait de 50 fusils à tir rapide, 175 fusils à piston, 12 revolvers avec des cartouches, 30,000 cartouches Gras, 300 kilogs de poudre en 10 barils, etc, etc; en un mot, il y avait là, pour un chef audacieux, de quoi faire la conquête de toute l'Afrique centrale.

Les bandits qui commirent ce crime battaient depuis longtemps le pays, où ils menaient de front la chasse des esclaves et le trafic de l'ivoire. Ils étaient la terreur des populations qui, en grande partie, avaient déserté la région pour se soustraire à leurs exigences.

Les seuls villages fétichistes qui fussent restés habités autour d'El Kouti devaient leur payer un lourd tribut, en mil et en miel. Après le meurtre de nos compatriotes, ils ne quittèrent point leurs établissements, et Dybowski les y retrouva quelques mois plus tard.

*
* *

Suivant l'opinion la plus répandue ce serait à l'instigation du cheick des Senoussis, son suzerain, que Rabah aurait ordonné le massacre de la mission Crampel. Rien n'empêche de le croire. Cette mission devait inquiéter à plus d'un titre le chef de la secte et ses puissants vassaux; d'abord, par le fait seul de sa présence dans les pays où s'alimentait à peu de frais leur commerce à tous, et où ils devaient craindre qu'elle ne leur préparât la concurrence redoutable des marchands européens; ensuite en raison de l'itinéraire qu'elle allait suivre pour rentrer en Algérie par le Sahara, ce qui ouvrait pour toujours aux chrétiens des routes dont le secret avait été jusqu'alors gardé avec soin.

Mais il est tout aussi admissible que les pillards d'El Kouti, séduits par l'espoir d'un riche butin, firent simplement leur métier de brigands en assassinant pour les dévaliser ces étrangers qu'il voyaient largement pourvus de marchandises, d'armes et de munitions; en un mot de tout ce qui peut allumer la convoitise des barbares.

Le meurtre de Crampel fut bientôt, comme on le verra plus loin, vengé par Dybowski. A cette occasion notre compatriote put interroger quelques individus qui, s'ils n'en avaient pas été complices devaient au moins savoir à quoi s'en tenir sur les circonstances du crime.

Il est à remarquer que ces gens ne désignèrent nullement Rabah comme l'instigateur ou le principal fauteur du massacre d'El Kouti. Le nom de ce chef ne fut même pas prononcé par eux. Si l'on a pu faire remonter la responsabilité de cette affaire à Rabah et de lui au sultan du Ouadaï et aux Senoussis, c'est seulement en s'appuyant sur des hypothèses qui à vrai dire n'ont rien que de très vraisemblable.

Il nous a semblé intéressant de les rapporter ici, et de les accompagner de la critique qu'elles comportent.

Les noms qu'on donnait à ces ravageurs dans le pays sont particulièrement significatifs : on les appelait *tourgous* (turcs;) et *rabi-tourgous*, ou *snoussous*.

Ceux qui furent interrogés ne cachaient point que leur quartier-général, le foyer d'où eux et leurs pareils rayonnaient au loin, était le Dar-Rounga, et qu'ils avaient des attaches avec les Senoussis du Ouadaï.

Du reste, ils semblaient appartenir à ce Senoussi ben el-Bekir qui était devenu le lieutenant et le beau-père de Rabah.

Le village d'El Kouti était (a dit M. Dybowski) (1), établi depuis peu de temps lorsque Crampel y arriva. Il était occupé par des musulmans dont le chef, nommé Snoussi, se disait vassal du Sultan du Ouadaï, et avait auprès de lui trois marabouts qui passaient leurs journées en prières. Seuls, de toute la bande, ces quatre personnages étaient originaires du Ouadaï. Le reste de la population du village était un ramassis d'esclaves volés un peu partout et convertis à l'islamisme; mais les indigènes devaient naturellement voir en ceux-là des *Snoussous*, puisque les chefs se posaient eux-mêmes en membres de la Confrérie.

Leur costume, leur équipement, devaient concourir, avec la diversité de leurs origines à les faire prendre pour des « tourgous » par les gens du pays.

Ils étaient vêtus de costumes arabes, faits avec des étoffes d'Europe; leurs armes étaient, avec quelques lances à fer énorme, des fusils doubles à piston, et quelques carabines se chargeant par la culasse. Enfin ils manœuvraient à peu près militairement et ils avaient un drapeau en étoffe blanche, où, sous

(1) Jean **Dybowsky** : *La route du Tchad.*

un croissant rouge se voyait une inscription en caractères arabes, et qui avait pour hampe une longue lance.

Voilà donc ce qui fit supposer que les gens que l'on rencontra hors du Dar-Rounga recevaient des ordres de Rabah; en les appelant « tourgous » les indigènes, croyait-on, indiquaient la composition de sa troupe, où se trouvaient en effet des éléments égyptiens (turcs) (1). C'est encore que, en les appelant *Snoussous*, on semblait vouloir désigner les pays, notoirement inféodés aux Senoussis, d'où ces gens étaient d'abord sortis pour venir dans le Dar Rounga et de là dans le sud, aux endroits qu'ils occupaient.

Enfin, ce nom de *Rabi-Tourgous* peut-il recevoir une autre traduction que « les turcs de Rabah? » (2).

Ce nom de *Rabi-Tourgous* que le voyageur Maistre entendit lui aussi appliquer à des musulmans dont on lui signala en 1892 la présence en pays Akonga, sur le Gribingui, et qui appartenaient vraisemblablement à la bande dont une autre fraction avait été récemment surprise à El Kouti par Dybowski, ne parait pas, dit M. Jacques Daunis, « avoir spécialement attiré son attention; il n'en a donné aucune explication : il ne l'a même mentionné que dans quelques conférences et non pas dans son livre. » C'est que, alors, comme on l'a dit, Rabah n'avait pas encore la triste célébrité qu'il eût plus tard : son nom, en effet, ne pouvait pas frapper spécialement l'attention des voyageurs européens.

Quelque ingénieuses que soient les suppositions basées sur ces différents noms, elles ne mènent à rien de bien précis en ce qui concerne la responsabilité que Rabah put avoir personnellement dans le massacre de la mission Crampel. Le seul fait certain, c'est que les meurtriers de Crampel et de ses compagnons étaient des musulmans, et qu'ils étaient venus en dernier lieu du Dar-Rounga où résidait le chef dont ils disaient relever.

Les premiers renseignements que l'on eut sur ces individus furent recueillis par l'explorateur Dybowski. On rappellera d'abord quel était l'objet principal de la mission que ce voyageur avait reçue lui aussi du Comité de l'Afrique française et qui était subventionnée par le gouvernement. M. Dybowski, parti de Loango, en mai 1891 devait rejoindre la mission Crampel, se joindre à elle, et exécuter tout un plan d'intérêt politique, scientifique et commercial qu'il serait trop long d'exposer ici. En juillet 1891, l'explorateur se trouvait encore par suite du manque de porteurs à Brazzaville : il apprit là le massacre de la mission Crampel, par les survivants eux-mêmes de ce désastre. Il se mit néanmoins en route dès que cela lui fut possible avec, cette fois, pour objectif immédiat, la recherche des autres compagnons survivants de Crampel, et le châtiment des meurtriers. Sa marche fut si rapide que vers la fin de novembre de la même année, il était parvenu en pays N'Gapou, au village de Yabanda, où se trouvait un tirailleur sénégalais qui avait fait partie de l'escorte de Crampel,

---

(1) On donne le nom de *turcs* dans l'Afrique centrale aussi bien aux égyptiens qu'aux gens de Stamboul et de Tripoli, à cause de l'ancienne domination turque en Égypte.

(2) Le nom de Rabah se prononce suivant les régions : Rabah, Rabèh, Rabih, etc.

et avait pu échapper à la mort. Dybowski apprit par ce réfugié, ainsi que par les gens du pays, que des musulmans d'El Kouti, parmi lesquels se trouvaient les meurtriers mêmes de Crampel, étaient campés à quelques kilomètres de là, et qu'ils se disposaient à barrer la route à la mission, à laquelle ils espéraient peut-être faire subir le même sort qu'à celle de Crampel.

Dybowski fut assez heureux pour pouvoir déjouer les projets de ces pillards et pour surprendre leur camp à la faveur de la nuit (23 novembre.) Après un engagement extrêmement vif, pendant lequel plusieurs des leurs perdirent la vie, les musulmans prirent la fuite à travers la brousse, abandonnant leurs bagages mais ne laissant qu'un seul prisonnier aux mains de notre compatriote. On retrouva dans leur camp quantité d'objets ayant appartenu à la mission Crampel.

Interrogé longuement par Dybowski le prisonnier, qui était un homme fort intelligent, ou bien refusa de répondre, ou fit des réponses visiblement calculées de manière à ne pas compromettre ses compagnons, pour le cas sans doute où notre compatriote finirait par les atteindre. On tira de lui cependant quelques renseignements intéressants.

Ce prisonnier, dont on s'était emparé seulement après l'action, fut amené complètement nu à Dybowski. C'était un homme grand et fort, aux traits assez fins, portant la barbe à la façon des arabes.

« Il déclare comprendre la langue des « Rabis » du Nord. Il se nomme Bakar. Sur l'objection que ce ne peut être là son nom complet, il répond qu'il n'en peut dire plus. Il vient, dit-il, du Dar-Rounga (il prononce Rouna) d'où il est parti depuis un mois et demi environ. »

Voici la suite de son interrogatoire (dont on ne reproduit ici que des extraits.)

D. — Connais-tu le Baguirmi ?

R. — Non, je ne connais que le Ouadaï.

D. — Comment se nomme le sultan du Ouadaï ?

R. — (*Après hésitation*) je l'ignore... Je suis une homme de modeste condition ; je ne me mêle pas des affaires des grands. Je ne connais que le chef du Dar-Rouna. Il se nomme Halem ; mais c'est un sultan de peu d'importance.

D. — Halem est sous la dépendance d'un sultan plus puissant. Quel est-il et quel est son pays ?

R. — C'est le cheick Senoussi... J'ignore quelle est sa résidence... Je ne puis parler... Mes liens me gênent.

C'est tout ce que je puis dire.

D. — Je croyais cependant que tu devais connaître ce cheick Senoussi, puisqu'il habite El Kouti où tu as dû passer en venant ici.

R. — En effet, le Dar-Rouna et le village d'El Kouti sont peu éloignés... Je suis passé quelquefois dans ce village, mais je jure de ne m'y être jamais arrêté. J'ai entendu dire que le cheick Senoussi l'habitait à certaines époques de l'année... J'ignore quelle est sa résidence habituelle... Je ne puis du reste te fournir aucun renseignement... N'insiste pas. »

Interrogé sur le nombre de ses compagnons, et sur la direction qu'ils ont dû prendre en s'enfuyant, le musulman refuse de répondre.

D. — Que veniez-vous faire dans ce pays?

R. — (*Après une longue hésitation*). Faire du commerce...

Oui, c'est pour acheter de l'ivoire.

D. — Mais vous n'aviez dans vos bagages ni ivoire, ni marchandises d'échange. Les quelques perles que vous aviez sont même insuffisantes pour payer votre nourriture?

(A cette question embarrassante, Bakar ne répond rien).

D. — Tu as parlé du cheick Senoussi. Connais-tu une confrérie religieuse qui porte ce nom? Est-ce que les gens du Dar-Rouna appartiennent à cette secte?

R. — Je connais la secte des Snoussya. Je ne sais s'il y a des gens du Dar-Rouna qui en font partie... Je ne puis répondre. »

Plusieurs autres questions pressantes, relatives au séjour de ces « rabis » dans le pays, et au massacre de la mission Crampel, restent sans réponse. Bakar finit par déclarer : « Je ne sais pas... Je suis entre vos mains... Faites de moi ce que vous voudrez. »

Sur l'ordre de Dybowski, on le fusille ; mais on n'en est pas beaucoup plus avancé. Cet interrogatoire, on le voit, ne fait pas ressortir que l'ordre de massacrer la mission Crampel ait été donné par Rabah ; ce nom n'est même pas prononcé par le prisonnier, et les sénégalais qui avaient fait partie de l'escorte, dans le récit qu'ils font des événements auxquels ils ont été mêlés, ne le citent pas davantage. Tout au plus peut-on supposer que l'ordre fatal fut donné par le chef (ou par un chef) du Dar-Rounga, nommé Halem — et comme on sait que Rabah à cette époque dominait dans le Dar-Rounga, où il résidait, il faudrait, si l'on veut à toute force lui attribuer la responsabilité du crime d'El-Kouti, supposer en outre que *Halem* était un nom de guerre, un surnom qu'on lui donnait.

∴

Mais que Rabah ait ou non donné en personne l'ordre de massacrer Crampel, le Dar-Rounga, en général, lui obéissait.

C'est dans le Dar-Rounga qu'il forma les bandes avec lesquelles il devait entreprendre la conquête du Baghirmi : c'est là que se dessina sa carrière. Aussi croyons-nous intéressant de reproduire ici les renseignements que Dybowski recueillit sur les musulmans de ce pays (1).

« Ce sont des hommes robustes, solidement bâtis. Ils parcourent les régions situées au sud de leur territoire et viennent, dans les villages des fétichistes,

(1) Jean Dybowski ; *Op. cit.*.

prendre les enfants, les femmes, les marchandises de toute sorte, et tuer qui leur résiste.

Les jeunes gens sont élevés et convertis à l'islamisme. Les habitants du Dar-Rouna font partie de la confrérie des Senoussis.

Ils cultivent à peine, se désintéressant presque complétement de la production du sol et préférant aller piller les récoltes de leurs voisins les fétichistes. Chaque année, des bandes nombreuses partent pour faire des razzias, au cours desquelles ils ravagent et désolent les pays environnants.

C'est à une de ces bandes que Crampel avait eu affaire ; mais la présence d'une mission européenne dans cette région était un fait d'une trop grave importance pour qu'une bande isolée put déterminer, de son propre mouvement, l'attitude qu'elle devait conserver à son égard.

Aussi ces hommes, qui avaient été en contact avec Crampel, s'en étaient-ils rapportés à la décision de leur chef, et c'est pour cette raison, qu'attendant la réponse, ils avaient fait traîner les événements en longueur et que, pendant tout ce temps, à tout hasard, ils avaient entouré le chef de la mission de prévenances mensongères. »

Cette politique, fait observer l'auteur cité, est celle de tous les musulmans ; et il rappelle que les touâreg agirent de même avec Flatters, qu'ils surent retenir longtemps sous prétexte qu'ils attendaient des guides que l'on était allé chercher à son intention, alors qu'ils n'attendaient que des ordres sur la manière dont ils devaient se comporter vis-à-vis de lui. « Que ces musulmans, ajoute-t-il, appartiennent à telle ou telle région, ils n'en ont pas moins une organisation générale parfaitement déterminée. Ils reçoivent des ordres de grands chefs, dont les décisions donnent une sorte d'unité à leurs actions. S'ils avaient cru n'avoir rien à redouter de Crampel, s'ils n'avaient pas pris ombrage de son armement, si peut-être surtout leur convoitise n'avait pas été éveillée par la présence des marchandises, il est possible qu'un permis de pénétration (dans le Ouadaï) lui eut été accordé. Mais, c'était chose trop simple pour eux pour qu'ils pussent y résister, que de s'emparer de vive force de tant de richesses et d'anéantir du même coup un certain nombre de ces blancs, chrétiens, ennemis jurés. »

Voyons quelles gens étaient, chez eux, les sujets de Rabah, ou plutôt, du sultan du Dar-Rounga.

« Ils possèdent, pour les aider dans leurs longs parcours, des animaux de portage : des ânes et quelquefois, mais très rarement, des chevaux. Ils voient parfois venir chez eux, descendant du nord, des caravanes de chameaux.

Les *tourgous* sont habituellement vêtus. Ils portent un large pantalon plissé, fait de guinée... Par dessus ce pantalon, une sorte de longue blouse, analogue aux boubous que portent les Sénégalais, leur recouvre le torse ; très ample, avec des manches en pagode, cette pièce du vêtement est serrée autour de la taille par une sorte de ceinture-cartouchière en cuir, parfois élégamment ornée, et où se trouvent des étuis en roseau, renfermant chacun une charge de poudre, destinée au fusil à piston à deux coups qui semble constituer leur armement habituel.

Une pièce d'étoffe, moitié soie et moitié coton, blanche, ornée d'une large lisière de broderie rouge, leur enveloppe la tête que recouvre une petite calotte en étoffe blanche toute couverte de piqûres formant des dessins.

La pièce d'étoffe blanche dont je viens de parler, ou bien leur entoure seulement le cou, ou bien leur voile tout le bas de la figure. Cette étoffe ne semble pas de fabrication indigène, mais doit bien plutôt venir du Nord, de la Tripolitaine peut-être, Etat avec lequel les relations commerciales sont établies par les caravanes qui franchissent le Sahara. Ils portent, pour préserver leurs pieds des cailloux de la route, des sandales en cuir de buffle, ornées de découpures et de piqûres sur les bords.

Tel est le costume des gens de condition élevée, musulmans de naissance sans doute. Mais il existe une distance considérable entre ces gens de caste et tous ceux qui ont été capturés dans les villages fétichistes et qui sont réduits souvent à un sort qui semble des plus durs ; certains de ceux qui se trouvaient au camp des musulmans (à ce camp que Dybowski attaqua de nuit avec un plein succès) portaient aux pieds des entraves de fer qu'on leur avait mis pour les empêcher de fuir pendant la nuit. »

Les musulmans auxquels Dybowski eut affaire dans cette circonstance semblaient reconnaître l'autorité d'un marabout qui fut tué pendant, ou peu après le combat. Ce marabout, dit-il, « était un lettré. Parmi les bagages qui lui appartenaient et dont la somptuosité plus grande se traduisait par des peaux de chèvre noires formant sa couche, par des malles en cuir ou en écorce soigneusement cousues, destinées à enfermer tout ce qui lui appartenait en propre, il se trouvait aussi différents objets qui témoignaient de son érudition. C'étaient un encrier, formé d'une petite calebasse emprisonnée dans un filet, et qu'accompagnait une autre calebasse de forme très allongée servant d'étui à des plumes en roseau.

Il écrivait, soit sur une planchette analogue aux planches à Coran des Arabes du nord, ou bien sur des feuillets détachés des carnets ayant appartenu à Crampel. Un grand chapelet était passé à son cou et, aux poignets, des grigris en maroquinerie, en tout point semblables à ceux que portent les Sénégalais. »

TROISIÈME PARTIE

# GUERRES CONTRE LE BAGHIRMI & LE BORNOU

*Rabah et les États de l'Afrique centrale. — Situation politique du Soudan central à la veille des conquêtes de Rabah. — Le Baghirmi. — Le Bornou. — Le rénégat Giuseppe Valpreda. — La ville et le pays de Zinder. — Rabah et la politique européenne. — L'homme et l'œuvre.*

Jusqu'en 1892 les entreprises guerrières de Rabah, menées sans but général, semblent n'avoir été que des actes de ce *struggle-for-life* féroce qui a fait le fond de la carrière de presque tous les aventuriers africains.

Rabah devait à son origine, à ses antécédents, au milieu d'où il sortait, de ne connaître d'autres moyens d'existence, d'autres sources de revenus que la guerre. Par là il faut entendre non seulement la guerre de conquête, mais aussi les expéditions pour arrêter et dévaliser les caravanes, les razzias dans les villages pour enlever les habitants et voler l'ivoire et les provisions. Ainsi comprise, la guerre seule pouvait permettre à Rabah de vivre largement et d'acquérir des richesses; pour faire la guerre, il lui fallait beaucoup de soldats, mais la guerre les nourrissait et à leur tour les enrichissait. La guerre donnait le butin; puis elle assurait un avenir relatif, grâce à l'impôt qu'elle permettait de frapper sur les vaincus; et c'était même grâce à la force seulement que l'on pouvait, dans une région, monopoliser le commerce, dont la guerre encore fournissait le fonds principal, à savoir : les esclaves et l'ivoire. Rabah, comme ses émules, faisait donc la guerre *pour vivre.*

C'est pourquoi on le voit opérer pendant de longues années sans plan bien précis, sans autre raison apparente que la nécessité de pourvoir à la satisfaction de ses appétits, ainsi qu'à la subsistance et à l'entretien des bandes qu'il traîne derrière lui et desquelles il ne peut se passer.

Ces bandes sont formées de toute l'écume du monde africain : tous ceux qui ne craignent pas de se battre et qui aiment le pillage peuvent s'y enrôler ; mais elles n'en ont pas moins une sorte d'organisation et parfois, comme on l'a vu, jusqu'à un drapeau.

Rabah se sert de ce monde suivant les besoins du moment. Le pays le plus productif, le moins défendu, le plus à sa portée, est celui qu'il choisit pour y jeter, comme une nuée de sauterelles, ses troupes toujours avides de pillage. Elles le pressurent, le dévastent, jusqu'à ce que les populations décimées, le sol négligé, les cultures abandonnées ne leur offrent plus aucune ressource. Alors il envahit une autre région où il vivra de même, plus ou moins longtemps, avec tous ses gens ; et, celle-là épuisée, il passe à une autre. Il ne conquiert pas ces pays : il s'en empare ; il n'y règne pas, ne le gouverne pas ; il les occupe ou les fait occuper, avec la seule préoccupation d'en tirer tout ce qu'ils peuvent lui fournir.

Aussi, bien que le pouvoir de ce parvenu, là où il domine, soit brutalement despotique et absolu, on ne semble pas le connaître dans les états musulmans du Soudan central qui ont une organisation et vivent sous des lois. Il compte évidemment peu encore, dans la politique indigène de l'Afrique.

Les explorateurs qui ont pénétré avant 1893 dans le bassin du Tchad ne citent pas son nom (1), sans doute parce qu'ils ne l'ont point entendu prononcer. Dybowsky même et Maistre (2), qui ont eu entre les mains des gens de pays auxquels il a donné son cimeterre pour seule loi, et dans lesquels on voudra reconnaître plus tard de ses émissaires ou de ses subordonnés, pas seule une fois n'entendent nommer Rabah. En septembre 1892, lors du passage de la mission Maistre chez les tribus Saras, il n'était pas encore question de Rabah dans le pays (3).

Rien n'indique non plus que, dans les États de l'Ouest l'on ait de bonne heure entendu parler de lui. Or, tous ces États sont en relations de commerce constantes, fréquentes, actives, avec tout le reste de l'Afrique Centrale. Mizon se trouvait à Yola, capitale de l'Adamaoua, lorsqu'il apprit, le 28 septembre 1891, le désastre de la mission Crampel..... et c'est par une coupure du *Petit Journal*, jointe à une lettre reçue ce jour-là de France, qu'il apprit cette nouvelle (4). Mizon s'entretenait journellement avec des marchands, des notables, des fonc-

---

(1) A l'exception de Monteil.

(2) Casimir Maistre était parti de France le 10 janvier 1892, et c'est en septembre-octobre de la même année qu'il arriva dans les pays sillonnés par des groupes de musulmans que l'on suppose appartenir aux troupes de Rabah. Sa mission, organisée par les soins du Comité de l'Afrique française avait pour principal but de poursuivre l'œuvre de Crampel.

M. Maistre avait pour seconds dans ce voyage MM. Brunache, Clozel, de Béhagle, Bonnel de Mézières et Briquez.

(3) Félix Chapiseau : *Au pays de l'esclavage* (Paris, 1900).

(4) Harry Alis : *Nos Africains* (Journal de Mizon), Paris, 1894.

tionnaires de Yola, de ce qui se passait de Khartoum au Niger ou au Sénégal; pas une seule fois au cours de ce voyage il n'entendit mentionner le nom de Rabah. C'est que, pour le Soudan, Rabah n'est encore qu'un de ces chefs comme ils sont tant à exploiter les populations fétichistes : un aventurier dont personne ne semble soupçonner l'envergure.

Parce que l'on crut — bien après le massacre de la mission Crampel — voir des gens à Rabah en ceux que les fétichistes avaient appelé des *snoussous*, l'on a supposé que Rabah était affilié à la puissante secte, et qu'il recevait des ordres du sultan du Ouadaï, vassal lui-même du cheick suprême des senoussis. Mais cela aussi est contestable. L'existence que menait Rabah prouverait au contraire qu'il n'était inféodé à personne, et qu'il devait être regardé comme un ennemi par tous les sultans « réguliers » du Soudan, sa présence constituant pour tous les états situés à la portée de ses troupes un danger permanent. Inféodé aux Senoussis, Rabah eut été forcé, semble-t-il, de se plier à leur politique, qui est toute pacifique à l'égard des nègres, de servir les intérêts de la secte en lui faisant des adhérents ou des clients, par les moyens dont elle use : par la persuasion et le commerce; or, sa manière de procéder, agressive et féroce, était tout l'opposé de la leur.

De même, s'il eut reconnu pour son suzerain le sultan d'Abescher, il ne se fut sans doute pas emparé du Dar-Rounga, qui était lui-même vassal du Ouadaï; ou bien, une fois cette conquête faite, il eut cherché à la légitimer en se reconnaissant spontanément, à la place du sultan dépossédé, tributaire du souverain ouadaïen. Or, le sultan du Ouadaï eut au contraire beaucoup de peine à faire admettre sa suzeraineté par le nouveau maître du Dar-Rounga. En effet, Rabah commença par faire pendre ou fusiller quelques-uns des envoyés que le sultan, aussitôt après la conquête, avait chargés de lui notifier ses droits sur ce pays; et il ne renvoya les autres à Abescher qu'avec des paroles de menace.

Ce fut seulement après l'envoi d'une seconde mission que Rabah, se rendant aux arguments du sultan ouadaïen, et craignant sans doute sa vengeance, consentit enfin à lui promettre une partie du tribut que payait son prédécesseur.

Il est douteux, connaissant le tempéramment de Rabah, que ce tribut ait été régulièrement payé, et que le conquérant ait été pour le Ouadaï le vassal complaisant et fidèle que l'on a cru.

Ces considérations ne semblent pas faites, comme en le voit, pour éclairer la question des responsabilités, dans le massacre de la mission Crampel.

Quoi qu'il en soit, c'est seulement après ce tragique événement que l'on peut reconnaître, dans les actes de Rabah, une idée directrice générale; c'est alors qu'il apparaît sur le théâtre de la politique africaine intérieure, en tentant de s'emparer du Baghirmi, non plus semble-t-il pour le piller comme il a fait de ses autres conquêtes, mais pour en faire, le cas échéant, la base de plus vastes opérations.

Des voyageurs européens qui pénétrèrent dans le bassin du Tchad pendant que Rabah occupait le Dar-Rounga, Monteil est le premier, croyons-nous, qui ait signalé les grands projets et prévu les futurs succès du chef de bandes. Monteil se trouvait en 1892 à Kouka, capitale du Bornou, où il séjourna d'avril à août. Dans la relation de son beau voyage de l'Atlantique au Tchad et de là à la Méditerranée (1) le vaillant explorateur examine la situation politique des états qu'il a traversés.

« Au Sud-est, du côté du Baghirmi, un péril plus grand encore menaçait l'empire. (du Bornou) (2); il devait fondre sur lui peu de temps après mon départ.

On me montra un jour au palais (de Hachem, cheick du Bornou) le fils du Ban (m'bang, sultan) du Baghirmi qui venait d'arriver à Kouka. Je demandai l'objet de sa venue, on me dit que c'était pour implorer le cheick afin d'obtenir du secours contre un puissant chef de bandes de l'est qui, en quelques années, avait pillé les provinces les plus riches du royaume (3) et qui, à ce moment, faisait ses préparatifs pour se porter sur la capitale du Baghirmi. El hadj Mohammed (un voyageur peul qui servait d'interprète à Monteil et qui, ayant beaucoup voyagé en Afrique était admirablement renseigné,) me définit ainsi la situation du Baghirmi. » A la suite des événements du Bahr-el-Ghazal que l'on connait, et de la capitulation de Soliman woled Zobéir, « Rabah se serait établi avec ses bandes dans le Dar-Banda et le Dar-Fertit. L'occupation de Khartoum par les mahdistes n'avait guère modifié sa situation, parce que tout ce qu'il pouvait envoyer à Khartoum, ivoire ou esclaves, était confisqué et que la poudre dont il avait besoin était accaparée par le Mahdi. Par suite de ces événements Rabba se trouvait emprisonné (bloqué) et la puissance de sa bande qui reposait sur son armement diminuait sans cesse.

C'est alors que successivement il s'adressa au Ouadaï et au Baghirmi pour demander qu'on lui ouvrît une route vers le marché de Kouka afin de s'y approvisionner. Mais les rois de ces pays, sentant le danger, refusèrent, craignant d'augmenter la puissance de leur turbulent voisin qui avait déjà ravagé leurs plus riches provinces. Rabba (4) fit son choix et, le Baghirmi lui offrant la proie la plus facile en même temps que la route la plus courte, il ouvrit les hostilités contre lui. Telle était la cause de la venue à Kouka du fils du ban du Baghirmi. Cheick Hachem (Ashim) ne sut pas voir que la conquête du Baghirmi pouvait avoir des conséquences désastreuses pour le Bornou; il refusa le secours qui lui était demandé . . . . . . . . . . . . . . . . . . . .

. . . . . . . . . . . . . . . . . . . . . . . . .

---

(1) Lieutenant-colonel Monteil: *De Saint-Louis à Tripoli par le lac Tchad*; Paris, Alcan, 1894.

(2) D'autres grands dangers menaçaient le Bornou: l'insubordination de grands vassaux, tels que le Roi de Zinder qui s'était affranchi du tribut et contre lequel le cheick du Bornou n'osait pas faire acte d'autorité, de peur d'un insuccès; l'ambition du Ouadaï, dont les soldats violaient à tous propos les frontières et faisaient d'incessantes razzias sur les territoires Bornouans, venant commettre leurs déprédations jusque dans Kouka où, à dix, ils faisaient la loi; etc etc (Monteil: *Op. Cit.*)

(3) Il s'agit là sans doute des premières incursions que les bandes de Rabah auraient faites dans le Baghirmi ou dans les pays tributaires de cet état.

(4) Monteil écrit *Rabba*.

. . . . . . D'après El hadj, Rabba avait bien songé au marché de Yola (capitale de l'Adamaoua) où la présence des anglais lui eut permis de largement se munir d'armes et de munitions, mais cette voie lui était fermée à la suite, disait El hadj, du massacre par Rabba de deux européens qui venaient du Sud. Je pensai sur l'instant qu'il s'agissait de Crampel, dont j'étais étonné de ne pouvoir obtenir aucune nouvelle. » Remarquons que voici la première fois que le nom de Rabah se trouve mêlé, par une supposition du Colonel Monteil, à une hypothèse sur le massacre de la mission Crampel, qui avait eu lieu *plus d'un an* auparavant (1).

On va voir comment, par ses projets d'invasion du Baghirmi (projets qu'il ne devait pas tarder à mettre à exécution), Rabah entre sur la scène de la politique générale indigène, en dehors de laquelle il était jusqu'à présent resté. Les circonstances qui provoquèrent cette entreprise et qui la favorisèrent ne furent connues en Europe que bien après la conquête du Baghirmi et celle du Bornou par Rabah (2).

Rappelons d'abord que les grands états musulmans entre lesquels se partage le Soudan central étaient encore complètement indépendants de l'Europe lorsque se passèrent les événements dont il va être question.

Ces états, aujourd'hui englobés dans les « sphères d'influence » des puissances européennes jouissent d'une civilisation relative. Les premiers européens qui y ont pénétré les trouvèrent pourvus d'une organisation administrative complète et d'institutions judiciaires, financières et militaires qui se rapprochent de celles des royaumes musulmans encore soustraits au contact de l'Europe.

Dans ces états, le Bornou, le Sokoto, l'Adamaoua, le Baghirmi, le Ouadaï, le pouvoir, l'influence, le commerce, les richesses sont aux mains des musulmans. Les populations, en majeure partie, professent l'islamisme qui a amalgamé le conquérant et l'autochtone : le peuhl, le haoussa, et le noir arabisé qui se dit et se croit peut-être arabe. Le Koran, en rassemblant sous la même loi ces peuples de races si différentes, leur a donné les mêmes mœurs, le même esprit, et, en beaucoup d'endroits la même langue.

C'est en général par le commerce, favorisant l'islamisation des idolâtres, que les états musulmans arrivent à étendre leur domination.

« Un état musulman fortement organisé comme le Ouadaï ou le Baghirmi a une zone d'influence fort étendue en dehors de ses frontières réelles. Tous les peuples qui l'entourent, trop faibles pour lui résister, sont ses tributaires; et près des chefs de ces pays l'état musulman entretient des résidents chargés de

---

(1) L'auteur ajoute : nous avons appris depuis, en Europe, que Rabba, mis en appétit, après avoir pris le Baghirmi s'était emparé de Kouka.....

(2) Ces circonstances ont été exposées en 1895 avec une grande clarté dans la *Revue de Paris* par un écrivain particulièrement au fait des choses d'Afrique (Jacques Daunis : *Un Conquérant soudanais*). Nous emprunterons à son travail les passages essentiels du tableau que l'on donne ici de la politique africaine au cours des années qui précédèrent la conquête du Baghirmi par Rabah.

l'informer de tout ce qui s'y passe, d'y asseoir et d'y maintenir son autorité, d'en préparer l'annexion, tandis que leurs émissaires vont plus loin visiter les pays éloignés, en reconnaître les ressources.

Les souverains tributaires, pour plaire à leur puissant seigneur, ont vite pris sa religion; leurs familiers, les grands de l'État en ont fait autant et les commerçants, appelés à faire des affaires dans les deux pays, ont suivi le mouvement.

Pour payer l'annuel tribut dû à leur suzerain, les chefs, au lieu de piller le pays de leurs voisins plus faibles et d'y recueillir l'ivoire et les esclaves nécessaires, comprenant fort bien que ce moyen ferait rapidement le vide autour de leurs états, cherchent à y pourvoir au moyen du commerce.

Ils envoient donc quelqu'un de leurs serviteurs commercer avec les peuplades éloignées. Celui-ci part avec un nombreux personnel de gens adroits et hardis, établit au loin son quartier-général près d'un chef qu'il circonvient par ses flatteries et par ses présents. De là, il dirige dans toutes directions tous ses gens, par groupes de dix à quinze hommes, et centralise les produits de leurs échanges.

Peu à peu, il prend pied dans le pays, devient l'arbitre de tous les différends; on l'aime pour ses cadeaux; on le craint à cause de sa force; il efface l'ancien chef et finit par le supplanter. Avec lui et sa suite l'islamisme s'établit et tout le pays, les choses et les gens, s'y transforment avec une étonnante rapidité (1). »

Il arrive d'ailleurs assez souvent que grâce à ce commencement de civilisation, les païens islamisés sont vite à même de se constituer en état, en face de leurs civilisateurs auxquels ils refusent dès lors le tribut. Beaucoup de petits royaumes de l'Afrique centrale n'ont pas d'autre origine.

On peut citer comme exemple de cette évolution ce qui arriva pour la colonie baghirmienne des Bouas.

L'administrateur français Prins, qui séjourna un an au Baghirmi, de 1898 à 1899, vit notre protégé, le sultan Gaourang, razzier ces Bouas, établis près du confluent du Chari et du Logone, auxquels ils voulait prendre les esclaves, les chevaux et les vêtements indigènes représentant le tribut triennal payé par le Baghirmi au sultan senoussi du Ouadaï depuis 1804.

« La résistance des Bouas, dit M. Prins, obligea les Baghirmiens à aller réduire leur forteresse de Korbol, à cinq heures de marche du Chari, et me mit à même d'admirer à loisir les effets de la civilisation musulmane mise au service d'une race païenne puissante. De nombreux musulmans, Djellabas, Arabes, Choas, Baghirmiens et Bornouans, sont, en effet, réfugiés au milieu de cette fraction de la grande peuplade boua commandée par le m'bang-Bol.

Mécontents ou bannis, ils ont trouvé dans ce chef païen un protecteur à toute épreuve. A leur tour, il l'ont remercié en lui construisant une véritable forteresse dans une situation magnifique, et en apprenant à ses hommes le

---

(1) Félix Chapiseau : *Au pays de l'esclavage.*

maniement des armes à feu, l'exploitation du bétail et l'élève de l'autruche.

Korbol est entouré d'un fossé profond de 1 m. 50 sur 2 mètres, à parapet de terre intérieur, qui contourne la ville à une distance de 6 à 700 mètres. La ville elle-même, perchée sur un petit mamelon, mesure 2 kilomètres de tour. Son unique porte est surmontée d'une toiture ajourée, soutenue par de forts pilastres ; de là, des veilleurs surveillent en tout temps l'horizon. Les hautes et épaisses murailles en pisé ne renferment que le palais du sultan des Bouas, composé d'une centaine de cases circulaires à toiture conique, faites de joncs joliment tressés, et d'une dizaine de maisons à un ou deux étages, aux murs épais d'un mètre, aux terrasses macadamisées, laissant écouler l'eau de pluie par une pente insensible ou au moyen de gargouilles en bois.

L'architecture intérieure de ces demeures rappelle les plus beaux monuments de la civilisation nigritienne. D'énormes piliers de maçonnerie soutiennent les voûtes. Les murailles sont tapissées d'un enduit qui joue le marbre, et des lits de repos, couverts de cette sorte de ciment, sont ornés de dessins géométriques rouges et noirs. Dans certaines pièces un foyer latéral est ménagé, avec une petite fenêtre grillagée pour l'échappement de la fumée. Des escaliers bien entretenus conduisent aux étages supérieurs, où des cellules exiguës, orientées vers le nord, servent à la sieste.

Parfois, au centre de la pièce, on remarque un silo, profond de 3 mètres, où est gardée la récolte de mil, à l'abri de l'humidité, des termites et de l'incendie et quelquefois du vol ; d'autres encore sont garnies de jarres en terre, fichées dans le sol par leur base conique, d'une hauteur de 1 m. 50 et d'une capacité de 150 litres environ. Dans ces énormes vases est conservée la réserve d'eau, apportée à dos d'homme d'une lagune qui se trouve à un kilomètre à l'ouest de la ville. Des écuries volantes, en paille de mil tressée, voisinent avec chaque groupe de trois ou quatre maisons, entourées chacune de tapades de 4 mètres de haut, d'un joli dessin. Chacun de ces groupes représente la demeure d'une des nombreuses femmes du chef boua et de ses esclaves, lesquelles, à en croire Gaourang, se nombrent par centaines, en dehors des concubines en titre (1). »

Nous avons cité cet exemple, parce qu'il se trouve dans les régions dont nous nous occupons ; mais on en pourrait citer bien d'autres dans l'Afrique musulmane. Partout on voit le noir, qui est craintif et paresseux à l'excès tant qu'il est païen, devenir sous l'influence de l'islamisme hardi, courageux, entreprenant et actif.

Pour en revenir à la manière, pour ainsi dire insidieuse, dont l'Islam se répand chez les païens, il faut remarquer que ce sont naturellement les nouveaux convertis qui continuent en l'étendant au loin, de centre en centre, la colonisation et la conquête commerciales, pacifiques, qu'ils ont eux-mêmes subies.

Tant par suite de cette expansion pacifique en pays païen, que des guerres que se sont si souvent faites entr'eux les divers états de l'Afrique centrale, leurs frontières ont fréquemment varié.

(1) *La Géographie*, 15 mars 1900.

Voici quelle était leur puissance respective lorsque Rabah entreprit ses grandes conquêtes (1).

« Le sultan du Ouadaï gouverne, directement ou indirectement, les territoires compris entre le Darfour et la rive orientale du lac Tchad.

Le *m'bang* du Baghirmi régnait, avant les conquêtes de Rabah, sur la rive méridionale du lac Tchad, et avait étendu sa suzeraineté, au sud, jusqu'au pays des Saras et des Toummoks ; au nord-est le Baghirmi confine au Fittri, tributaire du Ouadaï ; au sud-ouest il est séparé par les territoires des Gaberi, des Mousgou et d'autres tribus païennes, du royaume de l'Adamaoua ; au nord-est, il est limitrophe du Bornou.

Le Bornou, qui occupe la rive occidentale du lac Tchad, a pour capitale Kouka (2) ; la population de cet état était alors évaluée à cinq millions d'habitants. Au Bornou proprement dit se rattachaient à l'époque dont on parle, le Kanem, et d'autres États tributaires plus ou moins soumis.

Le plus important, celui dont la capitale est la grande ville commerçante de Zinder était, en fait, absolument indépendant : son bey disposait de cinq mille cavaliers. Le Cheick du Bornou avait une armée permanente de trente mille hommes. Oumar, fondateur de la dynastie régnante du Bornou, est resté sur le trône de 1835 à 1884 ; ses trois fils ont régné successivement après lui : Boubakar, Brahim, puis Hachem qui avait pris le pouvoir en 1890 ; c'est de celui-ci que Monteil a été l'hôte, en 1892.

* * *

Le Bornou a pour voisins à l'ouest le grand empire de Sokoto qui, de la Bénoué au Niger compte près de dix millions de sujets ou de vassaux. L'émir du Sokoto peut à lui seul lever, dit-on, plus de cent mille hommes. Quelques-uns de ses tributaires sont presque aussi puissants. Les sultans haoussa en outre reconnaissent comme chérif l'émir du Sokoto dont le pouvoir spirituel, dans leurs états, égale celui du sultan du Maroc, au nord-ouest du continent.

L'Adamaoua, jadis vassal du Sokoto, avait cessé de payer l'impôt, mais le Gando, le Noupé, le Zaria, le Daoura, le Katzéna, Kano, l'acquittaient encore, et étaient tenus en cas de guerre de fournir des contingents militaires.

Fondé en 1807 par un aventurier foulah l'empire de Sokoto a eu, depuis lors, jusqu'en 1895, dix émirs. L'ordre de succession a été assez irrégulier. L'influence des parents de l'émir décédé, celle de ses favoris et de ses ministres et celle de sa garde ont leur part dans le choix du nouveau souverain.

En 1875, lorsque mourut l'émir Mazon-ben-Mohammed-Bello (un des fils du fameux sultan Bello qui régna de 1817 à 1832, et qui reçut les premiers explo-

(1) J. Daunis : *Op. cit.*

(2) Où Monteil séjourna en 1892 : Le Bornou était déjà connu par les explorations de Denham, Oudney et Clapperton (1823) ; de Barth et d'Overweg (1851-52) ; de Rohlf (1865-67) ; de Nachtigal (1869-74).

rateurs anglais du Sokoto), son successeur paraissait devoir être, suivant l'habitude des pays musulmans, son frère Mallem Saïd, l'aîné de la famille. Il avait pour lui l'appui d'une femme intelligente et énergique, qui depuis longtemps avait joué un grand rôle dans l'histoire du Sokoto, sa sœur, la princesse Ouerdaji, l'Egérie de plusieurs émirs. Mais la cour proclama son neveu Oumarou-ben-Aliou-Baba. Oumarou mourut en 1891 et il eut pour successeur son cousin Oumarou-ben-Atikou que l'explorateur Monteil a visité. Mallem-Saïd supporta patiemment sa disgrâce, mais son fils Ayatou ne renonça pas à ses espérances. Après bien des aventures, il devait amener Rabah jusqu'aux frontières du Sokoto. . . . . . . . . . . . . . . . . . . . . . . .

. . . . . . Ayatou quitta Sokoto vers 1878 sous prétexte de se rendre à La Mecque en pèlerinage. Il passa quatre mois à Kouka d'où le cheick l'expulsa, sans doute pour ménager les susceptibilités de l'émir Oumarou; du Mandara, où il s'était retiré, il fut également chassé. A Yola, le sultan lui permit de rester un an, puis le renvoya encore. Il eut le même sort à Meroua.

Partout traité en banni, Ayatou résolut de demander aux armes la patrie qu'on refusait à ses prières. Appelant à lui les foulahs, nombreux dans l'Adamaoua septentrional et dans le Baghirmi, il s'installa à Halfou, dans le delta du Chari, non loin de Karnak-Logone. Il prêcha la guerre sainte contre les Mousgou et autres païens; il attira tous les gens que séduisait l'espoir du pillage; bientôt il disposa de deux mille cavaliers et d'un grand nombre de fantassins. Il respectait le Bornou et le Baghirmi, dont les marchés lui fournissaient des armes en échange des esclaves qu'il y vendait. Mais il ne cessait de diriger des razzias contre l'Adamaoua, le Meroua, le Katagoura. Dans sa résidence, qu'il avait appelée Mendjedadi (Beau-Séjour) il organisa une cour comptant les mêmes dignitaires que celle de Sokoto et il rêva de conquérir le trône dont il avait été dépossédé. Quand le Mahdi s'efforça de faire reconnaître sa mission divine par tous les princes musulmans, il n'eut garde d'oublier Ayatou dont la réputation s'était répandue. Ayatou passait pour un « saint ». Par son caractère mystique et par sa propagande ardente il n'avait pas tardé à acquérir sur les indigènes une immense influence (1). Vers 1885, le Mahdi lui écrivit donc pour lui proposer son amitié; il se faisait fort, paraît-il, de lui assurer l'appu du Ouadaï contre le Sokoto. Ayatou ne répondit pas plus aux avances du Prophète que n'avaient fait le sultan du Ouadaï et Rabah. On serait peut-être tenté d'attribuer son silence, comme le leur, à l'influence des Senousyà, si l'on ne savait que le cheick du Bornou et l'émir du Sokoto, près desquels le cheick Senoussi n'avait guère d'autorité, gardèrent la même réserve dédaigneuse à l'égard du Prophète.

Ayatou avait à sa portée une force plus facile à mettre en mouvement que celle des derviches. Rabah et lui étaient faits pour s'entendre; ils entrèrent en relations, dit-on, en 1892 et convinrent d'unir leurs troupes pour conquérir un

(1) *Mouvement géographique*, 1898.

vaste empire aux dépens de leurs voisins. Ayatou promit une de ses filles à son allié. »

Malgré les dangers que cette association faisait planer sur les états voisins du Tchad, une sécurité à peu près complète y régnait encore, et au Bornou notamment on semblait n'avoir à se préoccuper jamais que des razzias des Ouadaïens, auxquelles d'ailleurs on était bien accoutumé.

* * *

Selon Barth (1), le Baghirmi serait devenu un état dès le xvie siècle. Il aurait eu pour fondateur un chef nommé Dokkenge, originaire d'une contrée orientale peu éloignée. Ce Dokkenge eut pour successeur son frère, qui agrandit considérablement le royaume. Celui-ci mort, ses fils se disputèrent le trône qui resta vers 1620 ou 1630 de notre ère à Abd Allah, lequel s'était fait précédemment musulman. Abd Allah introduisit l'islamisme dans le Baghirmi et élargit encore les limites de cet état. Mais, sous le règne de son second successeur, le royaume tomba sous la dépendance du Bornou. Pendant les règnes suivants, le Baghirmi eut des fortunes diverses, tantôt en essayant de s'affranchir de la suzeraineté du Bornou, tantôt en ayant à résister aux attaques du Ouadaï qui essaya de l'arracher à la dépendance bornouane pour lui imposer la sienne. Il y eut en outre des invasions foulbes qui, à différentes reprises, bouleversèrent le pays, mais qui cependant furent en général repoussées. Au temps de Barth le Baghirmi avait réussi à se rendre à peu près indépendant, au moins en fait, du Bornou et du Ouadaï; cet état ne payait plus alors à ses prétendus suzerains que des tributs insignifiants. Cependant le m'bang Gaourang essaya en 1891-92, avec l'appui du parti nationaliste Baghirmien, de secouer complétement l'ombre de joug ouadaïen qui pesait encore sur le pays.

L'islamisme s'était beaucoup répandu au Baghirmi; mais cette religion restait celle des grands et des tribus guerrières; le reste de la population demeurait livré à l'ancienne idolâtrie.

Le Baghirmi propre — car les souverains de cet état avaient mis à profit les rares loisirs que leur avaient laissé le Ouadaï et le Bornou, pour étendre leur domination sur les peuplades fétichistes du sud, le Baghirmi propre était encore au temps où Rabah y porta la guerre, plutôt un petit état; Barth, qui y séjourna assez longtemps, quelque quarante ans avant l'invasion de ce pays par l'ancien lieutenant de Zobéir, en évaluait la population à 1.500.000 âmes et l'armée à 13.000 hommes. L'industrie y était et y est restée peu active : la fabrication de quelques armes rudimentaires; le tissage et la teinture de cotonnades; un peu de vannerie; c'est tout ce que Barth trouve à signaler. Le commerce y était entravé par l'enclavement du pays, entre le Bornou et le Ouadaï que devaient traverser, en payant des droits onéreux, les caravanes

(1) Henri Barth; *Voyages et découvertes dans l'Afrique septentrionale et centrale*, etc., 1861.

apportant les produits arabes et européens. L'agriculture ne pouvait pas être prospère, en raison même de la nature du sol qui, sans être infertile, n'est guère favorable à la culture en grand que des céréales; la sécheresse, les ravages des termites et des vers suffiraient ordinairement pour y compromettre toute récolte, si la paresse que le noir montre partout, en Afrique, pour les travaux de la terre, n'empêchait les gens d'aider le sol à produire largement quoi que ce soit.

La population est en général de belle race : les baghirmiens sont robustes et courageux; les voyageurs vantent la beauté des femmes et leur goût inné pour la parure; les mœurs sont douces et souvent relâchées; mais la superstition et l'ignorance sont presque générales. Les seuls hommes remarquables du pays étaient d'origine étrangère et leur science se bornait au contenu du Koran. Barth trouva cependant au Baghirmi un véritable savant : « Je ne me serais guère attendu, dit-il, à rencontrer un homme semblable à Massénya, ville privée de toute relation avec le monde civilisé et même avec les régions de l'Afrique les plus avancées. — Faki Sambo était un homme déjà âgé, aveugle, maigre, à la taille svelte, à la barbe rare et aux traits pleins d'expression. — Il connaissait non seulement toutes les branches de la littérature arabe, mais même les parties d'Aristote et de Platon traduites en arabe ou, pour mieux dire, entièrement adoptées par l'islamisme..... en outre il connaissait à fond tous les pays qu'il avait eu l'occasion de visiter. Jamais je n'oublierai le jour où je vis pour la première fois Faki Sambo, qui devint bientôt mon ami; le malheureux aveugle était assis dans sa cour, devant la porte de sa petite hutte de roseaux, où il passait ordinairement la journée; entouré d'un tas de manuscrits, i s'amusait à les palper, comme Polyphème tâtant ses brebis qu'il ne pouvait plus voir. »

Ce Faki Sambo était né dans le Ouadaï, il était fils d'un savant, auteur d'un ouvrage sur le Haoussa; il avait étudié longtemps à la mosquée d'El Azhar au Caire: puis il était allé en Arabie, avait parcouru une grande partie de l'Afrique centrale et rempli des charges importantes au Ouadaï. A Massénya, il remplissait, quoique aveugle, les fonctions de juge (interprète de la loi musulmane).

*
* *

Ce fut au commencement de 1893 que Rabah envahit brusquement, avec toutes les forces dont il disposait, le Baghirmi, où régnait alors le sultan (m'bang) Gaourang.

Le prétexte de cette invasion fut que Gaourang avait donné asile à un ennemi mortel de Rabah, un frère du Senoussi du Ouadaï. Ce fut sans doute pour cette raison que le sultan du Ouadaï envoya plus tard comme on va le voir des renforts au m'bang du Baghirmi contre Rabâh.

Quoi qu'il en soit, Rabah se porta d'abord devant Maïnheffa, sur le Chari, où Gaourang, venu à sa rencontre, s'était en toute hâte fortifié avec quelques centaines seulement de gens de guerre.

Les baghirmiens se défendirent courageusement, ce qui donna à Youssef, sultan du Ouadaï, allié du Baghirmi, le temps d'organiser et de lancer contre l'agresseur une colonne de secours. Le siège de Maïnheffa durait déjà depuis environ cinq mois lorsqu'elle arriva dans la région. Rabah se porta au devant des Ouadaïens et les tailla en pièces. Mais Gaourang avait profité de cette diversion pour faire, avec 150 hommes une sortie désespérée; il put forcer le blocus, réussit à regagner Massénya, sa capitale, et se hâta de rassembler de nouvelles forces.

Rabah ne laissa pas à Gaourang le temps d'organiser plus complètement la résistance. Après une série de combats, il dispersa les troupes du Baghirmi; il aurait pu les exterminer, grâce à la supériorité de l'armement de ses bandes, mais il ne jugea pas à propos de s'attarder à les poursuivre ni de procéder pour le moment à la conquête du Baghirmi, sans doute parce que, si cette conquête était possible, le maintien du pays sous le joug ne pouvait être assuré qu'à la condition d'y immobiliser un grand nombre d'hommes.

D'ailleurs, il entrait dans les plans que Rabah avait élaborés de concert avec Ayatou, pour le moment établi à Balda dans le Mandara, au nord-est de la Haute-Bénoué, de s'emparer le plus tôt possible de territoires à l'ouest du Tchad : une fois établis de ce côté, en effet, ils pouvaient se regarder comme maîtres du Baghirmi.

Enfin, le Bornou, malgré sa prospérité apparente, était en réalité en pleine désorganisation et, loin de la capitale, les émirs n'obéissaient plus que pour la forme à Hachem.

Le Bornou fut connu de bonne heure par les Arabes; il figure sur les cartes du « sieur d'Anville » (1). On savait déjà, avant les événements qui y amenèrent des troupes françaises, que c'est un pays riche et fertile. La population cultive le maïs, le mil, le sorgho, l'orge, le riz, le coton, l'indigo; elle pratique en grand l'élevage des animaux domestiques et notamment du chameau. L'industrie est active; elle a pour objets le tissage, la teinturerie, la quincaillerie. Le commerce s'étend au loin, jusqu'au Niger, au Nil, au Congo et à la Méditerranée.

Nous avons par l'explorateur Monteil un curieux portrait du cheick Hachem et un fort suggestif tableau de sa capitale, à l'époque où les convoitises de Rabah menaçaient le Bornou (2).

Le Cheick Hachem « était âgé de 50 à 55 ans; il était honnête homme et fervent musulman. Il avait une physionomie intelligente et ouverte, éclairée par un regard doux et profond. C'était un penseur doublé d'un philosophe et d'un lettré, mais il était d'une extrême mollesse, aimait la bonne chère et les

---

(1) Jean-Baptiste Bourguignon d'Anville, géographe du roi, membre de l'Académie des Sciences (1773), mort en 1782.

(2) Monteil : *Op. cit.*

femmes; il était incapable d'un acte d'énergie. Je crois qu'il était généreux de nature, mais il était obligé de réfréner ses penchants à cause des charges énormes qui pesaient sur sa liste civile. »

Il n'avait pas moins de quatre palais..... quatre cents femmes et trois cent cinquante enfants dont cinquante fils en état de monter à cheval.....

« ... Il détestait non seulement la guerre, mais même le mouvement. Une fois par an il allait dans la ville de l'ouest pour faire lire le Koran à la grande mosquée, la veille de la fin du Ramadan; une autre fois il sortait de la ville pour le Salam du Beïram; enfin, il faisait un séjour de trois semaines à Gaouangui (*un de ses palais, hors de Kouka*). Le reste du temps il restait enfermé avec Maladam (*son vizir*), ses femmes et ses livres. Il avait la passion des montres. Jamais il ne prit part à une expédition » et il ne chargeait aucun de ses officiers d'en faire, parce qu'il « craignait les succès d'un général heureux. »

. . . . . . . . . . . . . . . . . . . . . . . . . . . . . .

« Les gens du Bornou sont gras et taciturnes, ils aiment la bonne chère et les femmes. Propriétaires d'un sol riche et fertile, au cours d'une longue période de paix leurs qualités militaires se sont atrophiées et ils seraient incapables de résister malgré leur nombre à l'attaque d'un ennemi un peu entreprenant. Les gens libres se sont désintéressés des affaires publiques et du métier des armes; tous les grands commandements sont aux mains de captifs et les guerriers sont eux-mêmes de condition servile.....

Le fond de la population du Bornou est de race kanori sur laquelle s'est greffée une population kanembou venue du Kanori au temps du cheick Lamino et à sa suite.

Les Arabes, au Bornou, peuvent se diviser en deux catégories : les sédentaires et les marchands. Certaines tribus arabes venues du Ouadaï sont fixées sur le sol du Bornou, dans le Kirikéri à l'ouest, à l'embouchure du Chari à l'est. Ces tribus se livrent pour la plupart à l'élevage, mais en particulier les Choas au sud du Tchad. Là, dans les plaines basses de l'estuaire, d'innombrables troupeaux de bœufs et de moutons sont, pour les Choas, une source de grande richesse. Les moutons en particulier sont célèbres à cause de leur taille (jusqu'à 1 mètre au garrot) et de la qualité de leur viande.

Les Arabes marchands sont, pour la presque totalité, des traitants des maisons européennes et arabes de Tripoli et de Mourzouk. Ils importent à Kouka des marchandises d'Europe et exportent des cuirs, de l'ivoire et des plumes d'autruche.

Les affaires sur le marché de Kouka se traitent en argent monnayé; et c'est le seul marché du Soudan où il en soit ainsi. La seule monnaie est le thalari (thaler de Marie-Thérèse); pour monnaie divisionnaire, des cauris.

Outre les produits courants du Soudan central, on trouve sur le marché de Kouka beaucoup de chevaux et de chameaux.

Kouka est une grande ville double..... dans une grande plaine sablonneuse, à 14 kilomètres environ du Tchad.

La ville de l'ouest est réservée aux traitants arabes et au peuple; la ville de l'est est la ville royale, qui contient les palais du cheick et des autres grands personnages.

Entre les deux villes s'étendait autrefois un emplacement libre où se tenait le marché journalier, ce qui se fait encore aujourd'hui; mais cet espace s'est peu à peu couvert de constructions; si bien que, n'étaient deux enceintes spéciales autour des deux villes, avec le marché elles n'en formeraient qu'une seule. Une immense artère nommée Dendal, de 60 à 80 mètres de large environ, traverse dans toute leur longueur la ville de l'ouest et le marché, pour venir aboutir à la moitié de la ville de l'est devant le palais du cheick. Kouka s'étend sur environ 3 kilomètres de longueur, mais sa largeur n'est guère que de 2 à 300 mètres. Sa population est de 50 à 60.000 habitants.

Un fait à signaler à cause de sa rareté en pays noir, est l'importance du rôle de la femme dans la vie privée et politique..... »

Le Bornou est terre d'Islam, mais les croyants ne font pas de prosélytisme; ils sont en général assez tolérants. La majorité, ayant à sa tête le cheick, suit le rite Tidjani; les Quédirch sont assez nombreux. «Les Senoussis, dit le colonel Monteil, sont connus de nom seulement » au Bornou. Il paraît cependant que cette confrérie a depuis longtemps des représentants dans le pays que gouvernait le cheick Hachem. Dans son ouvrage publié en 1886 (1), H. Duveyrier signale au Bornou « les traces certaines du senoussisme ». Les Senoussis auraient cherché assez tard d'ailleurs, et sans grand succès à s'introduire dans le pays. « En 1870, dit cet auteur, le sultan de ce royaume, homme humain et savant distingué, entouré d'un collège de savants, en imposait aux Senoûsîya. Aussi le docteur Nachtigal (2) les montre-t-il se présentant dans le Bornou aussi modestement qu'à Tripoli et dans le Fezzan. Néanmoins la population du Bornou était attaquée il y a treize ans déjà, c'est-à-dire vers 1870 et, partout ailleurs, pareil laps de temps a placé beaucoup d'atouts dans le jeu des Senoûsîya. »

On peut ajouter que la situation prépondérante de la confrérie au Ouadaï, au Kanem et au Baghirmi a dû favoriser l'infiltration du senoussisme au Bornou.

En 1897, on signalait à Kouka l'existence d'un moqaddem des Senoussis, nommé Abou Ouacha (3); mais on ne mentionnait pas de Zaouïa dans le Bornou.

D'après ce qu'on vient de lire, les habitants du Bornou étaient incapables de se défendre contre un ennemi résolu; cela devait engager Rabah à chercher à s'emparer d'un pays dont la possession le rendrait maître de toutes les routes commerciales et partant des principaux marchés du Soudan central. Mais il lui fallait d'abord réduire le Makari, boulevard du Bornou au sud-est, état dont le sultan, Salah, était l'ami et l'allié du cheick Hachem.

---

(1) H. Duveyrier : *La Confrérie musulmane de Sidi Mohammed Ben Ali-Es-Senoûsi et son domaine géographique en 1300 de l'Hégire* (Paris : 1886).

(2) Dr Nachtigal : *Sahara et Soudan*.

(3) O. Depont et X. Coppolani : *Les Confréries religieuses musulmanes* (Alger, 1897).

Pour parvenir plus aisément à ses fins, Rabah agit de ruse.

Comme ses troupes avaient déjà pénétré dans le pays, il envoya de riches présents à Salah, en lui proposant un pacte d'alliance, il ajoutait que c'était pour prouver la loyauté de ses intentions et son désir de créer entr'eux des rapports de bon voisinage qu'il se dirigeait vers la capitale Logone, avec son armée. Dès qu'il arriva dans la ville, Salah, sur la foi de ses déclarations vint au-devant de lui. Mais à peine le sultan avait-il pénétré dans la tente de Rabah que celui-ci le fit enchaîner. Cette trahison jeta la consternation et l'épouvante parmi les gens du Makari, qui n'avaient pas eu le temps de se mettre sur la défensive. Le lendemain, Logone tomba, après un court combat, au pouvoir de Rabah qui fit de cette ville son quartier général.

Le cheick Hachem commença à se voir sérieusement menacé, et bien qu'il fut un peu tard pour organiser une défense sérieuse, il envoya un de ses principaux chefs militaires, Mohammed Tahar, avec 10.000 guerriers, pour s'opposer à l'invasion de ses états propres que Rabah à la tête de 2.000 combattants, dont les contingents fournis par Ayatou, menaçait déjà.

Les deux armées se rencontrèrent à Djelbey, petite localité située près de Dikoa (Dikoa qui est à 80 milles environ au sud-est de Kouka et par conséquent au sud du Tchad, était la seconde ville du Bornou et sa population atteignait 15.000 âmes). Les bornouans furent écrasés et Tahar fait fut prisonnier.

En apprenant cette défaite, Hachem se porta en personne, avec plusieurs milliers de soldats au devant de Rabah, qu'il rencontra dans les plaines de Djelbey. Une seconde bataille se livra là, et dura depuis trois heures de l'après-midi jusque vers 6 heures. Elle se termina pour les bornouans par un nouveau désastre. Le cheick Hachem put cependant échapper au massacre et se réfugier à Kouka. Mais Rabah s'était lancé à sa poursuite et il ne tarda pas à atteindre la localité appelée Ugourou, où il établit son camp, aux portes de Kouka. Hachem se voyant perdu sortit à la dérobée de la ville et s'enfuit vers le nord. Rabah occupa aussitôt Kouka, tandis qu'un de ses lieutenants, Bou-Bakar, poursuivait le fugitif; celui-ci réussit à franchir le Komadougou à Doutschi sur un pont de radeaux qu'il détruisit après s'en être servi, et Bou-Bakar renonçant à l'atteindre rentra à Kouka.

Ce premier insuccès détermina Rabah à retourner dans le sud. Toutefois, en quittant Kouka, il livra cette grande ville aux flammes. L'on était alors à la fin de 1893 (décembre).

*
* *

En même temps que la prise de Kouka par Rabah, on annonça en Europe la mort ou la disparition d'un personnage, un italien, dont on connaissait de longue date la présence au Bornou, où l'on se figurait qu'il rendait au cheick de grands services. Bien que la vie aventureuse de cet individu n'ait été mêlée en rien à la carrière de Rabah, on croit intéressant de raconter ici ses aventures et ses déboires ; ce récit ne peut que compléter le tableau que l'on a donné plus haut, des hommes et des choses du Bornou.

C'est au Lieutenant-colonel Monteil qu'on doit les détails qui suivent (1).

Giuseppe Valpreda, connu au Bornou sous le nom de Mohammed-el-Mouselmani était un piémontais originaire de Montecaliéri. Parti de Tripoli en 1869 avec Nachtigal comme domestique, il avait séjourné avec lui à Mourzouk, puis l'avait accompagné dans sa mémorable et périlleuse exploration du Tibesti. Il était arrivé à Kouka en même temps que Nachtigal, en 1871. Là, il avait créé à son maître de multiples soucis et finalement l'avait trahi. Voici en quelles circonstances.

Industrieux, actif et surtout excellent cuisinier, Giuseppe Valpreda s'était fait bien venir, grâce à ses divers talents, du cheick Oumar et de son ministre de l'époque, Lamnio, lequel était un gastronome distingué.

Se croyant sûr d'une rapide fortune, il se sépara de Nachtigal avec retentissement en allant trouver le cheick pour lui dire qu'il souffrait de servir un chrétien, alors qu'au fond du cœur il était musulman et ne demandait qu'à le prouver en se convertissant. Le bon cheick Oumar perça à jour la mauvaise action mais ne s'opposa pas au changement de religion de Giuseppe, qui prit le nom de Mohammed-el-Mouselmani. Lorsque peu de temps après, Lamnio vint à mourir, la rumeur publique accusa Nachtigal de l'avoir empoisonné parce qu'il l'avait visité pendant sa courte maladie. Mohammed fut un des plus acharnés contre son ancien maître. C'est alors que Cheick-Oumar, pour soustraire Nachtigal à une fausse situation, lui donna les moyens d'aller visiter le Kanem et le Borkou.

Mohammed, qui avait cru tirer la fortune de son apostasie, ne put jamais acquérir la moindre influence. Il soignait les jardins, entretenait les fusils apportés par Nachtigal, faisait quelques plats de gala. Glanant ici ou là, il eut deux ou trois femmes données par le cheick, puis des esclaves qu'il vendit et dont il envoya le produit a Tripoli. Au temps de Cheick-Bakar il eut un instant de faveur; il l'accompagnait à la guerre, mais sa fortune s'effondra à la mort de celui-ci. Depuis, il comptait chaque jour de moins en moins; il habitait contre le mur du palais une petite maison où on le considérait comme le captif du cheick.

Déçu dans ses epérances et l'âge ayant modéré ses ambitions, le mal du pays s'empara du malheureux qui par tous les moyens essaya de quitter le Bornou pour rentrer à Tripoli. Il n'avait pas compté avec la situation qu'il s'était faite, tant par son apostasie que par la position où il s'était placé, de ne vivre que des présents du cheick. Lorsqu'il parla de partir avec une caravane, on lui répondit que, musulman, il ne pouvait quitter la terre d'Islam; il eut beau protester que son but était de retourner à Tripoli qui était du domaine du sultan de Constantinople, on persista à croire qu'il voulait rentrer au pays des chrétiens. Il mit tout en œuvre pour faire trancher ce point de dogme; il intéressa à sa cause le consul d'Italie à Tripoli qui, à son tour, obtint l'inter-

(1) Lieutenant-colonel Monteil, *Op. Cit.*

vention du vali auprès du cheick ; enfin le cadi, disposé par des dons appropriés, sur le serment que fit Mohammed de rester musulman et de ne pas quitter Tripoli, décida que la Loi ne s'opposait pas à ce qu'il put sortir du pays qui avait vu sa conversion.

Ce premier nœud tranché, Mohammed se prépara, mais au dernier moment tous ses projets s'en furent à vau-l'eau. Captif du cheick, tout ce qu'il possédait ou avait reçu devait faire retour à la couronne, y compris ses enfants eux-mêmes, puisqu'ils étaient nés de captives qu'on lui avait données, et qu'il avait épousées (il avait deux garçons, de 13 et 15 ans.)

Il lui fallait aussi restituer les esclaves, chevaux, bœufs, qu'il avait vendus et dont le produit, on le savait, avait pris la route du Nord. (Il avait expédié ainsi plus de 8.000 talaris.)

Incontestablement, c'était la loi du pays, et il ne pouvait venir à l'idée de personne que les revendications du cheick ne fussent pas justes.

Mais Mohammed ne l'entendait pas ainsi. Il était avare; il ne sut pas se résigner à un sacrifice de quelque importance qui lui eut permis de sauver la plus grosse partie de ses économies. Au contraire, il se mit à vendre tout ce qui pouvait lui rester, jusqu'à son cheval, et il attendit les évènements. Si Mohammed avait (paraît-il) voulu faire revenir de Tripoli la valeur de 2.000 *bouters* en marchandises, il fut parti quand il aurait voulu. Au contraire, Mohammed prétendait que le cheick devait lui organiser sa caravane. Quant à ses enfants, il ne s'en souciait aucunement. »

L'arrivée de Monteil à Kouka sembla à Mohammed le salut si longtemps attendu. Dès le lendemain il faisait tenir à notre compatriote un mot en mauvais italien, et ainsi conçu : « Un malheureux italien depuis 24 ans prisonnier au Bornou, vous salue; il a la fièvre; il vous prie de lui envoyer de la quinine. » Monteil envoya par le porteur 3 grammes de quinine que Mohammed s'empressa de vendre, ce qui ne l'empêcha pas de faire visite dès le lendemain à l'officier français. C'était un homme de cinquante-sept ans, bronzé comme un arabe du Sahara, à la figure cauteleuse et au regard fuyant de paysan madré. Il se mettait à la disposition de Monteil pour toute besogne dont celui-ci voudrait le charger, même sa cuisine. Mais il ne pouvait guère rendre de services à un européen, ayant oublié presque complètement sa langue maternelle, dont il ne savait plus que quelques mots. La seule chose utile qu'il fit pour Monteil, fut de préparer une partie des vivres nécessaires à l'explorateur pour continuer son voyage.

Ce pauvre diable, qui n'était plus italien ni chrétien, et qui n'était guère musulman et bornouan que de nom, eut une fin aussi bizarre que ses aventures. « Lors de la prise de Kouka par Rabah, Giuseppe Valpreda s'enfuit à Yo où il se croyait en sûreté, mais, Rabah continuant sa marche, Giuseppe se refugia dans un petit village dans l'est avec deux arabes. Il s'y croyait en sécurité quand, un jour, des soldats de Rabah vinrent le trouver et lui dirent qu'il fallait qu'il se rende auprès de leur maître. Giuseppe fut pris de frayeur et mourut presque immédiatement. Ses deux fils furent expédiés à Tripoli » (1).

⁂

Après la prise de Kouka, ce fut à Dikoa que Rabah vint s'établir. Parmi ses captifs, il ramenait seize caravaniers de Tripoli et de Benghazi qu'il avait rencontrés sur les routes du Bornou, et qu'il jugeait sans doute prudent de retenir au moins pour un temps auprès de lui, afin qu'ils ne puissent colporter au loin les nouvelles de la région du Tchad.

Sur ces entrefaites, il se brouilla avec Ayatou parce que, croit-on, il ne voulut pas faire de ses nouvelles conquêtes une part assez large à son allié, qui devint dès lors son ennemi mortel. Ayatou se sépara donc de lui, et se retira à Balda (2).

Tandisque Rabah s'établissait solidement à Dikoa, comme la défection de son allié lui donnait à craindre qu'une coalition ne se formât contre lui entre ce dernier, le sultan du Sokoto, et les Bornouans, comme d'ailleurs il jugeait bon de s'assurer une ligne de retraite vers le sud, il mit des garnisons à Logone, Koussouri et Goulféi, centres importants sur le Chari ou ses îles, et qui avaient été jusque là dépendants du Baghirmi.

Les chefs dépossédés de ces pays se refugièrent à Massenya, auprès de leur suzerain Gaourang. Mais le m'bang dut accepter les faits accomplis, n'étant point en force pour tenter contre Rabah une expédition à laquelle du reste il lui eut été bien difficile de faire franchir le Chari. Il continua même de résider dans sa capitale puisque, comme on l'a vu, Rabah n'occupait pas sur un grand pied le pays sur lequel il se bornait à exercer une sorte de protectorat, et où il avait seulement les garnisons que l'on vient de citer. Cependant les bornouans après leurs défaites s'étaient repris. Désireux de se venger de Rabah, qui avait envahi et pillé leur pays, et de Hachem qui n'avait pas su le défendre, ils avaient déposé le cheick, et proclamé à sa place Ba Kiari, son neveu.

Celui-ci se hâta de lever de nouvelles troupes, afin d'être en mesure de repousser au moment voulu une seconde invasion de Rabah, qu'il supposait devoir être imminente (3).

A ces nouvelles, Rabah reprend l'offensive; à la tête cette fois de 9.000 guerriers, il rentre dans le Bornou.

Tout d'abord, malgré les forces considérables dont il dispose, ce sont ceux du Bornou qui ont l'avantage. Ce serait même à la faveur de quelque insuccès de Rabah que les caravaniers tripolitains qu'il avait capturés naguère autour

(1) *Journal de route du capitaine Cazemajou* (Bullet. du Comité de l'Afrique Française, septembre 1900).
(2) Où il se trouvait encore, au dire de M. Gentil, en 1898.
(3) Bulletin C. A. F.; mai 1895.

de Kouka, et qu'il traînait à sa suite, auraient réussi à s'enfuir et à regagner la Tripolitaine. En effet, en avril 1895, l'on apprit en Europe par Maïna Adam, chef de l'Oasis de Kaouar, sur la route de Kouka au Fezzan, que ces gens se trouvaient dans le Gatroun, d'où ils allaient se rendre prochainement à Mourzouk. Ce chef assurait même, sur la foi des fugitifs, que Rabah avait été tué dès les premiers engagements contre les troupes de Ba-Kiari. Dès lors, le bruit de la mort du conquérant se répandit en Europe où pendant assez longtemps on le crut fondé.

Suivant des renseignements d'autres sources, Rabah aurait été plus heureux.

Ayant surpris à Guoueïdem l'armée de Kiari, il lui infligea une défaite à la suite de laquelle elle se débanda et fut taillée en pièces. Quant à Kiari, blessé, il tomba entre les mains de Rabah qui le fit mettre à mort après l'avoir gardé quatre jours enchaîné (à Borsari, 1894) (1).

A la suite de cette victoire qui lui assurait un pouvoir immense, Rabah regagna Dikoa et prit solennellement le titre de sultan du Bornou et du Baghirmi.

Mais il ne put jouir longtemps en paix de son nouveau triomphe car, si l'on en croit des bruits que rapportèrent (en août 1895) des marchands qui revenaient du Ouadaï en Tripolitaine et qui avaient séjourné assez longtemps à Dikoa avant de passer au Ouadaï, les Bornouans ne s'étaient encore pas tenus pour soumis après la défaite et la mort de Kiari. Les débris de leurs bandes s'étaient ralliés et avaient mis à leur tête Sanlah (frère de Kiari), qui avait recommencé la lutte, battu à diverses reprises les gens de Rabah, et finalement repris les ruines de Kouka.

Les nouvelles que l'on a eues sur Rabah à cette époque sont aussi confuses et contradictoires que les renseignements tardivement rassemblés sur les origines et les débuts de la carrière de ce conquérant. Tantôt on donne, comme on vient de le voir, sa mort pour certaine (2), tantôt on annonce qu'il prépare quelque grande expédition ou qu'il vient de se signaler par de nouveaux exploits.

* * *

Au commencement de 1895, dans le temps même où d'autre part on répandait le bruit de sa mort, on apprend que Rabah « volant de victoire en victoire menaçait Zinder et que les trafiquants de Tripoli eux-mêmes, pris de panique, se hâtaient, à Kano comme à Ghat, de liquider leurs affaires pour fuir devant le dévastateur. » Il est vrai que cette nouvelle est donnée sous les plus expresses réserves (3) ; on ne sait trop sur quoi elle repose : c'est, plutôt qu'une nouvelle, « un bruit qui a couru ».

---

(1) Victor Deville : *Partage de l'Afrique*.

(2) « Aux dernières nouvelles même arrivées à Tripoli le 27 avril (1895) il serait bien mort. » Bulletin C. A. F : mai 1895.

(3) *Bulletin du Comité de l'Afrique française*.

L'incertitude, l'incohérence des informations que l'on reçoit de temps à autre sur Rabah permettent de lui prêter des projets qu'il n'a peut-être jamais eus, et ne laissent pas apparaître ceux qu'il a peut-être réellement formés. Cette marche triomphale sur Zinder n'était peut-être autre chose qu'une banale course au butin de quelques pillards appartenant à ses bandes, mais agissant isolément.

Il ne semble pas, en effet, que Rabah ait cherché, à cette époque, à conquérir le pays de Zinder. Mais on apprendra beaucoup plus tard, en 1899, par des révélations de la presse anglaise, qu'il en avait eu l'intention dès 1894,

Il était d'ailleurs logique que Rabah songeât à joindre à ses conquêtes le Sokoto qui est, par les ressources de son sol autant que par son excellente situation au point de vue du commerce, un des riches pays de l'Afrique centrale. On a de cette contrée plusieurs descriptions ; nous nous bornerons à en donner un aperçu d'après la relation des officiers qui y séjournèrent récemment :

« Zinder est une fort jolie ville de 10,000 habitants, fort pittoresquement à cheval sur de faibles collines granitiques qui émergent de la plaine. Ses constructions, pour la plupart en terre battue, sont ombragées de grands arbres, jujubiers, rôniers, gommiers, baobabs du plus bel effet. La ville est entourée d'une enceinte continue constituée par une muraille de 7 à 8 mètres de haut, percée de sept portes dont les battants sont garnis de blindages en fer. Cet appareil défensif considérable n'a même pas été utilisé lorsque la mission Saharienne s'empara de Zinder (1900) ; la population est très paisible et ne marche au combat que lorsqu'elle ne peut faire autrement.

La ville couvre une très grande surface ; les maisons sont construites partie en pisé et rappellent assez bien le type de celles de Djenné décrites par M. Dubois (1), et partie en paillotes bien faites, et sont pourvues d'une petite cour entourée de nattes élevées, soutenues par des pieux.

Le palais du serki ou sultan occupe une assez grande étendue ; construit aussi en pisé, il ne présente aucun caractère artistique.

Toute une partie de la ville est occupée par une agglomération de grands rochers et de blocs de granit qui s'élèvent plus haut que les murs et dominent tous les alentours. De leur sommet le spectacle est fort beau : sous les pieds s'étend la ville ; tout autour, une forêt très claire, composée de grands et magnifiques arbres.

Zinder est un centre commercial important, et qui ne peut que s'accroître, car c'est une des portes du Soudan. Le marché quotidien est fort animé ; et l'on y trouve les produits les plus invraisemblables, depuis la feuille de baobab, utilisée comme nourriture pour les pauvres, jusqu'aux berlingots, friandises des riches ; depuis les solides étoffes dites de Kano, jusqu'aux moindres bibelots européens ; des esclaves qui attendent philosophiquement leur acheteur, des chevaux, des bœufs, des moutons ; mais parmi les choses les plus curieuses il

(1) *Tombouctou la Mystérieuse.*

faut citer les rôtisseries en plein vent dont les produits sont fort appétissants.

Le marché est fort animé, surtout vers quatre heures. Le va-et-vient y est incessant, au milieu du caquetage bruyant et rapide de toutes les vendeuses négresses, dont les cheveux, soigneusement et artistiquement relevés en un casque élégant, sont fortement enduits d'indigo délayé dans du beurre. Parfois même on y coudoie quelques horizontales du pays, qui passent d'un air très affairé, portant sur la tête une petite corbeille dans laquelle un ou deux oignons tiennent compagnie à une tomate ou à un igname.

Il ne se fait d'ailleurs sur ce marché qu'un commerce de détail. Les transactions sont facilitées par l'emploi de coquillages (*cauris*), et pour les grosses sommes, des thalers de Marie-Thérèse qui valent environ 5,000 coquillages. Quand au grand commerce il se fait chez les Tripolitains qui occupent tout un quartier de la ville (1).

La propreté de la ville et du marché est assurée par d'innombrables vautours chauves qui planent de toutes parts ou qui se tiennent perchés sur les dentelures régulières du mur d'enceinte.

Zingou, une sorte de faubourg éloigné de Zinder, est la ville touareg. Les habitants de Zinder vont peu à Zingou, mais ceux de Zingou viennent librement à Zinder, particuliérement au marché du jeudi.

A la saison sèche, quand les Kel-Ouï reviennent de l'Aïr, la plaine est couverte de campements, qui constituent, prétend-on, une agglomération de 20.000 personnes. C'est donc la ville touareg à côté de la ville haoussa, et, sans conflit, sans guerre, la première gagne lentement sur la deuxième.

Un grand nombre de caravanes du nord s'arrêtent à Zinder, l'impôt qu'il prélève sur elles est la plus belle ressource du sultan.

La campagne aux environs même de la ville est couverte de fort belles cultures de mil. A quelques kilométres dans l'ouest se trouve une série de cuvettes dans lesquelles croissent des palmiers-dattiers ; le nombre n'en est pas inférieur à 100,000, mais la production n'est pas en rapport avec le nombre, la culture étant mal faite ; les dattes ressemblent à celles provenant de Bilma, quoique peut-être un peu meilleures. A côté de ces dattiers, comme d'ailleurs en plusieurs autres points, à Mirria, à Delladi, se trouvent des jardins où l'on cultive du tabac, des oignons, du coton. En dehors de leurs cultures, les indigènes élèvent une assez belle race de chevaux, et ont des troupeaux de bœufs dont ils se servent quelquefois pour le portage. Partout le pays respire l'aisance et même la richesse. Trois races distinctes occupent le pays de Zinder : celle qui y domine est la race haoussa, de laquelle est issu le sultan; les autres habitants sont, en général des bornouans et des touareg Kel-Ouï. Ce pays vit sous une organisa-

---

(1) *De l'Algérie au Congo par le lac Tchad*, par le lieutenant Métois (de la mission Saharienne). — (Imprimerie Léon, Alger) — Bulletin du Comité de l'Afrique française : *Compte-rendu de la mission Foureau. — Compte-rendu de la mission Joalland.*

tion qui rappelle notre ancienne féodalité. Le sultan est adoré de ses sujets; ses ordres sont toujours immédiatement exécutés.

Pour donner une idée exacte de ce qu'est ce pays, il faudrait évoquer les tableaux des *Mille et une Nuits*. « Il me faudrait décrire, et l'intérieur du palais du sultan, avec des lits couverts d'étoffes de soie et de velours brodés d'or, le tout parfumé à l'essence de roses : il me faudrait évoquer le faste oriental transporté en pleine Afrique centrale ; il faudrait décrire aussi ces cavalcades où les accoutrements les plus grotesques se mêlent aux manteaux brodés et aux velours damassés...... Tous les produits soudanais poussent dans le pays en abondance. Le climat y est admirablement sain, et le pays est appelé à un grand avenir, sinon pour la grande, du moins pour la petite colonisation. » Plus dans l'Est, le Manga qui dépend aussi du sultan de Zinder, est peu cultivé, les indigènes se contentant d'exploiter le sel des lacs qui couvrent la région, et cette industrie les faisant vivre largement, ils négligent la culture ».

* * *

C'est a-t-on dit, dès 1894 que Rabah aurait projeté d'annexer le Sokoto à son nouvel empire. A cette époque « une mission dirigée par un chérif arabe avait remonté la Bénoué et atteint Dikoa, la capitale de Rabah. Cette mission portait au « Napoléon Soudanais » une lettre de Zobéir-Pacha son ancien maître, avertissant Rabah des dangers qu'il y aurait à envahir le Sokoto et lui faisait savoir que le gouvernement de la Reine accepterait avec lui une entente amicale. Rabah n'aurait jamais répondu à cette ouverture; mais il aurait gardé la mission près de lui.

Le *Bulletin du Comité de l'Afrique française* (1) qui donna ces détails rétrospectifs disait encore, en parlant des membres de cette mission : « Il est impossible de savoir en quelle qualité les émissaires anglais servent sous ses ordres ; mais il est probable qu'ils n'ont pas vu avec déplaisir la dévastation du Baghirmi et la défaite de l'allié des français par Rabah (allusion à des faits arrivés en 1899). » Ajoutons que, lors de la défaite et de la mort de Rabah, aucun indice ne permit de supposer qu'il ait eu auprès de lui des européens. Le capitaine Cazemajou a connu à Zinder « un turc de Stamboul qui vivait depuis longtemps avec les tripolitains (établis dans le Sokoto). Il était à la prise de Kouka. Il n'y avait pas d'anglais avec Rabah (2). »

Les anglais ne furent pas les seuls à s'émouvoir des projets du conquérant auquel on prêtait aussi l'intention de s'emparer de Kano ; Rabah reçut aussi, dans le même temps, des ouvertures de l'État indépendant du Congo, dont les officiers opéraient en ce moment dans les bassins du haut Bahr-el-Ghazal, où

(1) Juillet 1899.

(2) Journal de route du capitaine Cazemajou. B. C. A. F. septembre 1900.

ils avaient occupé Liffi et Hatouaka, et dans le bassin du haut Chari, où ils s'étaient établis à Belle.

« Ces négociations (1), habilement menées, durent avoir une issue favorable, car les Belges ne furent pas inquiétés dans leurs opérations et Kano, capitale du Haoussa et métropole commerciale du Soudan central, qui avait vu avec terreur s'approcher les hordes de Rabah en fut quitte pour la peur ; les troupes furent rappelées et la ville fut préservée de la destruction qui avait frappé Kouka (2). »

Cette idée de se servir de Rabah comme d'un instrument, pour assurer la réalisation de projets d'extension de la domination européenne en Afrique centrale, était trop simple pour n'être pas venue de bonne heure à l'esprit des anglais. En tout cas, elle était « dans l'air ». A son insu ou autrement, Rabah a été mêlé à de grands projets de l'Angleterre. « On a dit qu'elle — l'Angleterre — avait cherché à réaliser un autre projet presque aussi hardi que de relier l'Égypte au Cap par des possessions anglaises : celui de placer sous son protectorat Rabah, ce marchand d'esclaves qui s'est créé en quelques années un empire, du Darfour au Bornou. Des armes lui auraient été fournies, et, en échange, Rabah aurait attaqué les mahdistes du côté d'El-Obeïd, tandis que les troupes anglo-italiennes se seraient dirigées, soit par Souakim, soit par Massaouah, sur Omdurman ; enfin, la coopération de Rabah aurait été récompensée par l'organisation d'un vaste empire allant du Nil supérieur au Niger, dont il eut été le maître sous le protectorat britannique. Cette grande idée n'a peut-être pas été inventée de toutes pièces ; elle ne sera jamais réalisée si vraisemblablement la mort de Rabah, vaincu par le sultan du Bornou, se confirme (3) ».

Le dernier paragraphe de cette citation pourrait presque servir de date à ce projet : il se rapporte évidemment à la communication faite par les caravaniers tripolitains dont on a parlé plus haut, et qui annoncèrent que Rabah avait été tué dans un combat avec les troupes de Kiari, successeur du cheick Hachem.

Nous devons ajouter que l'idée d'une alliance ou d'une entente avec Rabah ne vint pas seulement aux anglais ou aux belges ; elle était regardée comme la plus pratique, notamment par deux français qui allaient bientôt tourner leur activité vers le Tchad, l'administrateur Bretonnet et l'explorateur de Béhagle. Tous deux d'ailleurs devaient, comme on le verra plus loin, trouver la mort dans les régions où dominait le farouche conquérant.

Enfin, le capitaine Cazemajou, qui fut assassiné à Zinder, se proposait lui aussi d'entrer en relations avec Rabah, à quoi même il attachait une grande importance. « Le devoir de la mission, dit-il dans son *Journal de route* (4) est

---

(1) Il s'agit là, aussi, des démarches de la mission anglaise.

(2) *Mouvement géographique*, 1898.

(3) Henri Pensa. *L'Egypte et le Soudan égyptien*. (Paris. Hachette et Cie; 1895.)

(4) 15 avril 1898 — Bulletin C. A. F, Septembre 1900.

d'entrer en communication avec Rabah, quels que soient les dangers que nous puissions courir, »

Il était intéressant de signaler ces projets, parce qu'ils montrent l'importance considérable que donna tout d'un coup à Rabah la conquête du Bornou. Mais ils n'eurent aucune suite et semblent avoir été vite abandonnés. L'on avait d'abord redouté pour Zinder et pour Kano le sort de Kouka ; mais comme le conquérant ne tournait décidément point ses armes vers les contrées que l'on avait cru menacées, l'on se prit à examiner avec plus de sang-froid sa position.

« D'ailleurs, en admettant même que Rabah n'ait pas disparu de la scène, on s'accorde généralement à croire que ce chef devrait renoncer à accroître l'étendue de sa puissance ; car, soit qu'il se dirige vers le Nord, soit qu'il veuille pénétrer plus avant dans l'Ouest, il ne tardera pas à se heurter à des ennemis redoutables.

Les Oulad Sliman, de même que les Touareg et les tribus du Sokoto, seront un obstacle insurmontable à ses empiétements. Leurs intérêts même s'y opposeraient, puisque Rabah intercepterait chez elles, comme il l'a fait au Bornou, les routes commerciales, entravant tous les mouvements des caravanes, leur enlevant finalement tout moyen d'effectuer le trafic avec les Arabes du Nord, qui leur fournissent, en même temps que les marchandises de l'Europe, la faculté de vendre leurs produits.

Ces différentes considérations laisseraient donc supposer que le rôle joué depuis tantôt trois ans, par l'ancien mamelouk de Zobéïr-Pacha, toucherait à sa fin (1). »

Plus tard, bien que la même incertitude règne en Europe sur le compte de Rabah, il semble que l'on se soit tout de même habitué à regarder comme une chose normale sa présence dans le Bornou. Pendant une période assez longue du reste il fait peu parler de lui. En juillet 1896 « il se confirme que Rabah veut asseoir sa puissance et donner à l'empire hâtivement conquis par lui un caractère pacifique et définitif » (2). Dans ce but, il s'efforce d'apporter quelque régularité dans le gouvernement de ses conquêtes. Il lève des impôts et cherche à rétablir entre le Tchad et la Méditerranée les relations commerciales que les récentes guerres avaient interrompues. La nouvelle est même parvenue (en juin précédent) qu'il avait appelé auprès de lui des marchands tripolitains.

Mais, un mois ne s'est pas écoulé que l'on apprend, par une dépêche de Tripoli, source anglaise, la nouvelle, apportée par un messager, de l'attaque et de la prise de Mandarah par Rabah. « Le sultan de ce pays, Bou Becker, dit la dépêche, a été fait prisonnier par Rabah, lequel a perdu près de 800 hommes. Rabah marche maintenant sur Kano » (3).

(1) B. C. A. F. mai 1895.
(2) B. C. A. F. : juillet 1896.
(3) B. C. A. F. : août 1896.

Il s'agissait probablement, dans cette information, moins d'une tentative d'invasion en règle du Kanem, que de quelqu'un des combats que Rabah ou ses lieutenants avaient continuellement à soutenir autour du Tchad, contre les gens insoumis ou réfractaires du Baghirmi et du Bornou. En réalité on ne savait rien de précis sur la région du Tchad, et cette nouvelle, en termes si laconiques, ne pouvait guère jeter de jour sur ce qui s'y passait. Elle ne laissa pas de causer néanmoins une certaine émotion, et l'on crut un moment que les empires de l'ouest étaient de nouveau menacés par quelque grand mouvement de troupes dont la prise de Mandarah aurait été le premier acte.

Deux ans plus tard, comme on n'est pas mieux renseigné sur les faits et gestes de Rabah, ni surtout sur ses intentions, l'on appréhende derechef de le voir tourner ses vues — et surtout ses troupes — vers le Sokoto. Voici en effet ce que l'on écrit en 1898 à son sujet (1) :

« La presse européenne prêtait récemment à Rabah l'intention de pousser ses conquêtes vers le Sokoto. Il pourrait se faire que, n'ayant pas préservé du pillage et de la ruine les régions dont il s'est emparé, il convoitât maintenant la possession de territoires qui n'ont pas encore été dévastés par la multitude de malandrins et d'aventuriers qu'il traîne à sa suite. Mais la victoire que viennent de remporter les Anglo-Egyptiens à Khartoum le fera peut-être renoncer au projet de pénétrer plus avant vers l'Ouest et de s'éloigner du Darfour, son pays. En effet, on assure en Afrique que Rabah est un fervent adepte du mahdisme. Converti aux doctrines du mahdi de Dongola, son principal souci serait, pour augmenter le prestige dont il est déjà entouré, d'être considéré, à l'exemple des premiers conquérants arabes comme un soldat-apôtre. Il voudrait passer aux yeux des musulmans pour un zélé propagateur de l'Islam parmi les peuplades sauvages et païennes qu'il a subjuguées. Encouragé et aidé dans cette voie par son vizir Bou Bakar et son gendre, Maalleur Hiattou-el-Fellati, il affecte de mener une existence austère et de ne paraitre en public que vêtu du simple burnous de derviche, le Coran d'une main et un cimeterre de l'autre. En tout cas, si les visées ambitieuses attribuées à Rabah étaient réelles, ne pourrait-il pas se faire que cet agitateur, grisé par le succès et le triomphe, songeât à relever à son profit la cause du mahdisme en essayant de réparer l'échec subi par ses coreligionnaires à Omdurman ? (2). »

Il était bien improbable que Rabah ait songé à se donner comme un nouveau messie; mais quelques mois après l'on confirmait qu'il avait en effet, en 1897, sinon tenté de conquérir le Sokoto, au moins lancé un raid snr Zinder sous la conduite de son fils, Fadel Allah. « Fadel Allah conquit facilement le pays de Zinder; seulement il ne s'y maintint pas et, quand nous (c'est l'explorateur

---

(1) *Journal des Débats*, 11 septembre 1898.

(2) Il s'agit de la prise d'Omdurman par Kitchener-Pacha en 1898, et de l'anéantissement du mahdisme dans le Soudan égyptien.

Gentil qui parle) étions au Baghirmi, nous avons appris le retour à Dikoa du fils de Rabah, ramenant de nombreux fusils et des esclaves (1). »

*
* *

L'arrivée (en sept.-oct. 1897) au Baghirmi de l'explorateur Gentil, devait marquer pour les affaires de Rabah le commencement d'une phase nouvelle.

Il est donc intéressant de voir ce qu'étaient à ce moment la position de Rabah, et la situation des Etats au sud et à l'ouest du Tchad.

Rappelons d'abord que Rabah ne s'était pas fixé dans le Baghirmi. Après avoir envahi et plus ou moins saccagé ce pays, il avait fait subir un sort pareil au Bornou, puis s'était établi avec le gros de ses forces à Dikoa. Depuis lors, il n'avait pas entrepris d'autres grandes guerres, mais des troupes à lui n'avaient cessé de rayonner çà et là autour de ses deux principales conquêtes, pour les élargir et les consolider.

Différents Etats voisins s'étaient d'ailleurs soumis plus ou moins spontanément aux exigences du conquérant, dans la crainte sans doute qu'il ne leur arrachât de force ce qu'il auraient hésité à lui donner de gré à gré.

C'est ainsi que Kano, déjà tributaire du Lam-Dioulbé, payait un tribut à Rabah ; mais les gens de ce pays étaient admis à circuler librement à travers les régions soumises à l'aventurier. Le Beddé, le Hadeigui, quelques provinces du Sokoto, en particulier le Baoutchi, étaient également tributaires de Rabah, à des conditions analogues. Quant au Bornou, on sait que, conquis les armes à la main, il était complétement au pouvoir de Rabah.

Les pays simplement tributaires conservaient leur indépendance et leur autonomie ; on n'est pas fixé d'ailleurs sur le chiffre ou la nature des impôts que tirait d'eux leur suzerain. Les pays conquis, et qui étaient en partie occupés par des troupes à lui, étaient bien entendu durement mis à contribution par le nouveau maître ; cependant celui-ci leur avait laissé à très peu près leur ancienne organisation et autant que possible leurs anciens chefs qui continuaient à les administrer, parfois sous le contrôle de quelqu'un de ses lieutenants.

Pour ce qui est du Baghirmi, l'autorité de Rabah y était représentée par les fortes garnisons qu'il avait mises comme l'on sait à Goulféi, Koussouri et Logone, et sans doute aussi par des résidents, en différentes provinces. Quoi qu'il en soit, il n'occupait pas autrement le pays, et Gaourang qui, au lendemain de ses défaites s'était, a-t-on dit, réfugié pendant quelque temps chez les Saras, ses vassaux, était depuis longtemps rentré à Massénya où, à la condition de payer un gros tribut, il avait repris possession de son trône dont il jouit pour un temps assez paisiblement. En effet, lorsque la première mission Gentil quitta Massénya, le 21 novembre 1897, la tranquillité était complète au Baghirmi.

*
* *

(1) Bulletin du Comité de l'Afrique française, décembre 1898.

Rabah a eu une vie trop remplie, ses actes ont trop souvent alarmé l'opinion, chez nous, pour que ce qui touche à sa personne et à son caractère nous demeure indifférent. C'est pourquoi, après l'avoir suivi dans sa carrière d'aussi près que nous l'avons pu, nous consacrerons à sa personne même quelques lignes.

Certes Rabah fut, nous ne le savons que trop, sanguinaire, avide, violent; mais on ne peut nier qu'il fut infiniment supérieur à sa race et à son milieu.

On retrouve en lui les traits caractéristiques des grands conquérants africains ; une grande intelligence, de grandes idées, des facultés politiques, une volonté indomptable, un courage à toute épreuve. C'était d'ailleurs un homme de haute taille, sec et de forte ossature, doué d'une force herculéenne : un manieur d'hommes; il avait sur ses soldats, sur son entourage, un empire absolu.

Ses qualités d'organisateur se révélèrent surtout après la conquête du Baghirmi.

Comme on l'a déjà dit, jusque-là il semble s'être peu inquiété d'administrer les pays dont ses lieutenants ou lui-même s'emparaient. Il ne laissa, par exemple aucune trace d'organisation qui lui fut propre dans le Dar-Rounga, pays qu'il aurait dû cependant, à cause de sa richesse, tenir à conserver ; où, dans ce cas, il n'eût pas manqué d'établir des règlements, de laisser des garnisons, des résidents, etc., toutes choses grâce auxquelles il eut gardé sur les gens un certain prestige et peut-être de l'autorité.

Or, lorsque le lieutenant belge Hanolet pénétra dans le Dar-Rounga, d'où Rabah était parti depuis peu (pour passer avec ses troupes dans le Baghirmi) il trouva le pays complétement abandonné à l'influence du Ouadaï, sous la suzeraineté duquel il était presque immédiatement retombé (1).

Quoi qu'il en soit, on voit changer les procédés de Rabah dès qu'il a réussi à soumettre le Baghirmi.

C'est que le Baghirmi était un pays infiniment mieux armé, mieux défendu, que ceux auxquels l'aventurier s'était jusqu'alors attaqué : c'était, pour l'Afrique Centrale, une véritable puissance, malgré la décadence militaire et sociale qui s'y révélait. Et peut-être fut-ce cette lutte contre son premier adversaire vraiment sérieux, qui développa chez Rabah des facultés dont il n'avait guère eu jusqu'alors l'occasion de faire usage.

C'est seulement dès ce moment qu'il semble soupçonner que ses conquêtes peuvent avoir un lendemain. A peine une région est-elle conquise qu'il se préoccupe de l'organisation à lui donner, quand les circonstances et les moyens le lui permettront. En attendant, il ne néglige aucune occasion d'augmenter son prestige et d'asseoir son autorité. Son premier soin, en s'emparant d'un nouveau centre de population, est de désarmer les guerriers; on lui remet les fusils, et il incorpore dans ses troupes les meilleurs soldats de la nation vaincue, qu'il fait dès lors participer à ses expéditions, mais aussi à ce qu'elles produisent.

Quant au peuple, il lui laisse son organisation et respecte ses mœurs : le chef reste à la tête de la tribu, le sultan sur son trône. Mais, à la nation soumise il impose « sa marque », une véritable marque nationale que l'on applique

(1) *La Belgique Coloniale*, 1896.

ou incise sur la joue de chaque nouveau-né et qui consiste en deux petites lignes parallèles, réunies par un trait d'union (⌶.) Les parents sont obligés, sous peine de mort, de marquer leurs enfants de ce « signe de Rabah. »

Jusqu'à l'invasion du Baghirmi, on peut dire que Rabah a fait la guerre ça-et-là, à peu près sans discernement; mais une fois établi à Dikoa, entre le Bornou qui lui appartient et le Baghirmi qui lui obéit — et lui appartiendra quand il le voudra, il n'entreprend plus, au moins sans nécessité absolue, de grandes expéditions. Les états voisins, de peur qu'il ne les attaque, se soumettent à première sommation au tribut; la soummission qu'ils lui témoignent lui permet de faire vivre son monde, d'organiser ses nouveaux domaines, de les rouvrir au commerce, c'est-à-dire à la prospérité ; plus tard, quand il se sera constitué une armée sérieuse, pour laquelle il aura rassemblé suffisamment d'armes et de munitions, il fera s'il le juge nécessaire la conquête effective de ces états où, entre temps ses agents auront pu lui créer une influence et un parti.

« On aurait tort de croire que ce chef ne voyait autour de lui que le pillage. Il était plutôt un dictateur militaire, ayant étendu sa domination par les armes sur un immense pays et capable de l'organiser pour en tirer les revenus nécessaires à l'entretien de son armée et au maintien de ses conquêtes.

C'est ainsi qu'après avoir conquis le riche empire de Bornou, dont les bandes nombreuses, mais indisciplinées, ne purent tenir devant ses trois ou quatre mille soldats bien armés et très entraînés, il se garda bien de détruire toute organisation locale. Il maintint au contraire les anciens chefs comme intermédiaires entre la population et lui, mais il plaça auprès d'eux ses lieutenants, qui lui étaient entièrement dévoués et qui contrôlaient les actes des gouverneurs. L'organisation féodale du Bornou était ainsi maintenue, mais, cependant, le pouvoir central étendait son action sur tout le pays.

Dans ce vaste empire, Rabah établit des impôts. La moitié du revenu lui était réservée, l'autre était partagée entre le gouverneur local et le chef militaire placé auprès de lui. De plus, Rabah avait la conception d'une sorte de trésor de guerre qu'il alimentait d'une partie de l'impôt et aussi du produit des razzias et qui était destiné à équiper ses troupes, à créer des magasins et des dépôts de vivres » (1). Cette organisation était si parfaite, si bien appliquée au pays et aux indigènes, que M. Gentil plus tard n'eut qu'à se l'approprier pour la faire servir à l'établissement de notre domination dans la région du Tchad, mais en y mettant en plus l'ordre et la justice.

Quand à l'entente que Rabah avait de la politique, elle apparaît dans ses rares relations avec les européens. Il redoute leur visite, car il est trop intelligent pour ne pas savoir ce qui finirait par en résulter pour lui; néanmoins il ne les rebute pas quand ils cherchent à entrer en relations avec lui; on voit qu'en les évitant, il cherche à les ménager pour le jour où il aurait besoin d'eux. L'on a parlé des négociations que nouèrent avec lui les Anglais et les Belges, qui ne se seraient pas mal trouvés de s'être adressés à lui.

Si Rabah fit, comme on l'a dit plus haut, rechercher Valpreda après la prise

(1) Aug. Terrier : *Journal des Voyages.*

de Kouka, ce ne pouvait être que dans l'espoir que le renégat, auquel on prêtait peut-être des talents qu'il n'avait pas, pourrait le servir dans la réorganisation de son armée, ou dans des rapports possibles avec les européens. De sorte que l'ambitieux italien, en mourant subitement de peur, manqua peut-être une belle occasion d'arriver au pouvoir.

Nous rappellerons que certains de nos compatriotes ont projeté de s'aboucher avec Rabah; le seul qui y soit parvenu, Ferd. de Béhagle, périt au camp de Fadel Allah, victime bien plutôt de son imprudence et d'un fatal concours de circonstances, que de la férocité du conquérant.

Comme tous les chefs musulmans de l'Afrique Centrale, Rabah possédait un nombreux harem; il avait plus de cent enfants dont la plupart exerçaient des charges importantes. Autour de lui une foule de frères, de neveux, de cousins, de clients, vivaient attachés à sa fortune et peut-être affectionnés à sa personne.

Tous ses parents et ses alliés étaient devenus ses lieutenants dans les troupes, ou bien ses résidents, ses agents, dans les pays tributaires ou soumis. Dévoués à ses intérêts, ils faisaient rentrer les impôts, étendaient l'influence de Rabah, recrutaient des soldats pour son armée.

On n'a jamais su à combien exactement, s'élevait l'armée de Rabah : le nombre de ses soldats a varié suivant les époques; il y avait, comme dans toutes les armées barbares, un noyau de soldats réguliers et une foule d'auxiliaires.

Mal équipée et organisée au début, l'armée régulière s'était améliorée au fur et à mesure des conquêtes, grâce auxquelles Rabah avait augmenté son armement et régularisé ses équipements. La cavalerie y était nombreuse, avec des chevaux nerveux, endurants et bien entraînés. L'arme préférée pour le cavalier était la lance, tandis que l'infanterie avait des Remington courts, et aussi des fusils d'anciens modèles divers. L'artillerie était mal servie, mal commandée, et d'ailleurs comptait trop de systèmes différents. Mais elle n'avait cessé de se renforcer depuis la conquête du Bornou, qui avait donné à Rabah la clef du commerce avec la Tripolitaine par où, dit-on, il reçut tout le complément d'armement dont il avait besoin. Enfin, il faut mentionner sa garde particulière, qui était nombreuse, disciplinée, armée de fusils à tir rapide et bien commandée.

« Rabah, disait en 1900 l'explorateur Foureau, est relativement bien organisé; il ne fait manœuvrer que des compagnies et non point de petits groupes. Les unités en marche sont toujours éclairées par des cavaliers qui souvent s'aventurent assez loin. Des archers et lanciers nègres sont toujours adjoints à ses réguliers et ils ont pour consigne, pendant le combat, de recueillir les fusils et les cartouchières des hommes tués ou blessés.

« Rabah traite fort bien tous ses sofas et leur donne de nombreuses femmes esclaves; certains d'entr'eux en ont reçu jusqu'à 40 ou 50.

« Dans son armement figure une quantité notable de fusils Gras; ses armuriers réamorcent et rechargent les douilles vides dont il a une provision. Ce travail est moins grossièrement fait qu'on ne pourrait le supposer de la part de nègres. Les cartouches ainsi réfectionnées sont très meurtrières, comme on put s'en rendre compte dans un combat soutenu (le 9 mars 1900) dans une reconnaissance non loin de Koussouri, et au cours duquel 160 hommes de l'escorte des missions eurent affaire à plus de 2.000 fusils. »

L'on a dit de Rabah qu'il était dur et cruel; et il est certain que, s'il avait un penchant naturel à la férocité, l'éducation première qu'il reçut parmi les chasseurs d'esclaves du Bahr-el-Ghazal, avait dû le développer merveilleusement.

Mais ce n'est pas par sa conduite à l'égard des peuples vaincus que l'on peut le mieux juger ce côté de sa personnalité. A cet égard il n'était vraisemblablement ni meilleur ni pire que les autres conquérants noirs. De tous ceux qui s'illustrèrent durant la dernière moitié du siècle qui vient de finir, il n'y eut guère que le Mahdi Mohammed-Ahmed qui, hors des champs de bataille, témoigna quelque humanité pour les vaincus. Tous les autres, notamment Behanzin et Samory se sont, en toutes circonstances, montrés féroces. En les imitant, Rabah ne faisait que rester dans la tradition du monde barbare et, d'ailleurs, qu'obéir aux instincts sanguinaires de sa race.

La guerre, le gouvernement, ont fatalement en Afrique d'autres procédés que chez nous. C'est là surtout que la force prime le droit. L'habitude que l'on a de trafiquer à vil prix de la personne de son semblable fait que la vie humaine est regardée comme chose de peu de valeur : de même, il semble logique au vaincu de devenir l'esclave du vainqueur. Il n'y a pas de bien d'autrui : il n'y a que le bien du plus fort. Le pillage est le but naturel de la guerre; car si on ne la faisait pas pour s'enrichir, pourquoi donc la ferait-on? Les musulmans eux-mêmes, en s'emparant par la force d'un nouveau pays n'ont premièrement en vue que d'y prendre le plus qu'ils pourront : l'islamisation vient par la suite, mais elle n'est point, dans la plupart des cas, le vrai but de la conquête entreprise.

Le vainqueur inflige un traitement rigoureux au vaincu; mais c'est ce traitement même que le vaincu, s'il eût été le plus fort, eut fait subir à l'autre; de sorte que les noirs seraient plutôt surpris, si un chef de leur couleur, après les avoir battus, les traitait avec une bienveillance si étrangère en général à leurs conceptions. A ce point de vue tous les potentats noirs sont les mêmes : ceux qui acceptent notre protectorat ne valent pas mieux que ceux qui le repoussent.

L'on a beaucoup parlé des razzias de Rabah; mais notre protégé, le sultan du Baghirmi, pour ne citer que celui-là, n'a jamais procédé autrement pour se procurer ce dont il avait besoin. Tandis que Rabah razziait le Bornou, le m'bang razziait les tribus païennes de la vallée du Chari, sur lesquelles il prélevait de quoi payer le tribut qu'il devait au Ouadaï.

« Autrefois le tissage et la teinture du Baghirmi étaient renommés. Cet État devait, dans le tribut qu'il paie au Ouadaï, livrer 1.000 vêtements. Il lui est impossible de les fournir aujourd'hui; tous les tisseurs et les teinturiers ont émigré. Alors il remplace cela par 3.000 esclaves sedaci, c'est-à-dire mesurant 7 empans de la cheville à l'oreille, enfants de douze à quinze ans.

« Et vous voyez d'ici quelles hécatombes de tribus sauvages il faut faire pour réunir cette quantité d'enfants en bon état de vente. Les hommes sont tués quand on les prend, mais c'est cas exceptionnel; toute leur tactique est la fuite en semant le butin qui arrête les poursuites, bétail, enfants et femmes.

« Je viens de voir partir 1.200 de ces enfants, premier convoi du tribut de cette année. Ils ont 20 jours de marche à pied pour arriver à Ouarra. On ne les nourrit pas. C'est à eux de trouver leur vie dans la brousse, fourche au cou » (1).

On voit que les procédés des africains « bien pensants » parce qu'ils se donnent à nous, valent bien la manière de faire de ceux que nous excommunions.

L'on pourrait juger de la dureté de Rabah plutôt par ses rapports avec les gens de son entourage et de sa famille ; or, l'aventurier n'était pas tendre paraît-il avec les siens. Une de ses femmes préférées, la propre mère de Fadel-Allah, ayant eu une intrigue avec quelqu'un de sa maison, Rabah infligea un châtiment terrible aux coupables, et il voulut que tout son peuple en fut témoin.

Autour de lui régnait une discipline rigoureuse : la moindre faute était punie avec une sévérité excessive. Cependant ses mercenaires et ses agents ne se bornaient pas à le servir bien : il semblent lui avoir été en général attachés ; au premier combat de Koussouri (mars 1900) un nombre considérable de ses soldats, bien que voyant la partie perdue, se firent tuer volontairement pour assurer sa retraite. Il est juste d'ajouter que, au lendemain de la défaite de Rabah un escadron formé de ses meilleures troupes se montra particulièrement ardent à la poursuite de ses fils.

Rabah fut pour nous un ennemi redoutable : il nous infligea des pertes cruelles, et certes on ne veut, ici, ni justifier le barbare, ni excuser le conquérant. Il faut bien reconnaître. cependant, que si inquiétant que Rabah fut pour nous, il était en droit de se considérer dans l'Afrique Centrale comme en un pays à lui : les régions où il dominait, il les avait conquises : à ses yeux et certainement aux yeux de ses sujets et vassaux en « droit barbare, » si l'on veut, elles étaient son domaine légitime. En s'opposant par les armes à l'approche de blancs armés dont les intentions ne pouvaient lui sembler que menaçantes, il ne fit que ce qu'eût fait à sa place tout autre roi ou chef, civilisé ou barbare.

C'est là une manière de voir que nos coloniaux les plus éclairés ont partagée, au moins un moment. Au lendemain du combat de Kouno, où l'écrasement de la petite troupe de l'administrateur Bretonnet faillit nous faire renoncer pour longtemps à nos projets d'expansion vers le Tchad, le *Temps* s'exprimait comme suit au sujet de Rabah :

« Quant à Rabah, il y a quinze ans au moins qu'il parcourt l'Afrique, c'est donc un homme qui est levé depuis longtemps. Et remarquons tout de suite que c'est nous qui allons à sa rencontre et que ce n'est pas lui qui vient nous chercher. Nous menaçait-il ? En aucune manière. Il est chez lui et se défend. Nous menacera-t-il par la suite ? Rien ne le fait prévoir ; c'est un chef soudanien habitué à manœuvrer avec de la cavalerie dans les plaines découvertes du Soudan et à qui l'idée ne pourrait pas même venir de se risquer dans les régions forestières du Congo. Aucune nécessité inéluctable ne nous oblige donc à en finir avec lui ; nous n'avons à tenir compte à son égard que d'un seul principe de conduite, qui est notre intérêt bien entendu.

(1) Ferd. de Béhagle : Lettre à M. Chautemps : *Revue de l'Islam*, 1899.

« Se demander si notre intérêt est d'entreprendre de le supprimer comme nous avons supprimé Samory, c'est se demander si le pays qu'il nous dispute vaut les frais de la guerre. En l'état actuel des choses, aucun homme sensé n'hésitera à répondre : non. »

Il convient de dire, d'ailleurs, à la décharge de la mémoire de Rabah, que s'il nous inquiéta autant que Samory, il nous coûta beaucoup moins cher.

L'on a représenté parfois Rabah comme un fanatique ; mais cette opinion ne semble nullement justifiée par ses actes. Que, commandant à des musulmans, Rabah ait invoqué le nom du Prophète pour les pousser contre les Chrétiens, cela est probable ; mais on ne saurait voir là une preuve particulière de fanatisme. Car c'est dans le Koran qu'il trouva vraisemblablement aussi des prétextes pour razzier les Païens et pour conquérir le Bornou. Il est d'ailleurs difficile à un musulman, et surtout à un potentat, d'entreprendre ou de faire quoi que ce soit, où le prétexte religieux n'ait pas quelque part. Le Koran est le code unique et universel : les préceptes qu'il renferme régissent le gouvernement, l'administration, la justice ; il contient les lois pour la paix et les règles pour la guerre ; il est le grand régulateur de la vie privée et de la vie publique. C'est pourquoi ce qui est du domaine temporel s'accomplit, comme ce qui est du domaine spirituel, au nom du Koran ; pourquoi l'on a pu croire quelquefois à du fanatisme chez Rabah, dans des circonstances où en réalité la seule préoccupation de ses intérêts matériels guidait sa conduite.

Ce que Rabah attaqua, en ouvrant les hostilités contre nous, c'étaient assurément moins les Chrétiens que les concurrents politiques et commerciaux. Et l'on doit admettre que ce qu'il appréciait le plus dans le Koran, c'était la permission, et même l'obligation, que contient le Livre, de réduire en esclavage les Païens.

L'on ne saurait comparer mieux Rabah qu'à l'un de ces chefs qui menèrent à travers l'Europe ancienne le torrent des invasions barbares. On ne sait pas assez de lui pour le juger complètement ; et, d'ailleurs il faudrait, pour porter sur ce conquérant un jugement plus éclairé, posséder, mieux que les européens ne les possèdent, l'âme et le génie de sa race.

Ce qu'on peut dire de Rabah, c'est que c'est là une figure qui se détache avec un relief saisissant du cadre où il a vécu. Longtemps regardé comme un des principaux obstacles de l'expansion européenne en Afrique Centrale, il inquiéta par son ambition, par sa puissance, les principales nations colonisatrices. L'on put dire, à sa chute, non pas « tel tyranneau indigène est tombé sous nos coups ; » mais « Rabah est vaincu : la cause de l'humanité et de la civilisation a triomphé. »

La victoire que nos troupes remportèrent finalement sur lui, en 1900, fut chèrement achetée ; et elle restera comme une des belles pages de nos annales coloniales.

C'est pourquoi nous avons pensé que l'histoire de Rabah, qui est un chapitre de l'histoire de l'Afrique française, devait être écrite.

---

QUATRIÈME PARTIE

# AUTOUR DU TCHAD : PAYS & POPULATIONS [1]

*Le Tchad et l'expansion française en Afrique. — Le Kanem, le Tibesti, le Borkou. — Le Ouadaï. — La région du Chari. — Le Tchad. — Opinions sur la valeur politique et économique du Tchad. — Vues sur le commerce transsaharien.*

Alors que l'idée de relier à l'Algérie nos possessions du Congo et du Soudan dominait la politique suivie par notre gouvernement en Afrique centrale, le Tchad était le point vers lequel se tournaient tous les regards et convergeaient toutes les préoccupations. La soudure projetée ne pouvait en effet s'effectuer pratiquement que sur le bord oriental de ce lac, dont les rives, à l'ouest, appartenaient aux zones d'influence Anglaise et Allemande. On sait d'ailleurs que le Bornou, en attendant que les européens établissent sérieusement leur autorité dans cette région, était tombé dès 1893 au pouvoir de Rabah. La possession de celles des rives du Tchad que nous accordaient les conventions était donc généralement regardée comme une condition indispensable de la cohésion des trois parcelles principales de notre vaste domaine africain.

Les conceptions de nos coloniaux, les projets de nos explorateurs, les calculs de nos négociants et les plans de nos administrateurs finissaient tous, quel qu'en fut le point de départ, par aboutir à cette vaste nappe d'eau sur laquelle cependant on était aussi peu renseigné que possible.

L'on connaissait de même fort peu, et fort mal, les États situés autour du lac, même ceux par les territoires desquels devraient nécessairement se prolonger et se raccorder un jour nos colonies du Soudan et du Congo. Le seul sur lequel on possédât quelques renseignements certains, le Bornou, n'était pas destiné à nous écheoir. On ne savait presque rien du Baghirmi. Quant au Kanem, au Tibesti, au Borkou, au Ouadaï, qui d'ailleurs ne nous furent définitivement attribués que par la convention franco-anglaise du 21 mars 1899, l'on devait s'en rapporter à

---

(1) Cette partie et la suivante ont été rédigées d'après : le *Bulletin du Comité de l'Afrique française* *La Géographie* (anc. édit. et nouv. édit.), la presse française, etc.

leur sujet aux descriptions qu'en donnaient les caravaniers, car bien peu d'explorateurs y avaient pénétré; et, de nos jours encore ils sont presque inconnus.

Nous voulons cependant consigner ici le peu que l'on savait de ces contrées avant l'arrivée des missions françaises, afin que cette description sommaire, toute insuffisante soit-elle, serve de cadre au récit de la campagne menée contre Rabah.

Nous avons déjà donné des notions succintes sur le Baghirmi, le Bornou, le bas Damerghou ou Pays de Zinder. Nous allons donner quelques notes sur les pays situés à l'est et au nord du lac, sur le Chari, et sur le Tchad lui-même.

*
* *

Le Kanem est situé au nord du Tchad, sur les bords duquel il occupe comme un demi-cercle dont la superficie est d'environ 80.000 kilomètres carrés. La région septentrionale de cet état appartient à la nature désertique, aussi est-elle moins habitée que la partie voisine du lac, qui rappelle le Soudan par les qualités de son sol. La capitale est Mao, sur la partie orientale du Tchad. Il est difficile de fixer le chiffre de la population de ce pays. Elle peut s'élever à 60.000, à 80.000 habitants, et, en majeure partie elle se compose de nomades, des Oulad-Slimian, tribu arabe originaire de la Tripolitaine qu'elle dut quitter à la suite de conflits avec les Turcs. Ces nomades font de fréquentes razzias dans les pays d'alentour. Jadis, le Kanem dépendait du Bornou; au temps de Rabah, il était vassal, au moins nominalement, du Ouadaï.

Au Nord-Ouest du Kanem s'ouvrent deux grandes vallées, l'Eguei et le Bolède, sur une longueur, la première de 200 kilomètres, la seconde de 170 kilomètres; le sol de ces dépressions est généralement plat; il faut deux journées de marche pour traverser chacune d'elles. Dans chacune on trouve des puits nombreux, mais dont l'eau est chargée de magnésie, des pâturages abondants fréquentés par les chameaux. Le Kanem est généralement pauvre et inhospitalier.

Le Tibesti et le Borkou sont des contrées sahariennes, entre les contrées soudanaises du Tchad et la Tripolitaine. Le Tibesti se trouve sur la route de Ghat au Darfour, sur un prolongement de la chaîne qui traverse le pays des Touareg-Hoggar, chaîne qui va en s'abaissant progressivement en terrasses, mais dont certains sommets dépassent 2.000 mètres. Cette région, d'une superficie d'environ 50.000 kilomètres carrés est pauvre et peu peuplée; on n'y compte guère, d'après Nachtigall, que 12.000 habitants. Tibesti est le nom que lui donnent les Arabes, mais les indigènes lui donnent celui de Tou, et celui de Toubous à ses habitants qui sont, dit-on de race berbère, mais cette opinion est très discutée. Ils ont le teint bronzé, le corps bien proportionné et les extrémités fines et délicates. Les femmes, bien constituées, étaient très recherchées sur les marchés d'esclaves du Fezzan. Très maigres généralement, les Toubous sont d'une vigueur et d'une agilités étonnantes. D'après Nachtigall, aucun peuple de l'Afrique ne supporte mieux la fatigue et les privations. Ce sont d'excellents guides. Leur instinct commercial est très développé, mais ils sont très voleurs.

Musulmans fanatiques, inféodés aux Senoussis, de mœurs farouches, toujours en défiance contre leurs voisins, ils sont souvent un objet de crainte pour ceux-ci, qui ne tiennent pas à être en relations suivies avec eux. Ils se nourrissent sobrement, principalement avec des dattes, mais ils s'enivrent avec du vin de palmier.

Le climat du Tibesti est très salubre ; les maladies y sont rares grâce à la sécheresse de l'air. Le thermomètre varie entre 40° et 20°. En juillet et août de fortes pluies développent une superbe végétation. Grâce à des plantes fourragères assez abondantes on élève des chameaux, des moutons et des ânes. On rencontre d'assez nombreux dattiers dans les oasis, dont la principale est Bardaï, à 830 mètres d'altitude, au Nord-Ouest des montagnes.

Du Tibesti dépend en quelque sorte l'importante oasis de Kaouar, située sur la route directe du Tchad à Tripoli, mais cette région à su conserver son autonomie.

Le Borkou, situé au sud du Tibesti, se trouve à peu près dans les mêmes conditions géographiques que ce dernier pays, à l'extrémité orientale de la chaîne qui traverse le Sahara. Ses habitants, au nombre d'une douzaine de mille, appartiennent à la même race que les Toubous. Le sol est accidenté et plus productif que celui du Tibesti ; cependant les pluies sont plus rares au Borkou. Les dattiers du pays donnent des fruits excellents et les autruches y sont nombreuses. On peut regarder le Tibesti et le Borkou comme une suite d'oasis par lesquelles la Tunisie, par Rhadamès et Ghat, pourra être reliée au Ouadaï.

∴

Le Ouadaï est, des différents états dont les territoires se déroulent à l'Est du Tchad, le plus important par son étendue et par le chiffre de sa population, de même qu'il en est encore le moins connu. Sur les régions qu'il embrasse, les données géographiques sont succintes et incertaines.

Les voyageurs européens n'avaient jamais pu y pénétrer que difficilement, et l'on n'en revenait pas toujours. Vögel put entrer en 1855 à Abescher, la capitale, mais il y fut assassiné. Nachtigall, plus heureux, y séjourna en 1873 et c'est à lui que l'on dut les premiers renseignements détaillés sur le Ouadaï. L'Italien Mateucci le traversa en 1880, mais il en a à peine parlé.

Le voyageur qui s'est le plus longuement étendu sur le Ouadaï, qu'il juge à son point de vue particulier de musulman, est le cheick Mohammed-ibn-Omar el Tounsi. Ce tunisien était un homme instruit, curieux, à l'intelligence ouverte. Après de longues et pénibles pérégrinations, toute une vie d'aventures en Afrique centrale, il devint administrateur du grand hôpital du Caire et c'est dans ce poste qu'il finit ses jours. Il a écrit ses voyages, dont le Dr Perron a donné une traduction excellente. On trouve dans ses récits le meilleur tableau que nous ayons de l'existence des grands marchands caravaniers de l'Afrique.

Le Ouadaï propre n'est pas très vaste. Mais on devait autrefois regarder comme en faisant partie le Kanem et le Borkou, qui étaient ses vassaux. Dans ces conditions, Nachtigall pouvait trouver sa superficie supérieure à celle de la France, et lui donner 3 millions d'habitants.

Le Ouadaï est généralement plat, mais dans certaines régions coupé de hauteurs; on y constate une pente sensible vers l'Ouest. Le sol est sec et absorbant; aussi les rivières ne sont-elles guère remplies d'eau que pendant la saison des pluies. Le pays n'est pas pour cela aride. Dans beaucoup de parties du pays, on trouve des puits, des courants d'eau vive, une végétation assez abondante et des cultures. Au surplus, le Ouadaï se partage assez nettement en deux zones.

Au Nord, il est constitué par la steppe intermédiaire entre le Sahara et le Soudan, pays d'herbe et d'élevage où vivent en quantités prodigieuses les grands animaux sauvages : les éléphants et les antilopes. Le reste appartient à la région soudanaise; les pluies y paraissent sensiblement moins abondantes que dans le Bornou. Cela n'empêche point Mohamed-Ibn-Omar, qui venait de passer sept ans dans l'aridité du Darfour, de s'extasier sur la fraîcheur du Ouadaï, dont il vante sur tous les points la supériorité :

« Au Ouadaï, dit-il, presque partout abondent les courants d'eau vive. A chaque village, et pendant vingt-deux jours qu'exige le trajet (pour traverser le pays), on rencontre partout des puits, des cours d'eau, des arbres, des champs ensemencés. » Et il fait remarquer que le sol autour de la capitale est « d'une qualité excellente, ferme, ni trop dur, ni trop sablonneux », tandis que les plaines autour de la capitale du Darfour sont d'un sable meuble « comme celui des plaines d'Alidj, en Arabie ».

Les habitants du Ouadaï appartiennent à deux groupes principaux : les nègres et les Arabes. La langue la plus usitée, surtout dans le trafic, est le *bora mabang*. Les Arabes dominent dans le Nord et les peuplades nègres dans le Sud, où les races sont plus mélangées. Les premiers sont des musulmans fanatiques, se rattachant à la grande secte des Senoussis. Les nègres sont en général païens; cependant le mahométisme compte parmi eux de nombreux adeptes. Tous sont hostiles aux étrangers et cette population est dans son ensemble la plus intelligente et la plus belliqueuse du Soudan.

Les habitants du Ouadaï sont avant tout pasteurs. Ils possèdent des troupeaux de bœufs, de moutons, de chèvres, et, s'adonnent principalement dans le Nord, à l'élevage des chameaux et des chevaux. La culture du mil est la plus répandue. Dans certaines régions on cultive le riz et on récolte du coton. Ce dernier produit est un de ceux qui sont appelés à faire un jour la richesse du Soudan. L'indigotier, le dattier, le sésame se rencontrent un peu partout.

Outre les esclaves, qui sont encore une branche importante de trafic, les Ouadaïens font un commerce assez actif avec l'ivoire, la gomme, les plumes d'autruche. De tout temps ils ont entretenu des relations suivies avec la Tripolitaine, d'où les caravanes leur apportaient des marchandises d'origine européenne. Ces produits leur arrivaient aussi par l'Egypte et le Darfour; mais l'invasion Mahdiste apporta de ce côté une assez grande perturbation dans les rapports commerciaux. Le trafic prit alors la direction du Niger et les marchands haoussas apportèrent par la voie du Bornou et du Baghirmi les produits européens qu'ils allaient chercher à la côte de Guinée ou dans les comptoirs anglais du bassin du Niger.

La capitale du Ouadaï est Abescher, dont la population est évaluée de 20 à 30.000 habitants. A peu de distance au Nord se trouve l'ancienne capitale, Ouarra, qui n'est plus qu'une ruine. Au Sud-Ouest, sur les rives du lac Fitri, s'élève une ville déchue, Yaoua, qui fut jadis la capitale d'un puissant empire. Les localités les plus importantes ne comptent guère que 500 à 1.000 cases.

Le sultan Youssouf était, au temps de Rabah, entièrement indépendant. Musulman fervent, membre convaincu de la secte des Senoussis, il exerçait une réelle autorité dans la région du Tchad. Rabah essaya à diverses reprises d'entrer en relations avec lui, et lui envoya, en 1895, une caravane avec des présents. Mais Youssouf, soit qu'il considérât Rabah comme un rival, soit qu'il obéit seulement à un mot d'ordre donné par les Senoussis, ne répondit pas aux avances qui lui étaient faites.

Le sultanat du Ouadaï possède une organisation administrative qui, quoique rudimentaire, est suffisante pour les besoins du pays et permet de maintenir sous la même domination les éléments disparates qui composent la population. On a vu, au cours de ce récit, que des bandes de Ouadaïens allaient fréquemment razzier les populations du Bornou, et faisaient la loi même à Kouka. L'armée, que l'on pourrait appeler « régulière », comptait environ 20.000 hommes, dont 8.000 montés. La cavalerie, par suite de l'abondance des chevaux, constituait la principale force du pays. Cependant les cavaliers ouadaïens étaient dit-on plus brillants à la parade qu'à la guerre. En général le fusil, dans cette armée, avait remplacé la lance, arme de prédilection des africains. Revêtus de cottes de mailles et d'armures antiques les cavaliers du Ouadaï ressemblaient assez à ceux que Monteil vit, chez l'émir du Bornou, évoluer en des fatasias superbes, mais qui résistèrent si peu aux hordes disciplinées et solidement armées de Rabah.

*
* *

La région du bas Chari a été sillonnée le plus récemment par différents membres des missions qui devaient se retrouver sur le Tchad : Chacun en a décrit ce que son itinéraire ou ses fonctions lui ont permis d'en voir (1). On en aura une idée générale par la description très vivante qu'en a donnée M. Foureau, dans une conférence à la Société de Géographie de Paris (2).

L'explorateur est entré dans cette région par le nord. C'est de Déguênemdji, village situé entre Ngouri et Mao, sur la rive orientale du Tchad (endroit où le rencontre le lieutenant Joalland venu de Goulféi à son avance) qu'il repart,

(1) MM. Gentil et Prins, notamment, ont décrit cette région. Nous prenons la description de M. Foureau qui est la plus succinte, les limites de cet ouvrage ne nous permettant pas de nous étendre longuement sur les descriptions.

(2) Le 5 décembre 1900, jour où l'explorateur fut reçu en séance solennelle par la Société.

pour pénétrer dans le bassin du Chari. La contrée qu'il traverse vaut d'être décrite. Ce sont d'abord « des plaines plates, couvertes de grands roseaux secs, et qu'inondent les eaux en saison pluvieuse; puis des mares ou de grandes lagunes bordées de hauts roseaux et plus ou moins obscurément reliées au lac. La plaine est ensuite ondulée et mouchetée de bouquets de bois que parfois dominent d'énormes figuiers sycomores, et où abonde le tebora, arbre que l'on trouve en grand nombre depuis le 7e parallèle jusqu'au cœur du Sahara septentrional. Les indigènes emploient son écorce broyée en guise de savon et mangent l'amande de ses fruits, qui a une saveur légèrement amère.

Le Bahr-el-Ghazal que les cartes donnent pour une rivière, est en réalité une dépression aride en saison sèche. Ce ne serait point, (croit M. Foureau,) un affluent du Tchad, mais plutôt une sorte de lagune ou de golfe très allongé, dans lequel, — au dire des indigènes, et lors des hautes crues du Tchad — l'eau s'avance jusqu'à une soixantaine de kilomètres dans l'intérieur des terres.

Plus loin, la brousse s'épaissit, et sur un sous-bois de graminées ininterrompu, s'élèvent des halliers plus ou moins touffus, dominés ça-et-là par des bouquets de grands arbres, gâo et tamariniers surtout. Les termitières pullulent partout. Le pays est coupé de nombreux marigots ou dépressions à sec, à sol noir profondément et largement crevassé. Il est évident que toute cette contrée est recouverte en saison des pluies par la divagation des eaux du Chari et de ses nombreux bras de delta; brousse ou plaine sont alors très largement inondées et la marche doit y être, à cette époque, à peu près impossible. Toute cette région de halliers est le repaire de gibier de toute sorte, depuis la pintade jusqu'au rhinocéros, qui y abonde.

A la hauteur de Goulféi le Chari est un très beau fleuve, et, bien que nous soyions en saison de basses eaux, son lit a une belle ampleur.

. . . . . . . . . . . . . . . . . . . . . . .

Les Choa sont des gens d'une race de couleur très peu foncée, largement répandus par groupes dans tout le Bornou et sur la rive est du Chari. Leur provenance est incontestablement orientale et leur langue d'origine est l'arabe, que tous connaissent et parlent plus ou moins, bien que dans leurs relations en général, ils se servent habituellement de la langue bornouane et baghirmienne.

Leurs femmes ont d'assez beaux types et des traits assez fins, sans traces notables de sang nègre. Leurs cheveux sont longs, divisés en une multitude de petites tresses rondes; parfois, par derrière, une tresse plus forte est relevée en forme de catogan. Toutes portent, sous leurs vêtements, à la hauteur des hanches, une série de colliers de grosses perles blanches et bleues, et arrivent parfois à avoir jusqu'à 10 à 12 rangées de ces colliers. Il est facile de s'en rendre compte, car elles ne quittent point cet ornement à l'heure du bain, et c'est fréquemment qu'elles se plongent dans la rivière.

La population des villes du Bas-Chari, Chaoui, Goulféi, Mara, Kousseri, Karnak-Logone et quelques autres, est composée d'une race de gens appelée kottoko. De teinte noire, très foncée, avec des cheveux extrêmement laineux, ils sont généralement laids, mais bien faits ; les femmes Karnak surtout sont des chefs-d'œuvres de laideur. Cette population est exclusivement adonnée à la pêche. Ils pêchent au filet, au harpon, au filet sur pirogue. A cet effet, leurs pirogues sont extrêmement stables : longues d'une douzaine de mètres, larges de $1^{m}50$ à $1^{m}60$ à l'arrière où est le maître-bau ; l'avant est très étroit, très élevé et se relève en pointe. Un grand filet, monté sur deux énormes antennes divergentes, est placé sur l'extrême arrière et manœuvré au moyen d'un gros levier composé d'une pièce de bois coudée à angle droit.

On abaisse ce filet jusqu'à ce qu'il avoisine le fond de la rivière et la pirogue avance très lentement, pendant qu'une autre petite pirogue, montée par deux enfants, vient vers le filet en faisant grand tapage, battant l'eau avec des perches, frappant en cadence sur le plat-bord du petit esquif. A ce moment, le filet est relevé et la capture tombe dans le bateau de pêche. Comme les rivières, dans ce pays, sont très poissonneuses, les prises sont généralement bonnes. Pour donner une idée de la quantité de poissons du Chari, je dirai qu'à maintes reprises, pendant que je remontais cette rivière, des poissons de belle taille sautaient d'eux-mêmes dans ma pirogue, où il ne restait plus qu'à les saisir.

Kousseri domine le Logone d'une dizaine de mètres, et les maisons viennent jusqu'au sommet de la berge à pic. Les constructions sont bien faites, en pisé solide, recouvertes de toits de chaume supportés par une charpente de perches assez résistante. Elles sont généralement de forme rectangulaire, parfois aussi de forme cylindrique. Quelques-unes des premières possèdent un étage. Assez élevées de plafond, elles n'ont qu'une ouverture très petite, servant de porte. Souvent, elles sont précédées de cours qui entourent deux ou trois maisons. Dans l'intérieur on trouve toujours les inévitables magasins à mil, sorte de hauts cylindres en terre cuite ou en torchis.

Un très grand nombre des maisons de Kousseri abritent des ruches à abeilles, disposées, à très peu de chose près, comme dans les logements des Kabyles de l'Aurès. Que l'on s'imagine des jarres presque cylindriques en vannerie, parfois recouverte d'un enduit d'argile, et dont le goulot, beaucoup plus étroit, est placé le long du mur en face d'un petit trou pratiqué pour l'entrée et la sortie des insectes.

On trouve aussi des ruches, placées non seulement dans les arbres de la ville, mais dans les grands arbres de la brousse dans toute la région, où du reste pullulent de très nombreuses abeilles sauvages, comme sur tout le cours du Chari et du Gribingui. Le miel est, pour cette raison, un article commun dans tout le pays.

Notre navigation, tant sur le Chari depuis Maïnheffa que sur le Gribingui, dura cinquante-six jours.

Cette période de navigation fut plutôt monotone. Chaque soir, nous campions sur un banc de sable, précaution qui n'empêchait pourtant pas nos pagayeurs de déserter de temps en temps. Il fallait alors s'en procurer de nouveaux dans les villages de paillotes établis sur le cours de la rivière, et ce recrutement était toujours laborieux.

Nous étions dans la saison des basses eaux, et, parfois, le peu d'épaisseur de la couche liquide nous forçait à des traînages plus ou moins longs. Notre allure était extrêmement lente et permettait à nos Chambaâ de descendre à terre, de chasser et de nous atteindre, ou même de nous précéder, très facilement en amont. Chaque jour ainsi, nous avions deux ou trois antilopes, ce nombre étant subordonné, du reste, à nos besoins de viande, car le gibier pullule littéralement sur le cours du Chari, et, les hautes herbes étant partout détruites par les incendies à cette époque de l'année, les animaux sont très faciles à voir.

Nous entrions en ce moment dans la saison des pluies, et les tornades nous rendaient de fréquentes visites, soulevant en grosses vagues les eaux du fleuve et nous forçant à chercher un refuge le long des berges; dans ces occasions, aussitôt les pirogues accostées à laberge pendant la pluie, tous les pagayeurs se jettent à l'eau jusqu'au cou, se mettent sur la tête une calebasse à l'envers, et se maintiennent philosophiquement ainsi jusqu'à la fin de l'orage. La raison en est fort simple : la température des eaux de la rivière est d'environ 30 degrés, et celle de la pluie n'est que de 24 degrés, les indigènes ne s'immergent donc que pour ne pas grelotter.

Je ne parlerai pas des hippopotames, ni des crocodiles, ni des antilopes, ils sont innombrables. Le lion est très fréquent, et, si on ne le voit guère, on l'entend toutes les nuits. Les rhinocéros abondent; quant aux éléphants, certains cantons du bord du Chari en sont peuplés. Une nuit, campés dans une île de sable, nous avions toute une bande de ces gros animaux à deux ou trois cents mètres. Ils sont restés là plus de deux heures, soufflant, ronflant, pataugeant dans l'eau, s'aspergeant à qui mieux mieux, pendant qu'une troupe d'hippopotames grognait à quelques pas de nous, exprimant bruyamment leur fureur de nous voir occuper le lieu habituel de leurs ébats. Nous avions autour de nous quelques maigres feux de campement, dont le faible éclat ne paraissait point troubler la quiétude de ces nocturnes visiteurs, qu'une nuit profonde nous empêchait au reste de distinguer.

Sur les rives s'élevaient, il y a encore peu de temps, de grands et beaux villages; tous ont été détruits par les troupes de Rabah. Leur population, baghirmienne pour certains, bornouane pour les autres, — pour le bas et moyen Chari du moins, — s'est en partie dispersée dans la brousse; ceux des habitants restés ont construit des villages de paillottes, soit sur les rives, soit, plus fréquemment, sur les bancs de sable, villages de pêcheurs essentiellement éphémères, puisqu'ils ne peuvent subsister au moment des hautes eaux qui les recouvriraient.

Le Chari, même à cette époque de basses eaux, est une très belle rivière dont le lit est fort large, mais qui, à la saison des hautes eaux, non seulement devient un fleuve majestueux atteignant en certains points 6 et 8 kilomètres de largeur, mais encore s'épanche de toutes parts dans les plaines de bordure, où se forment alors d'innombrables marigots, lacs ou étangs temporaires. Les berges majeures sont au loin limitées par une brousse élevée qui prend peu à peu, à mesure que l'on remonte vers le Sud, un aspect tropical.

Lorsque l'on abandonne le Chari proprement dit, pour remonter son afluent le Gribingui, la scène change. Cette rivière est beaucoup plus étroite et n'excède pas 60 mètres à son embouchure, pour arriver à une vingtaine de mètres seulement à la hauteur du poste de Gribingui.

Son cours est composé de plusieurs biefs créés par une succession de rapides qui régularisent son débit. Ces rapides sont actuellement recouverts de très peu d'eau et nous forcent à quelques traînages parfois très pénibles. Mais, aux hautes eaux, ces rapides disparaissent pour faire place à de violents remous où le cours du Gribingui vient se heurter à de gros blocs de roche et acquiert en ces points un courant de grande vitesse.

La brousse, entrecoupée de parties nues, qui borde la rivière, est gaie et animée par une infinité d'oiseaux et de singes, pendant que le sous-bois recèle un grand nombre de fauves.

Des berges rocheuses à pic, des coudes brusques et fréquents couronnés de forêts donnent au paysage des aspects variés et intéressants.

La rivière est littéralement semée de pièges à poissons, qui parfois sont fort encombrants en ce sens qu'ils obstruent fréquemment tout le courant.

Les indigènes choisissent, en effet, de grands et beaux arbres de bordure, les abattent en travers et barrent ainsi la rivière ; il ne leur reste plus qu'à faire des trouées dans les branches submergées et à poser en face de grandes nasses. Ces nasses sont l'objet des convoitises de mes pagayeurs ; il me faut à chaque instant intervenir pour les empêcher d'aller leur rendre visite et de les alléger de leur contenu.

Dans la partie supérieure du Gribingui on rencontre quelques ponts suspendus du plus pittoresque effet. Profitant de deux grands arbres des berges, les indigènes les réunissent par des lianes longues et robustes, ils relient ces lianes par d'autres lianes, tissant ainsi une sorte de grossier filet en forme de V. qui sert à la fois de pont et de parapet.

Au poste de Gribingui, nous abandonnons les pirogues pour prendre la route de terre sur un espace de plus de 300 kilomètres. J'étais monté à bœufs et les bagages étaient transportés par des porteurs. Là, nous étions en saison des pluies, les graminées étaient vertes et très élevées, et, dans cette région à pareille époque, on peut dire que l'on ne se sèche jamais.

Un voyage sans incident nous conduisit au poste de la Kémo, « fort de Possel », sur l'Oubanghi. De ce point, des pirogues, puis des vapeurs, nous firent atteindre Brazzaville.

***

Denham, Clapperton et Oudney furent les premiers européens qui visitèrent le Tchad et firent les recherches scientifiques pour sa description hydrographique. Antérieurement, on ne connaissait de ce grand lac que ce que Burckhard, Hornemann, Jackson et Ali-Bey avaient rapporté d'après les dires souvent inexacts et contradictoires des indigènes et des Arabes. Plus près de nous, pendant le séjour de Barth dans la contrée, le Tchad fut exploré par Overweg, au moyen d'une barque démontable apportée de Malte.

D'après les observations de Vögel, ce lac serait situé à 800 pieds au-dessus du niveau de la mer : d'après Gerhard Rohlfs, son élévation serait seulement de 1,150 pieds. Le niveau de ses eaux varie suivant les saisons. Rohlfs (1) estime que sa surface qui est de 200 milles carrés en saison sèche, serait cinq fois plus étendue dans la saison des pluies.

Le Tchad aurait pour déversoir le Bahr-el-Ghazal, mais il ne s'est pas toujours écoulé par les mêmes dépressions ; et une partie de ses eaux s'échappe certainement par des déversoirs souterrains. Denham et Clapperton recueillirent à cet égard auprès des indigènes, des renseignements curieux.

« Autrefois le Tchad s'écoulait par un torrent dans le Bahr-el-Ghazal : le lit desséché en est encore visible, mais aujourd'hui il est rempli de grands arbres et de plantes...

... Un Tebu se souvenait d'avoir entendu dire par son grand-père que l'eau dans cet endroit se perdait insensiblement dans un immense marécage ou lac, aujourd'hui, tout serait desséché...

... Sidi Barka, un saint personnage, fut assassiné par les Buddumas à l'embouchure de ce fleuve : dès ce moment le Bahr-el-Ghazal commença à dessécher et l'eau cessa de s'écouler...

... Un Tibbo Bergou nous raconte à Mourzouk que le Bahr-el-Ghazal s'écoulait au Sud (2) et recevait les eaux du Tchad; qu'aujourd'hui il était complétement desséché et que dans son lit à sec on trouvait des ossements de poissons gigantesques. »

A l'exception de quelques parties du rivage où le natron donne aux eaux rapprochées un goût amer et salin, les eaux du Tchad sont partout douces : le sol dans lequel se creuse le lac ne contient pas de sel, et les affluents qu'il reçoit ne traversent que des pays où le sel manque complétement. En général, le Tchad est peu profond, même dans les parties qui n'assèchent jamais. Dans la saison des basses eaux le lac offre plutôt l'aspect d'un immense marécage. Ces rivages, profondément échancrés, couverts de roseaux et de papyrus, servent de refuges aux troupeaux d'hippopotames : ils sont fréquentés aussi par quelques éléphants et quelques rhinocéros ; dans les marais herbeux, les caïmans pullulent ; enfin tous les voyageurs ont signalé l'extraordinaire quantité de poissons qui vivent au sein de ses eaux : quant aux oiseaux aquatiques, on en trouve là toute l'année des bandes extrêmement nombreuses.

Depuis le mois d'août jusqu'à la fin de janvier, lorsque le lac est plein, on voit

---

(1) Gerhard Rohlfs : *Quer durch Afrika* (Relation de son voyage en 1865-66, de Tripoli à Lagos). Les renseignements donnés ici sur le Tchad sont tirés de cet ouvrage encore inédit en français, et ont été traduits par Jules Forest : *La Géographie*, 1893.

(2) Cette croyance erronée repose peut-être sur le phénomène qui se produit lorsque les eaux du lac, atteignant un niveau très élevé, font irruption dans les eaux du Waube et du Chari, y produisant un contre-courant sensible à grande distance.

émerger de ses eaux un groupe de petites îles qui, dans la saison sèche ne sont plus séparées que par des espaces marécageux. Barth en compte douze principales, dont il a recueilli les noms. Overweg les a visitées : chacune renferme deux ou trois villages; les Tebus et les Kanori donnent aux habitants de ces îles le nom de Buddumas. Ces gens ont tous les traits de la race nègre : lèvres lippues, maxillaires prononcés, coloration très-foncée de la peau. L'ensemble de leurs formes, leur musculature développée, leurs mœurs et leur langage firent que Barth leur assigne une parenté étroite avec les Kanori.

Favorisés par leur position insulaire qui les sépare la plus grande partie de l'année du continent, les Buddumas se sont rendus indépendants du Bornou. Ils formaient, au temps de Rohlfs, une population de pêcheurs, d'environ 20,000 âmes qui, en cas de guerre, se plaçait sous le commandement d'un *katschela* (chef de guerre). Ce katschela, en temps de paix, porte le titre de Kamé, et il a peu d'autorité. Les Buddumas n'ont pas d'autres chefs, bien que leur langue possède le mot *demhobela* (roi). L'emploi des armes à feu ne leur est pas inconnu, mais ils en font peu usage. Ils se servent plutôt d'arcs, de flèches et de javelots, armes dont ils ne se séparent jamais, même quand ils se rendent pacifiquement au Bornou.

Leurs grands bateaux (*pum*) sont, dit Rohlfs, très remarquables : bon nombre mesurent 50 pieds de longueur sur 8 à 10 de largeur. Par leur aspect ils rappellent les bateaux porteurs des fleuves et canaux du nord de l'Europe, mais ils n'ont pas de quille et sont comme posés à plat sur l'eau. L'arrière est large, l'avant est haut et pointu, les bordages sont assemblés par de la corde en fibres de palmier, et les interstices sont calfatés avec une sorte d'étoupe faite aussi de ces fibres. L'ancre consiste en une pierre (arim) qui certainement doit être apportée de fort loin car il n'existe pas de pierres dans le voisinage du Tchad. En guise de rames, les Buddumas font usage de *pelles* (*oremi*) ; les bateaux sont pourvus de gouvernail (*kakane*) d'un mât (*dahich*) et de voiles de cotonnade (*gabada*); sur les flancs se trouvent des bancs (*derham*) convertis en sièges et une sorte de cahute (*derahapuneddaï*) en branche et feuillage, où l'on peut se mettre à l'abri du soleil. Les Buddumas se procurent leur bois de construction dans le pays des Kotoko, les rivages rapprochés du Bornou et le Kanem ne fournissant pas les grands arbres nécessaires.

Le grand développement de la navigation chez les Buddumas est attesté par la richesse de leur langue en termes nautiques : ils distinguent le bateau de guerre (*Luggu-Kaggara*) du bateau de commerce (*Pum-Kalaï-Dibbua*) et désignent une flotte (*Pum-Dibbu*); le capitaine, le barreur, le pilote, ont chacun un titre indiquant leur fonction, de même que l'on distingue par des termes différents le matelot qui navigue volontairement de celui qui est embarqué d'office (esclave, ou *musku*). Beaucoup de mots de cette langue sont tirés du Kanori, d'autres semblent venir de Logone : la langue Budduma peut être regardée comme une des plus riches du centre africain.

La principale industrie de ces insulaires est la pêche. Ils apportent à Kouka et autres localités des pays riverains des poissons frais et desséchés. En plus, ils font le commerce du natron, principalement recueilli sur l'île Perom (ou *Purram*); ils vont recueillir aussi sur les rivages nord et ouest du lac le sel des cendres du Luak. Le poisson constitue naturellement le fond de leur alimentation : leurs îles produisent quelques végétaux comestibles, mais ils tirent du Bornou la plus grande partie de ceux qu'ils consomment.

Ils élèvent d'ailleurs quelques poules, quelques chevaux et des bœufs que dans la saison des pluies ils envoient pâturer sur les rivages du Kanem.

Selon l'usage de tous les peuples nègres, les Buddumas se marient très jeunes. L'homme peut prendre autant de femmes que ses ressources le lui permettent, mais il ne peut plus s'en séparer.

Les filles sont acquises pour le mariage au moyen de cadeaux aux parents, ou par libre convention.

Pour le mariage le fiancé ou ses parents doivent héberger durant sept jours la famille de la fiancée. Ils enterrent leurs morts dans des emplacements spéciaux, la tête vers le sud, le visage tourné à l'est. Si ce fait dénonce une influence mahométane résultant de leurs relations avec les Kanembou et les Kanori, ils n'en sont pas moins exclusivement païens. Leur divinité principale est le *Nad-jikenem*, méchant dieu qui envoie les tempêtes et cause les naufrages : les *betziromaïn* et les *bakomamaïn* sont de bons génies auxquels on demande de conjurer tels ou tels malheurs. Les Buddumas n'ont aucune idée de la vie future, ni par conséquent des peines et récompenses dernières; ils ne semblent pas avoir de fétiches.

∴

L'on a dit au commencement de ce chapitre quelle importance le Tchad avait eue longtemps, aux yeux de la plupart de nos coloniaux. Il faut ajouter cependant que, dans le même monde, le lac avait aussi ses contempteurs, en tant que point nécessaire de concentration de tant d'efforts dont il était le but.

Si pour les uns l'expansion française en Afrique Centrale n'était possible qu'à la condition que nous possédions au moins une des rives du Tchad, pour d'autres, il était sans aucune utilité même de chercher à prendre pied sur les bords de cette nappe d'eau qui ne devait, disaient-ils, ne nous servir jamais à rien.

L'opinion de ces derniers pouvait sembler parodoxale : elle n'en était pas moins appuyée sur des arguments, alors assez convaincants, et que résuma fort bien un article du *Temps* (1), au lendemain du drame qui mit fin à la mission Voulet-Chanoine (dont on parlera plus loin).

« Dans les innombrables articles qui se publient sur le drame du Soudan, depuis quelques semaines, il est une question que nous voyons fréquemment

(1) Le mirage du Tchad : *Le Temps*, 2 sept. 1899. (On ne donne ici que les extraits nécessaires de cet article.)

revenir : Cette expédition vers le Tchad était-elle bien utile? Il n'est pas sans intérêt d'examiner cette question d'utilité.

« En géométrie appliquée, les « points déterminés » jouent un grand rôle. On parle d'un « point déterminé »; on se guide sur un « point déterminé »; on se dirige vers un « point déterminé ». C'est un besoin de l'esprit. En géographie et subsidiairement en matière d'exploration et de politique coloniale, on ne s'en défie pas assez, les points déterminés en arrivent à être une obsession pour les imaginations. Ils vous suggestionnent. Ils vous hypnotisent. Un point déterminé est un point qui se distingue de ce qui l'entoure par quelque caractère particulier. Tirant sa valeur de son rapport avec le voisinage, il peut être sans importance propre et ne s'en imposer pas moins tyranniquement à l'attention. Il y a vingt puits dans un village de France; personne n'y fait attention. Mais qu'il y en ait un au milieu du Sahara, pays sans eau, et aussitôt c'est un point déterminé qui a un nom, il figure sur les cartes et il est connu du monde entier. C'est par un phénomène du même genre que nous nous expliquons l'étrange prestige qui s'est attaché au lac Tchad.

« Pendant longtemps cette nappe d'eau n'a été connue que par des récits arabes. Sur la carte d'Afrique, alors toute blanche, on le plaçait un peu au hasard, mais en l'absence de tout autre renseignement c'était, sur une immense étendue, le seul point déterminé. Aussi était-ce vers lui que convergeaient toutes les curiosités; aller au Tchad était l'unique conception des voyageurs qui tentaient d'explorer cette partie de l'Afrique. Et depuis qu'il a été visité et que ses contours ont été fixés avec assez de précision, le Soudan étant très pauvre en grands accidents naturels, il n'a pas cessé d'occuper une place exceptionnelle. Comme il est le trait de la carte le plus saillant aux yeux, il est resté le centre de l'attention et, comme il est le centre de l'attention, on en conclut qu'il est le centre des intérêts dans cette partie du monde. Ce qui est une induction parfaitement fausse.

« Qu'est-ce, en effet, que ce fameux Tchad? C'est une lagune plutôt qu'un lac, c'est-à-dire une nappe de peu de profondeur où les eaux et les terres ne sont pas très nettement partagées. Son étendue équivaut à celle de la Sicile, ce qui est déjà assez peu de chose, comparé aux grands lacs de l'Afrique Equatoriale et de l'Amérique du Nord. Encore faut-il la réduire de moitié si l'on ne tient compte que de ce qui est propre à la navigation. Dans la partie orientale, ce n'est pas en barque, c'est à cheval qu'on voyage, en passant à gué d'une île à une autre. Dans la partie occidentale, l'eau ronge les bords qui se déplacent sans cesse. Il s'ensuit qu'au point de vue politique, au point de vue économique comme au point de vue stratégique, le Tchad n'a qu'un faible intérêt, un intérêt hors de toute proportion avec sa renommée. A travers l'histoire soudanienne, il apparaît plutôt comme un cul-de-sac qu'on évite, que comme une grande route qu'on se dispute C'est pour d'autres enjeux que se battaient les puissances nègres.

« Nous ne cesserons de le redire : l'importance que quelques coloniaux zélés attachent au Tchad est une pure illusion topographique. Quand on cherche sur quoi cette opinion se fonde, on voit que c'est uniquement sur le fait que c'est en ce point que nos possessions du Congo et nos possessions du Soudan se touchent. De sorte qu'il serait tout aussi raisonnable de croire que le « centre de l'action française » est au milieu du Sahara, puisque c'est là que le Soudan et l'Algérie se rejoignent.

« Dans ces conditions, quels résultats pratiques peut-on attendre de ces trois expéditions, l'expédition Foureau-Lamy, l'expédition Voulet et l'expédition Bretonnet que l'on a lancées simultanément et que de trois points différents de l'horizon on faisait converger vers le Tchad? Les régions qu'elles avaient à parcourir ne sont plus inconnues; on possède sur elles suffisamment de renseignements pour déterminer dès maintenant au prix de quels efforts elles pourront être mises en exploitation et pour savoir qu'elles resteront fermées au commerce tant qu'elles en seront réduites à leurs moyens de communication actuels. Dans cet ordre d'idées, l'expédition Bretonnet peut rendre quelques services en étudiant la navigabilité du réseau fluvial du Chari, mais nous avouons être moins frappé de l'utilité des deux autres.

« Il est probable que, en les organisant, on obéissait encore à la suggestion du point déterminé. Aller au Tchad reste une hantise. Ces trois expéditions, si elles avaient réussi, se seraient rencontrées au bord du lac. Elles se seraient rejointes autour du drapeau. C'eût été une scène touchante et jolie. Mais eût-elle valu le million que l'on a dépensé pour la préparer? Et après? En quoi aurait-elle contribué à hâter la mise en valeur de nos possessions africaines et à faire monter leur mouvement commercial?

« Il est probable aussi que ces expéditions devaient travailler à continuer une politique à laquelle nous avons toujours refusé notre assentiment. Et c'est pour cela qu'il n'est pas mauvais que la presse se demande une fois de plus où l'on nous mène avec cette politique. Les expéditions de ce genre ont l'habitude de passer des traités. Pour faire appliquer les traités, on installe ensuite des résidents. Les résidents, pour se faire respecter, ont besoin d'une escorte. Les escortes se transforment en garnison. Et un beau jour nous voilà engagés à gouverner de nouveaux territoires dont il n'y a du reste rien à faire pour le moment et dont de longtemps nous ne ferons rien, commercialement parlant. L'administration du Soudan nous coûte dès maintenant sept à huit millions par an sans le moindre profit appréciable. Si le ministre des colonies n'y met pas ordre, rien n'est plus facile que d'en doubler l'étendue et d'en doubler par conséquent la dépense. Les territoires ne manquent pas pour cela; les traités nous en ont assigné d'immenses. Et quand on parlait de relier nos possessions du Congo avec nos possessions du Soudan par le Tchad, c'est évidemment le but qu'on visait.

« Encore qu'on ait abusé dès lors du système, nous comprenions que tant que les nations européennes n'avaient pas arrêté les limites de leurs possessions en Afrique, on occupât le plus de pays que l'on pouvait; il s'agissait de prendre les devants sur nos concurrents. Mais, aujourd'hui que le partage est fait et définitif, nous n'avons plus à consulter que nos convenances. Que nous protégions nos commerçants et nos agriculteurs sur les points où ils sont déjà établis et que nous leur préparions les voies sur ceux où ils pourraient s'établir, c'est notre devoir. Que nous assumions la responsabilité de l'administration dans des pays assez riches pour la payer, nous y pouvons trouver avantage. Mais que nous dépensions l'argent du contribuable français et risquions la vie de nos soldats pour administrer sans nécessité et sans profit d'immenses territoires pour longtemps encore inaccessibles, cela nous paraît une folie pure qui déconsidère toute notre politique coloniale. Les Français sont un peuple de bon sens, ce n'est pas avec les résultats de pareilles pratiques que vous les intéresserez à la colonisation. »

Les événements qui suivirent modifièrent certainement la manière de voir dont on vient de lire un court exposé. D'ailleurs les trois missions en question (la mission Voulet-Chanoine ayant été continuée par MM. Joalland-Meynier dont elle porta dès lors les noms) effectuèrent bien, contrairement à ce que l'on avait craint, leur jonction dans la région du Tchad, où la puissance française fut à partir de ce moment incontestablement établie.

D'autre part, s'il est malaisé pour le moment à notre commerce de tirer parti des produits naturels de l'Afrique Centrale, il est certain que ces produits méritent d'être recueillis et exploités, mais que la mise en valeur de ces régions ne pouvait guère être tentée avant que nous en ayons pris effectivement possession. A tout prendre, elles valaient bien la conquête.

Si l'on jette un coup d'œil sur les pays riverains du Tchad on constate, excepté pour ceux de la région septentrionale, qu'ils sont riches et féconds ; et d'après nombre d'auteurs leur richesse pourrait être encore bien développée par une exploitation rationnelle. « Leurs productions sont aussi riches que variées et deviennent chaque jour plus recherchées par l'industrie.

Le coton, le tabac, l'indigo, y croissent presque partout spontanément. Ce dernier produit révèle une richesse tinctoriale égale aux meilleures sortes du Bengale; le riz abonde dans toutes les parties arrosables du sol; des arbres énormes, d'essences à peu près inconnues, croissent à côté de tous ceux que l'on rencontre à l'est comme à l'ouest du continent sous la même zone, et couvrent les sommets des collines aussi bien que les bas-fonds des vallées.... Des rhinocéros et des éléphants aux défenses énormes pullulent surtout aux abords marécageux du Tchad et de ses affluents; des peaux précieuses se perdent ou ne sont pas exploitées, faute de la préparation nécessaire à leur conservation; les dépouilles d'autruches y sont nombreuses et de qualité supérieure à celles de toute autre provenance; en effet, ce sont les régions qui fournissent la presque totalité des plumes sauvages du commerce. Plusieurs ruisseaux charient de l'or en paillettes ; enfin les indigènes exploitent aussi de l'étain dont la qualité égale celle des meilleures provenances de Malacca (1). »

Tel est le bilan des ressources — encore bien imparfaitement connues de cette

(1) Jules Forest : *La Géographie*, 1893.

contrée. Malheureusement ces ressources ne sont plus depuis bien longtemps exploitées, à supposer qu'elles l'aient jamais été convenablement. La contrée, d'une manière générale, sous l'influence de causes qu'il serait trop long d'exposer ici, s'est appauvrie en eau; et elle s'est peu à peu vidée d'habitants par suite de la traite. Les chasses annuelles à l'esclave pratiquées par les souverains du Bornou, du Baghirmi, du Ouadaï, sans parler des nombreuses tribus arabes ou touareg pratiquant la même industrie, ont amené par la dépopulation l'arrêt des cultures qui seules entretenaient la prospérité de ces régions, autrefois populeuses si l'on s'en rapporte aux indices recueillis à cet égard par Nachtigal.

Quoi qu'il en soit, en rétablissant la paix et la sécurité dans ces contrées si longtemps troublées, on y ramènera certainement la prospérité, et il n'est pas douteux que, d'ici quelques années, les populations se remettent sérieusement à la culture et au commerce.

L'Europe peut trouver pour un certain nombre de ses produits des débouchés avantageux dans les pays voisins du Tchad. L'on ne peut savoir encore comment, sous la domination française, désormais assise dans ces régions, se comportera le commerce de l'Afrique Centrale. De nouvelles routes, de nouveaux moyens de communication, de nouveaux aliments lui seront certainement offerts. C'est toute une révolution, vaste et profonde, qui se prépare. Mais il ne faut pas se dissimuler qu'elle sera longue à s'accomplir. En Afrique Centrale comme en Orient, le temps ne compte pas; la routine régit tout; les gens ont peu de besoins ; aucune curiosité ne tourne leurs regards vers le monde extérieur; et le blanc, par qui ils seront tôt ou tard émancipés, ne leur inspire *à priori* que de la défiance.

L'on doit admettre que dans ces conditions les idées et les mœurs ne se modifieront qu'avec la plus grande lenteur.

Les entraves que l'on ne manquera pas d'apporter à la traite des esclaves causeront certainement une grave perturbation dans la vie économique et sociale; mais elles ne hâteront pas autant qu'on le croit l'évolution, parce que l'esclavage aura beau être aboli partout officiellement, il n'en subsistera pas moins en fait, bien longtemps.

Les habitudes du commerce de l'Afrique Centrale resteront donc pendant encore bien des années, avec peut-être seulement un peu plus d'activité, ce qu'elles étaient avant l'établissement des français dans le pays.

L'on peut désormais accéder à la région du Tchad par les voies fluviales du sud ; mais, de ce côté, il y a tout un système, toute une organisation à créer. Les voies du nord resteront longtemps préférées des africains; elles ont pour elles le bénéfice de l'expérience et de la routine ; et de plus, les transports commerciaux par cette direction font vivre une population fort nombreuse de marchands, de chameliers ; ils sont enfin une source de revenus pour les tribus sahariennes dépendant aujourd'hui de la France, et dont les caravanes traversent les territoires. Il ne serait pas seulement hasardeux, il serait impolitique de favoriser l'expansion du mouvement commercial par le sud, dans une mesure où cela serait par trop préjudiciable au commerce qui peut se faire par les voies du nord. Jusqu'à présent la Tripolitaine a été le principal foyer de ce commerce. Au temps de Rabah, les relations commerciales entre Tripoli et les pays voisins du Tchad furent plus ou moins régulières et actives suivant les circonstances, mais elles ne furent jamais tout-à fait interrompues.

On peut se faire une idée de la physionomie et des mœurs de ce commerce transsaharien par une étude publiée dans le *Bulletin du Comité de l'Afrique française* en 1898 (1), alors que l'occupation effective de la région du Tchad était encore dans le domaine des projets à longue échéance. Ce travail dans lequel l'hypothèse se justifie par les faits acquis, avait pour but d'appeler l'attention de nos exportateurs sur les avantages qu'ils retireraient de relations organisées et suivies avec l'Afrique Centrale. Il sera longtemps encore d'actualité. C'est pourquoi nous en détachons les passages essentiels.

L'auteur constatait d'abord que, si la France avait jusqu'alors beaucoup semé sur les routes du Tchad, elle n'avait encore à peu près rien récolté ; et que les fruits de nos efforts étaient exposés à tomber aux mains de nos voisins et concurrents, les Allemands et les Anglais déjà plus ou moins établis à l'ouest du Tchad.

Il lui semblait donc nécessaire de trouver un moyen pratique d'exploiter commercialement les vastes régions ouvertes à notre activité. Il fallait pour cela établir entre nos colonies méditerranéennes — au détriment de Tripoli — et les contrées explorées par nos voyageurs, un courant d'affaires, un mouvement d'échanges.

« Que ne tenterions-nous, à l'exemple des Tripolitains, de créer des routes caravanières qui, du sud de la Tunisie ou de l'Algérie, s'enfonceraient vers le lac Tchad et les grands marchés du Sahara et du Soudan Occidental ? En utilisant les précieux éléments que nous possédons parmi nos populations algérienne et tunisienne, il est certain que nous parviendrions à établir des relations constantes entre nos colonies du nord de l'Afrique et des contrées qui nous sont restées fermées jusqu'à ce jour, peut-être parce que nous n'avons pas eu encore recours à nos auxiliaires indigènes.

. . . . . . . . . . . . . . . . . . . . . . . . . .

Pour faciliter la tâche à ceux qu'un essai de ce genre tenterait, nous allons indiquer les conditions dans lesquelles se constituent généralement à Tripoli les caravanes, et nous supposerons que le capital engagé représenterait une somme de 50.000 francs. Pour une expédition de cette importance, il serait nécessaire de composer le personnel de deux chefs caravaniers, choisis de préférence chez les Châambas, les Souaffa ou les Nefzaoua qui ont la pratique des hommes et des choses du désert. Il conviendrait de les intéresser dans le succès de l'entreprise et l'on pourrait leur accorder, comme à Tripoli, la moitié des bénéfices.

On adjoindrait à ces chefs six chameliers (mékaraouïa), qui seraient engagés pour la durée du voyage. Leurs salaires débattus avec eux seraient fixés d'avance.

(1) Supplément au n° de novembre.

Le tableau ci-après mentionne la nature des marchandises à emporter, leur valeur et leur poids, ainsi que les approvisionnements, armes et munitions dont la caravane devrait être pourvue ; enfin, les frais comprenant l'achat des chameaux et les dépenses diverses.

## I. — Marchandises à emporter.

| DÉSIGNATION DES MARCHANDISES | PAYS de provenance des marchandises | VALEUR des marchandises évaluées en (2) piastres turques | POIDS en okes (3) |
|---|---|---|---|
| 2,000 pièc. cotonn. T cloth, de 22 yards, de 1 1/2 liv. angl., à 17 piast. 1/2 | Manchester (1) | 35.000 | 3.200 |
| 1,000 — — long cloth, de 30 yards, de 6 1/2 — 28 — » | — | 28.000 | 2.000 |
| 200 — — whiteshirting, de 40 y., de 7 1/2 — 40 — » | — | 8.000 | 480 |
| 500 — — mobrot, de 17 yards, de 1 1/2 — 9 — » | — | 4.500 | 125 |
| 1,000 — — tangibs (4). de 30 yards, de 1/2 — 5 — » | — | 5.000 | 100 |
| 200 — — indiennes, de 30 yards, de 5 1/2 — 30 — » | — | 6.000 | 400 |
| 200 douzaines de mouchoirs, de 1 livre anglaise, à 9 piastres . . . . | — | 1.800 | 50 |
| 1,000 pièces zobetta, à 2 piastres . . . . . . . . . . . . . . | — | 2.000 | 40 |
| 1,000 mètres yatlas (soie ordinaire) de couleur rouge et verte, à 4 piast. | Lyon | 4.000 | 50 |
| 40 quintaux bourrette grège, à 600 piastres le quintal. . . . . . . | — | 24.000 | 1.600 |
| 120 burnous, dont 60 rouges, 30 verts et 30 jaunes, à 85 piastres le burnou. | Allemagne | 10.000 | 120 |
| 10,000 amulettes blanches, à 90 piastres le cent (5) . . . . . . . . | Autriche | 9.000 | 20 |
| 10 quintaux sucre, à 120 piastres le quintal. . . . . . . . . . | Marseille | 1 200 | 400 |
| 2 caisses thé vert à 25 piastre l'oke . . . . . , . . . . . . . | Londres | 1.250 | 60 |
| 48 rames papier, marque 3 lunes, à 28 piastres. . . . . . . . . | Italie | 1.344 | 120 |
| 200 paquets petits miroirs, ronds, dits « œil de beuf », à 1.200 piastres les 100 paquets . . . . . . . . . . . . . . . . . . | Allemagne | 2.400 | 100 |
| 200 douzaines miroirs ronds, couvercle en cuivre, à 5 piastres la douz. . | Nuremberg | 1.000 | 100 |
| 280 okes drogueries diverses. . . . . . . . . . . . . . . . . | France | 2.000 | 280 |
| 150 tapis de prière, à 15 piastres le tapis . . . . . . . . . . | Dundee (Ecosse) | 2.250 | 120 |
| 20 okes essence de laurier (zeït ec-cheikh), à 15 piastres l'oke . . . | Turquie (6) | 300 | 20 |
| 100 methqals essence de rose, à 10 piastres le methqal . . . . . . | — | 1.000 | 1 |
| 20 tapis de selle brodés, à 60 piastres le tapis . . . . . . . . . | Tripoli | 1.200 | 5 |
| Totaux. . . . . . . . . . . . . . |  | 151.000 | 9.391 |
|  | en fr.: 30.288 80 |  |  |

(1) On pourrait trouver en France des articles similaires. Nos tissus sont parvenus, à Madagascar, à lutter avec avantage, et sont appelés à supplanter les tissus étrangers.

(2) La piastre turque vaut 0 fr. 20

(3) 78 okes font 100 kilog.

(4) Ce genre de cotonnade est connu à Tripoli et dans l'intérieur sous le nom de « khassa ».

(5) Il serait facile de se procurer à Tripoli de Barbarie des échantillons de toutes les marchandises énumérées dans ce tableau.

(6) L'Algérie pourrait fournir ces essences.

**II. — Approvisionnements, armes et munitions.**

| | Piastres | Poids en okes |
|---|---|---|
| | — | — |
| De 4 à 6 fusils à tir rapide, avec cartouches, représentant une valeur de | 4.800 | |
| 135 okes biscuit à 80 piastres le quintal | 270 | 135 |
| 40 okes mehamsa à 2 piastres l'oke | 80 | 40 |
| 40 okes couscoussou | 90 | 40 |
| 40 okes doueïda | 100 | 40 |
| 10 marta orge (la marta est une mesure de capacité = 10 kilog.), à 12 piastres | 120 | 70 |
| 20 gherrafs d'huile d'olive (le gherraf = 2 litres 1/2), 8 piastres | 160 | 30 |
| 10 gherrafs de beurre fondu (semén), à 15 piastres | 150 | 15 |
| 18 outres en peau de bouc pour l'eau, à 25 piastres l'outre | 450 | 18 |
| Epicerie, savon, bougies, etc. | 200 | 15 |
| 2 guessaa (grandes écuelles de bois), à 30 piastres l'une | 60 | 5 |
| 2 chaudrons en cuivre | 100 | 8 |
| 2 tentes (guitounes) | 500 | 30 |
| Médicaments | 500 | » |
| Totaux | 7.580 | 446 |
| En francs | 1.516 | |

**III. — Dépenses diverses pour achat des bêtes de somme, etc.**

| | Piastres |
|---|---|
| Achat de 85 chameaux à 800 piastres par tête | 68.000 |
| — de 600 pics de toile d'emballage, tissu fin | 600 |
| — — — — gros | 1.800 |
| — de cordes, ficelles, etc. | 550 |
| Total en piastres | 70.950 |
| — en francs | 14.190 |

**RÉCAPITULATION**

| | Piastres | Francs |
|---|---|---|
| | — | — |
| I. — Marchandises et objets d'échange | 154.444 | 30.288 80 |
| II. — Approvisionnements, armes et munitions | 7.580 | 4.516 » |
| III. — Achat de chameaux, toile d'emballage, etc. | 70.950 | 14.190 » |
| Total | 229.974 | 45.994 80 |

Il ne semble pas inutile de faire suivre le tableau qui précède de quelques renseignements complémentaires.

La charge d'un chameau dans la première partie du voyage, de Tripoli de Barbarie à Ghât, avec arrêt de quinze à vingt jours à Ghadamès, est de 120 okes, quelle que soit la nature de la marchandise transportée. A son arrivée à Ghât, la caravane se défait de ses bêtes de somme, qui sont généralement exténuées, pour s'en procurer d'autres. Mais, dans cette seconde partie du voyage, de Ghât à Kano ou à Kouka, les chameaux ne portent plus que 100 okes. Les charges sont donc refaites à Ghât. Le produit de la vente des premiers chameaux est employé à payer non seulement la location des nouveaux animaux, mais encore à l'achat d'autres marchandises ou objets d'échange.

Sur les territoires de parcours des Touareg, les caravanes acquittent un droit de passage qui est d'une pièce de celoth et d'une pièce de tangibs (khassa).

Les caravaniers ont toujours soin de se munir d'une somme en espèces qui varie entre 1,000 et 1,200 thalers Marie-Thérèse. Cette monnaie d'argent est la seule qui ait cours dans le Sahara et les pays bornouans.

Quant aux quantités de vivres, dont il est fait mention dans le tableau « Approvisionnements », elles n'ont été calculées que pour la durée du trajet de Tripoli à Ghât, et c'est dans cette dernière localité que la caravane renouvelle ou complète ses provisions.

Quoiqu'il n'arrive pas très fréquemment que ces caravanes tripolitaines soient attaquées par les Touareg, il serait néanmoins prudent que les chameliers algériens ou tunisiens qui entreprendraient la traversée du Sahara fussent bien armés. Les fusils à tir rapide sont la terreur des écumeurs du désert.

Bien qu'il ne soit pas possible de déterminer d'une façon précise le rapport d'une tonne de marchandises expédiée dans le Bornou ou le Sokoto, on peut toutefois donner à titre de renseignement et comme indication générale, dont on tirerait les conséquences nécessaires, les calculs établis par les négociants tripolitains qui confient des marchandises à vendre aux chefs caravaniers, dont ils sont ainsi les bailleurs de fonds, ou plutôt les commanditaires.

Au moment de l'organisation de la caravane à Tripoli, le prix des marchandises remises aux chefs caravaniers est majoré par le négociant de 100 0/0. Les caravaniers ont toute latitude pour les vendre dans l'intérieur comme ils l'entendent ; mais, à leur retour, ils doivent au négociant, leur commanditaire, une quantité de produits de l'intérieur correspondant à la valeur de la marchandise qui leur avait été confiée au moment du départ de Tripoli. Or, étant donnée la majoration excessive établie sur le prix réel de la marchandise emportée, les articles rapportés en échange par les caravanes doivent forcément toujours laisser aux commanditaires un bénéfice suffisant. Ce bénéfice est, du reste, plus ou moins considérable, suivant que les produits et articles venant de l'intérieur se vendent à des conditions plus ou moins avantageuses, soit à Tripoli même, soit en Europe où ils sont généralement exportés. Mais certains de ces articles de retour, et notamment les plumes d'autruche et l'ivoire, sont soumis à des fluctuations très variables sur les marchés de Paris, de Londres et de Hambourg.

Il est toutefois quelques produits soudanais que les caravaniers tripolitains dédaignent, soit parce qu'ils les considèrent comme trop pesants, soit qu'ils n'en connaissent pas la valeur, et que, pour ces raisons, ils ne rapportent pas en Tripolitaine.

. . . . . . . . . . . . . . . . . . . . . . . . .

Ils pourraient emporter comme article d'échange la noix de kola, qui se vend au Soudan et dans le Sahara à des prix excessivement rémunérateurs. Les peuplades de l'intérieur, qui n'en reçoivent que de très petites quantités de la côte occidentale d'Afrique, attribuent à cette amande des vertus curatives extraordinaires et les caravaniers tripolitains prétendent pouvoir, en mâchant simplement de petits fragments de ce fruit, rester pendant de longues heures sans prendre la moindre nourriture et sans que pour cela leurs forces soient diminuées. Aussi ces derniers ne se mettent-ils jamais en route sans en emporter une certaine provision qu'ils conservent précieusement, car à Tripoli ou à Benghazi, comme d'ailleurs dans les bourgades du Soudan, ce fruit est d'autant plus cher qu'il est fort rare. Il serait donc facile aux caravanes algériennes et tunisiennes de se procurer à bon compte au Sénégal des noix de kola et de disposer ainsi d'un article d'échange commode à transporter et dont la valeur, au moment de la vente, aurait au moins décuplé, surtout si le fruit, enveloppé de son écorce, était resté suffisamment frais. On assure que des noix de kola, dont les amandes étaient encore vertes, se sont vendues à Kouka, à raison d'un thaler Marie-Thérèse pièce.

. . . . . . . . . . . . . . . . . . . . . . .

---

CINQUIÈME PARTIE

# LES FRANÇAIS AU TCHAD

*Motifs qui amenèrent les Français en Afrique Centrale. — Mission Gentil. — Mission Gentil-Bretonnet. — Mission de Béhagle. — Mission Cazemajou. — Missions Voulet-Chanoine, Klobb, Joulland-Meynier. — Mission Foureau-Lamy. — Concentration et opérations communes des missions. — Défaite et mort de Rabah.*

Les entreprises militaires de la France en 1899-1900 dans le bassin du Tchad furent la conséquence logique de la politique d'expansion coloniale poursuivie avec persévérance durant plusieurs années par notre gouvernement dans l'Afrique Occidentale.

Cette politique avait abouti comme on le sait à la constitution de deux vastes domaines coloniaux, le Congo et le Soudan, dont les hinterlands se rejoignaient à leur limite extrême sur les rives orientale et septentrionale du lac Tchad.

Ce n'était là qu'une soudure théorique car les pays reculés que les conventions diplomatiques abandonnaient de ce côté à notre initiative nous étaient à peu près inconnus et restaient en fait indépendants et fermés à la pénétration européenne. D'autre part, le Congrès de Berlin, qui jeta les bases du partage du Continent Noir, avait posé en principe que les pays ne s'attribuaient que par l'occupation effective.

Aussi se préoccupa-t-on chez nous, dès 1890, de reconnaître les contrées rentrant dans nos sphères d'influences autour du Tchad, et d'y faire accepter notre autorité, afin d'en préparer l'occupation ultérieure. Par là, d'ailleurs devait être consommée la jonction du Congo avec le Soudan ; or, le Soudan pouvant communiquer par le Sahara, déjà acquis à la France, avec l'Algérie, il se trouvait qu'en reliant le Congo au Soudan, on le relierait du même coup à l'Algérie.

Ainsi devait se trouver constitué en pleine Afrique l'immense empire d'un seul tenant, à travers lequel il est possible aujourd'hui d'aller sans sortir du territoire français d'Alger à Brazzaville, c'est-à dire de la Méditerranée à l'Atlantique par le Congo.

Ce fut pour réaliser ces conceptions pleines d'ampleur que les missions dont on a déjà parlé : celles de Crampel, de Mizon, de Maistre, de Monteil, furent lancées par des routes différentes vers le bassin du Tchad.

Nous savons quelle fut la fin malheureuse de la mission Crampel et comment la mission Dybowski, qui devait la seconder, ne put que la venger et recueillir ses épaves. Mizon, arrêté par les manœuvres de la *Royal Niger Company*, n'avait pu dépasser Yola. Maistre fut empêché par le manque de bateau d'atteindre le Tchad, et dut revenir par la voie de terre en suivant la vallée de la Bénoué. Quant à Monteil, il fut le seul qui put arriver jusqu'aux bords du Tchad, en août 1892.

C'est postérieurement à cette époque que Rabah envahit pour la première fois le Baghirmi où il ne jugea pas à propos de s'établir, puis se jeta dans le Bornou dont il fit rapidement la conquête.

On l'a vu par la suite s'établissant à Dikoa, et fort occupé, tant à asseoir son autorité sur ses nouvelles conquêtes, qu'à étendre toujours un peu plus sa domination ou sa suzeraineté.

Cependant le Tchad, toujours considéré comme le lieu où devait nécessairement s'effectuer la jonction de notre Soudan et de notre Congo, restait l'objet des préoccupations de la politique française en Afrique Centrale.

***

C'est pourquoi l'administrateur Gentil fut chargé de reprendre avec un plan nouveau l'œuvre que ni Crampel ni Maistre n'avaient pu mener à bonne fin. M. Gentil se proposait de gagner le Tchad par les voies fluviales, puis de nouer des relations avec le Baghirmi et le Ouadaï, en vue d'ouvrir pacifiquement ces Etats à notre commerce et à notre influence politique. Pour réaliser la première partie de son programme, l'explorateur emportait un petit vapeur démontable, le *Léon Blot*, et deux baleinières en acier. Parti de Loango le 27 juillet 1895, il lançait sa flotille sur le Chari en avril 1897, et le 1er novembre suivant, le *Léon-Blot* flottait sur les eaux franches du Tchad.

Le lac offrit aux yeux de l'explorateur un spectacle merveilleux : il le compare à une vraie mer, d'autant que, pour compléter l'illusion, une jolie brise qui soufflait ce jour-là y soulevait un clapotis assez sérieux. De la terre ferme, on ne soupçonnerait pas l'existence de cette vaste nappe d'eau, car, à cause du fouillis inextricable d'îles qui se trouvent à son entrée, il est impossible d'en apercevoir autre chose que des herbes, des joncs ou des papyrus. Cependant le *Léon-Blot* ne put naviguer longtemps sur cette mer africaine, étant insuffisamment approvisionné de combustible. Sur le Tchad même il est impossible de se procurer du bois ; on en trouverait à quelque distance, sur les rives du Chari, mais l'explorateur jugea qu'il serait imprudent de s'attarder en ces parages, et dès qu'il eut terminé ses travaux hydrographiques, il rentra dans le fleuve.

M. Gentil avait déjà fait un séjour de deux mois au Baghirmi, avant de chercher à pénétrer dans le lac. Sur le chemin du retour en France, il écrivait :

« Grâce au faible tirant d'eau du *Léon-Blot*, j'avais pu sans trop de peine remonter le Bahr Erguieg ou Ba M'Bassou (Ba Ilin des cartes), et venir mouiller à 15 kilomètres environ de Massénya où je fus très bien accueilli par le sultan..... »

« ..... Le Baghirmi n'aspire qu'à se venger de Rabah, qui, grâce à sa cruauté, n'a pu s'attirer aucune amitié; le Baghirmi est sûr, le jour où il sera de force à lutter contre le flibustier, d'être soutenu par la plus grande partie des gens actuellement soumis par sa cruauté. Ses soldats mêmes le redoutent et l'auraient déjà abandonné, n'était la crainte, en se dispersant, d'être massacrés en détail par le peuple exaspéré de leurs exactions.

« Vous n'ignorez pas que Rabah est le véritable instigateur du meurtre de Crampel. C'est son second, Hassay qui fit le coup, aidé par les gens de Senoussi, qui étaient bien obligés d'obéir au maître.

« Les derniers survivants de cette malheureuse mission sont encore chez Rabah. Niarhinze est l'épouse de Fadel Allah, le fils de Rabah.

« Le sultan de Baghirmi, quand il connut mon projet d'aller au Tchad, chercha à m'en détourner par tous les moyens, disant qu'avec si peu de monde, c'était folie que d'aller se jeter dans la gueule du loup.

« Folie, en effet, car si vous aviez vu comme moi la situation stratégique des villes de Koussouri et de Goulféi, vous n'auriez pas donné lourd de votre peau. Un simple canon aurait eu raison de nous, et Rabah en possède huit.

« Contrairement à toutes les prévisions, on ne tenta rien contre nous. Au contraire, terrorisés par l'arrivée des frères de Crampel (comme on dit ici), les garnisons s'était refugiées à Dikoa (1).

« La population nous accueillit en sauveurs et nous pûmes atteindre le Tchad et remonter le Chari sans avoir tiré un coup de fusil.

« Cela fut considéré par tous comme un coup d'audace extraordinaire. Notre petit nombre (50) en imposa à tout le monde.

« Une descripton rapide du Goulféi.

« C'est une forteresse située sur la rive gauche d'une des branches du Chari. Ses murs, longs de 2,400 mètres environ, sur autant de largeur, se prolongent encore par deux forts saillants sur la droite.

« Habitée environ par dix mille âmes de race kotoko, ses rues sont propres. Les maisons sont en pisé recouvertes de chaume, quelques-unes à étage.

« En remontant vers le Tchad, nous arrêtâmes à Goulféi. Il était midi. Une foule de plusieurs milliers de personnes agenouillées, les bras levés au ciel, semblait nous implorer. Tout d'un coup une clameur déchirante sortit du sein

---

(1) Lorsqu'il revint à Massénya après son voyage au Tchad, M. Gentil apprit que les troupes de Rabah s'étaient réinstallés à Goulféi et à Koussouri, où elles se livraient à des représailles contre les habitants.

de cette foule. C'était comme une vaste plainte qui nous émut tous profondément. On nous accueillait en faisant la *fatiha*.

« Nous reçûmes gratuitement du riz, des poules en quantité. Je profitai de l'occasion qui m'était offerte pour prier Rabah de me rendre les survivants de la mission Crampel.

« Je ne reçus pas de réponse, mais mes informations particulières me donnent à penser que cette réponse a été envoyée et détournée par les Baghirmiens, qui ne désirent actuellement pas nous voir nouer des relations avec le Bornou.

« Comme complément à notre visite au Baghirmi, le sultan de ce pays me pria d'accompagner en France une ambassade baghirmienne, composée de son beau-père Souleyman, d'un esclave de confiance et de quatre personnes.

« Souleyman est un fonctionnaire de la cour. Son titre est *ajidpoundo*, il est lettré, très intelligent. C'est le fils d'un personnage très influent dans le Soudan, Sidi Mohammed el Bédoui, mort il y a quelques années.

« J'ai beaucoup insisté pour que l'envoyé du sultan ne fut pas le premier venu. Il s'est conformé à mes désirs, et dans une lettre qu'il m'écrit à ce sujet, il me dit sur Souleyman ce que je vous ai écrit plus haut.

« Les résultats géographiques de l'expédition sont sérieux. Un itinéraire complet de Ouadda au Tchad, comprenant le cours presque complet du Gribingui et du Chari, la découverte de l'embouchure du Ba N'Gorou, du Bakari et d'une rivière qui communique avec le Bahr Salamat; la reconnaissance du Bar Erguieg jusqu'à Maggi; la délimitation des branches principales du Chari et la quasi-certitude que le Logone n'est qu'une branche du Chari.

« Le Gribingui n'est qu'un affluent du Chari, et non pas une de ses branches. A l'endroit où il se jette dans le Chari, le Gribingui a à peine soixante-dix mètres, tandis que le Chari est trois fois plus large et beaucoup plus profond. Enfin, d'assez bonnes observations astronomiques, des notes nombreuses sur les habitants et l'histoire du pays, etc. (1). »

A l'ambassade dont l'explorateur parlait dans cette lettre, se joignit un délégué du chef Senoussi de la région dans laquelle Crampel avait trouvé la mort. Mais M. Gentil avait tiré de son voyage des résultats plus importants : il rapportait un traité de commerce et de protectorat avec Gaourang qui, malgré le passage de Rabah dans ses états avait, si l'on s'en souvient, continué à régner sur le Baghirmi (1). Enfin il avait recueilli une riche moisson de renseignements politiques et économiques notamment sur la situation du Bornou, sur la puissance militaire de Rabah, sur le Ouadaï dont il avait rencontré le représentant à Masśénya.

L'arrivée au Tchad de M. Gentil coïncidait avec l'envoi par Rabah du raid sur Zinder dont on a parlé plus haut : et c'était peu auparavant qu'il s'était emparé de Mandaram, au sud du Kanem.

(1) Lettre publiée par le *Journal des Débats* (1898).

(1) Par la convention de Berlin (février 1894), l'Allemagne, abandonnant les prétentions qu'elle avait eues précédemment sur la vallée du Chari, nous dévolut le droit au protectorat sur le Baghirmi. L'Angleterre reconnut la validité du traité fait avec Gaourang, par l'accord du 21 mars 1899.

M. Gentil quitta Massénya pour rentrer en France le 21 novembre 1897. Il arriva le 13 décembre à Gribingui, dont il avait fait sa base d'opérations; là, il désigna un de ses collaborateurs, M. Prins, pour aller occuper le poste de résident auprès de notre nouveau protégé Gaourang. A ce moment, toute la région était tranquille.

M. Prins avait déjà (comme membre de la mission Gentil) accompli avec deux sénégalais volontaires, une périlleuse, mais fructueuse exploration depuis le poste de Gribingui jusqu'au Dar-Rounga, et mené à bonne fin des négociation avec le cheick Mohammed-es-Senoussi-ben-Abeker, dont son chef l'avait chargé, et dont un des résultats furent qu'un envoyé de ce potentat se joignit à l'ambassade de Gaourang. Ce chef est le petit-fils d'un prince baghirmien qui, chassé autrefois du Baghirmi par Abbou Sekkin, grand-père de Gaourang, se réfugia au sud du Ouadaï et constitua là un état, grâce aux nombreux mécontents qui l'avaient suivi ou qui allèrent le rejoindre. Le Ouadaï avait imposé à cet état un tribut en ivoire et en esclaves.

Mohammed-es-Senoussi-ben-Abeker s'est toujours défendu d'avoir participé au meurtre de Crampel qui eut lieu sur son territoire : toute la responsabilité de cette affaire remonte — selon lui — à Rabah.

Pendant que l'ambassade baghirmienne était en France où, disons-le en passant, elle reçut le plus cordial accueil et assista entr'autres choses à la revue des grandes manœuvres de 1898, Rabah, pressentant que Gaourang ne tarderait pas à recevoir l'appui matériel de la France, voulut sans doute écraser notre protégé avant qu'il fut en état de reprendre l'offensive. Il se jeta de nouveau dans le Baghirmi, massacra les habitants de Goulféï, coupable d'avoir fait bon accueil au bateau des blancs, saccagea la contrée et marcha sur Massénya.

A la cour du Baghirmi, deux partis s'étaient formés : l'un, avec le M'Bang, était acquis à l'alliance avec la France; l'autre préférait la souveraineté de Rabah, soit par haine des étrangers, soit que le conquérant se le fut attaché par ses présents. Ce dernier parti parlait d'autant plus haut que la France était loin et que Rabah était aux portes du pays. D'ailleurs Gaourang ne disposait guère que de 400 fusils, Rabah ayant eu soin, selon son habitude, de désarmer les troupes du Baghirmi lors de sa première invasion. Dans ces conditions, se sentant hors d'état de résister à son ennemi, Gaourang refusa le combat; il brûla sa capitale, et, emmenant sa maison et les forces dont il disposait, il se réfugia d'abord à Cza, sur la rive gauche du Chari (Ba-Bousso) (août 1898), puis à Kouno, également sur le Chari, où le rejoignit bientôt notre résident M. Prins, venant du poste de Gribingni qu'il avait quitté, après le départ de M. Gentil, pour regagner le Chari.

Quant à Rabah, après avoir assouvi sa vengeance et ruiné une fois de plus le Baghirmi, il rentra à Dikoa chargé de butin et ramenant plus de 30.000 baghirmiens en esclavage.

Sur ces entrefaites arriva à Kouno l'explorateur de Béhagle, qui se dirigeait dans un but commercial vers le lac Tchad. M. de Béhagle avait rencontré l'explorateur Gentil qui rentrait en France et qui lui avait prêté le *Léon-Blot* pour faire vers le lac deux voyages sur le Chari avec les bagages de sa mission commerciale. M. de Béhagle voulait aller au Ouadaï. M. Prins s'y opposa, estimant que le moment n'était pas venu d'aller dans un pays où pouvaient naître des difficultés. M. de Béhagle proposa alors de se rendre auprès de Rabah. Nouveau refus plus motivé encore que le premier. Mais un ordre vint de laisser l'explorateur commercial continuer sa route. M. Prins et M. de Béhagle quittèrent Kouno dans les premiers jours de février, et descendirent le Chari dans une baleinière en acier. Arrivée à Klessem de Béhagle débarqua et Prins partit en reconnaissance. A Fadjié, Prins rencontra un parti de cavaliers qui firent feu sur lui; il les repoussa sans éprouver de pertes, mais cette réception peu agréable le détermina à revenir en arrière, afin d'exposer la situation à de Béhagle. Ce dernier se serait décidé à rebrousser chemin avec Prins, si malheureusement le gouverneur de Koussouri, Othman Cheick, n'avait envoyé à ce dernier une lettre d'excuses au sujet de ce qui venait de se passer. Il affirmait qu'il y avait eu méprise et que dorénavant les français pourraient circuler en toute sécurité sur le fleuve. Ces assurances ne convainquirent pas Prins, qui se décida à rejoindre son poste à Kouno, tandis que de Béhagle gagnait Goulféï, où résidait un des lieutenants de Rabah. Là, notre imprudent compatriote demanda à se rendre auprès du grand chef, à Dikoa. Rabah refusa de le recevoir. Sur ses instances pressantes, M. de Béhagle fut cependant conduit à Dikoa, et, comme il persistait encore à chercher à voir Rabah, celui-ci le fit mettre aux fers en disant qu'il ne voulait pas avoir de rapports avec les chrétiens. Cela se passait en janvier 1899.

L'on ignorait encore en France les derniers exploits de Rabah (1) lorsque les ambassadeurs baghirmiens en étaient repartis (25 septembre 1898) sous la conduite de l'administrateur Bretonnet (2) qui était chargé d'amener à Gaourang un grand matériel d'armes et de munitions et, une fois parvenu dans le Baghirmi, de réaliser avec le concours de notre protégé certaines opérations que le gouvernement avait décidées après entente avec M. Gentil.

La mission Bretonnet devait, notamment, encadrer les forces indigènes de Gaourang et les mettre en état de protéger la haute vallée du Chari contre les tentatives de Rabah, jusqu'à ce que des forces suffisantes aient été réunies pour tenir efficacement tête à ses bandes, si elles tentaient de se jeter, par cette voie, dans nos possessions de l'Oubanghi.

---

(1) Les premières nouvelles que l'on eut en France des événements du Baghirmi, parvinrent à la fin de novembre. Elles étaient datées de Ga (9 et 23 août).

(2) M. Bretonnet, lieutenant de vaisseau, s'était signalé par son voyage à la Bénoué avec Mizon et par une belle mission dans le Haut-Dahomey et le Bas-Niger. Il venait d'être nommé administrateur colonial, et c'est sur la demande de M. Gentil qu'il allait coopérer dans le bassin du Tchad à l'œuvre entreprise par cet explorateur.

Quant à M. Gentil, il devait lui-même retourner ultérieurement dans le bassin du Tchad pour organiser l'occupation de cette région. En somme, la mission Bretonnet n'était que l'avant-garde de la future mission Gentil.

Ce fut seulement à son arrivée à Brazzaville que M. Bretonnet apprit les représailles de Rabah contre le Baghirmi.

Ces événements avaient une importance considérable. D'abord ils nous imposaient des devoirs immédiats à l'égard du Baghirmi, puisque ce pays s'était récemment placé sous le protectorat français. D'autre part, ce coup de force de Rabah, et son attitude hostile vis-à-vis de notre protégé étaient de nature à compromettre gravement notre naissant prestige en Afrique, et à nous fermer l'accès péniblement obtenu du bassin du Tchad et du Baghirmi, ainsi que celui du Ouadaï, où nous cherchions à pénétrer pacifiquement, ce à quoi devait entre autres choses travailler la mission Bretonnet.

Le gouvernement, instruit de la situation au Baghirmi, pressa l'organisation de la mission Gentil qui devait être dirigée après celle de Bretonnet sur le Chari afin, comme on l'a dit, d'occuper le pays où elle devait d'ailleurs se rencontrer avec deux autres missions fortement organisées, venant l'une de l'Algérie (Foureau-Lamy), l'autre du Sénégal (Voulet-Chanoine).

En même temps le gouvernement prescrivait au capitaine Julien, qui remontait l'Oubanghi pour rejoindre la mission Marchand, d'interrompre son voyage devenu sans objet, et de se diriger sur le Chari avec la compagnie de tirailleurs sénégalais qu'il commandait. Cet officier recevait la mission de barrer avec ses hommes la vallée du Chari pour le cas où les gens de Rabah chercheraient à pénétrer par là dans l'Oubanghi. A la fin de mai 1899 la mission Bretonnet se trouvait à N'Délé, ville principale du pays senoussi, qui est situé sur la rive gauche du Ba-Mingui et dont El-Kouti (où Crampel fut massacré) est une autre localité importante. N'Délé est à peu de distance, au S.-S.-E., d'El-Kouti.

Au mois de juin, le capitaine Julien se trouvait à Krebedjé, à mi-chemin entre l'Oubanghi et le Chari.

Pendant que ces faits s'accomplissaient, nos droits en Afrique Centrale avaient été réglés d'une façon plus précise par la convention franco-anglaise du 21 mars 1899, qui reconnut comme rentrant dans la zone d'influence française dans la région du Tchad, le Baghirmi (sur lequel notre protectorat était déjà établi par le traité passé avec M. Gentil), le Ouadaï, le Kanem, le Tibesti et le Borkou. L'occupation de ces territoires devait être le couronnement de l'œuvre, longtemps poursuivie comme on l'a dit par notre gouvernement, de la jonction du Congo au Soudan et à l'Algérie.

La récente convention ouvrait plus largement les voies aux grandes missions plus haut citées (Gentil, Foureau-Lamy, Voulet-Chanoine), tout en leur donnant le champ libre pour se rencontrer à l'est du Tchad, en territoires réservés à la France; c'est par leur rencontre sur le versant oriental du lac que devait se trouver réalisée la soudure des trois grands tronçons de notre empire africain.

Avant d'aller plus loin, nous dirons quelques mots de chacune de ces missions, ainsi que des explorateurs Cazemajou et de Béhagle qui avaient, eux aussi, pour but le lac Tchad.

* * *

*Mission de Béhagle.* — Le voyage que M. de Béhagle exécutait en Afrique avait un but à la fois commercial et scientifique. Cet explorateur avait été un des collaborateurs de Maistre, dont il s'était proposé de reprendre l'itinéraire; il projetait de se rendre ensuite du Tchad à la Méditerranée à travers le Sahara.

Le projet de Ferd. de Béhagle était sans contredit un des plus intéressants de tous ceux qui jusqu'alors avaient eu pour objet la pénétration en Afrique Centrale. C'est en commerçant qu'il prétendait effectuer la traversée du Continent Noir, et il affirmait que grâce à cette qualité il ne rencontrerait nulle part de difficultés majeures.

Il exposait ainsi ses projets :

« Je veux profiter de ce que le pays, encore vierge de tout échange, me permet de fixer les prix de toutes choses et en profiter, dans une marche fort lente, coupée de stations aussi longues que possible, pour recueillir le stock d'ivoire existant, et les autres productions qui, sous un volume restreint, offrent une assez grande valeur. Partout où je remarquerai une situation exceptionnelle, j'acquerrai de la terre suivant les lois du pays, je construirai une maison durable, je laisserai un gardien avec des approvisionnements.

Ainsi arriverai-je à couvrir les frais de mon voyage, et, en prenant possession du sol, à préparer l'établissement d'exploitations futures. »

M. de Béhagle possédait une connaissance approfondie des hommes et des choses d'Afrique : il était mieux qualifié que personne pour réaliser l'œuvre qu'il avait conçue. Sa mission avait un caractère privé; néanmoins, il avait reçu l'appui moral et matériel du Gouvernement, de plusieurs Chambres de Commerce et Sociétés de géographie, et de particuliers. Il avait pour compagnons MM. Bonnel de Mézières et Toussaint Mercuri. Le premier se sépara de lui en cours de route pour s'engager dans un autre voyage. M. Mercuri resta auprès de de Béhagle. Le personnel de la mission comprenait encore, outre les porteurs et gens de service, des noirs originaires du Bornou, du Ouadaï, du Baghirmi; des Souafas (gens du haut algérien) et des Kabyles.

M. de Béhagle considérait le Tchad comme le centre de ses opérations; le programme qu'il se proposait de réaliser peut se résumer ainsi :

1° Utiliser toutes les voies navigables, en rayonnant dans le bassin du Tchad, pour se mettre en contact avec les populations du Centre africain; 2° Respecter tous leurs usages commerciaux; 3° Agir sur ces populations par le développement des intérêts; 4° Créer tout le long de la route, en partant du Gribingui, des postes commerciaux temporaires ou permanents, suivant les ressources ultérieures de la mission; 5° Faire le relevé exact et méthodique des richesses naturelles de ces contrées; 6° Effectuer des transactions commerciales par échanges, et dont le produit soit réalisable en France; 7° Etablir, avec l'aide d'indigènes algériens et tunisiens, des courants commerciaux réguliers entre le Centre et nos établissements du nord de l'Afrique... courants qu'il appartiendra aux capitaux français d'entretenir et d'utiliser.

Voici maintenant comment, sur le théâtre même de ses opérations, l'explorateur comptait agir :

« Dès mon arrivée sur le Gribingui, au point que j'ai choisi pour la construction d'un poste, je rentrerai en relations avec le zériba Ngari et par là avec le Ouadaï.

« N'Gari, la zériba d'Ali-Djaba est située sur le Ba-Mingui ou Bahr-el-Abiod à peu de distance de son confluent avec le Gribingui ou Bahr-el-Ardh .La réunion de ces deux rivières forme le Chari ou Ba-Bousso. C'est à ce confluent que commencent les tribus Saras. Le chef Ali-Djaba dépendait du Dar-el-Kouti, lui-même vassal du Ouadaï. C'était lui qui passait pour l'exécuteur du meurtre de Crampel.

« C'est à N'Gari que j'irai chercher le mot d'ordre et les autorisations de passage et de commerce... De là je pourrai gagner Bougouman (1) sans avoir affaire à Gaourang et traiter du droit de circulation sur le fleuve et du passage à travers le pays jusqu'au Bornou.

« Dans une semblable entreprise, il est nécessaire de montrer une grande déférence à l'autorité locale en même temps qu'une grande confiance dans les droits que les lois écrites assurent à tous les intérêts.

« Cette politique a parfaitement réussi aux voyageurs allemands, qui ont dû parfois en appeler aux lois des fantaisies des grands et qui en ont obtenu satisfaction ; j'espère profiter de leur expérience et en faire profiter mon pays.

« Il faut aussi beaucoup de patience...

« Je procéderai lentement, en me faisant précéder, pour ménager les transitions, de lettres, de courriers, de serviteurs allant commercer pour leur compte ou pour le mien...

« Le pays est couvert de caoutchouc, de gutta-percha ; l'ivoire est abondant. Tout cela n'a aucune valeur commerciale et je le recueillerai en grande quantité pendant que j'établirai sur le Gribingui ma base d'opérations.

« De ce point, j'enverrai mes compagnons européens et arabes faire des reconnaissances dans toutes les directions. J'entrerai en relations avec N'Gari. Quand, par l'achat de productions du pays, j'aurai couvert les frais de mon expédition, j'enverrai ce premier stock de marchandises en Europe par la voie que j'aurai prise moi-même pour l'acquérir, par le Congo. J'aurai, dès ce moment, besoin d'un nombre d'hommes beaucoup plus restreint. Ceux qui ne seront plus nécessaires reviendront à la côte en rapportant mes marchandises.

« Prêt à aborder la deuxième partie de mon programme et à entrer dans les pays musulmans, j'établirai un inventaire de mes marchandises et je ferai, avec mes auxiliaires souafas et kabyles, une association commerciale. J'apporterai le capital et eux l'expérience et la main-d'œuvre.

(1) Ancienne capitale et résidence du sultan du Baghirmi.

« Ils procéderont eux-mêmes aux échanges au mieux des intérêts communs. Les bénéfices seront, à l'arrivée à Ouargla, partagés en 21 parts : 4 parts aux Kabyles, 4 aux Souafas, le reste à mes commettants et à moi, par moitié.

« Ainsi intéressés au succès, les Kabyles surveilleront les Souafas et les Souafas les Kabyles. Tout le monde sait combien ces gens sont de relations commerciales sûres : cette combinaison doit me donner les plus grandes facilités pour jouer mon rôle et poursuivre mes études.

« Car, je ne puis accepter de voyager comme la plupart de mes devanciers, en renonçant à ma nationalité et à ma religion.

« Après leur passage, ces régions sont restées aussi fermées qu'ayant à leurs compatriotes. J'ai pour but de les ouvrir aux miens, Mizon, officier français, protégeant des marchands de son pays, a montré combien il était facile, avec du tact et la connaissance des mœurs musulmanes, d'arriver à faire accepter cette façon de procéder dans l'Afrique Centrale (2).

Quant à son retour, du bassin du Tchad vers le Nord, l'explorateur pensait pouvoir l'effectuer aussi sans encombre grâce à sa qualité de commerçant. Voyageant comme tel, il croyait ne devoir porter ombrage à personne, surtout s'il se conformait comme il se le promettait aux traditions sahariennes. Car les populations du Sahara ne sont pas, en principe, hostiles au commerce européen, mais seulement à tout ce qui leur paraît capable de modifier rapidement leurs usages commerciaux, et détourner leurs courants ou leurs caravanes des routes séculaires. De même que les Arabes du Congo tendaient vers Zanzibar ; de même, les Etats musulmans du Centre tendent vers le Nord : Maroc ou Tripoli. Et les luttes des Belges contre les Arabes, ou les échecs de la Compagnie du Niger provinrent de ce que les premiers ramenaient les courants commerciaux vers l'embouchure du Congo, tandis que la Compagnie à Charte les ramenait vers le delta du Niger. »

Quant aux Touareg, les difficultés provenant de leur fait devaient être singulièrement aplanies pour la seule raison que, n'ayant rien à craindre au point de vue de la possession de leurs territoires de parcours et ne trouvant devant eux qu'une caravane commerciale, ils se contenteraient de percevoir les droits de passage établis et respectés. Ils ont le monopole du convoyage saharien et ils le défendent contre ce qui le menace du Nord au Sud. Dans le sens opposé, ils ne redoutent rien et laissent passer.

Nous n'entrerons pas dans le détail des travaux scientifiques auxquels Ferd. de Béhagle projetait de se livrer : il nous suffira de dire qu'ils embrassaient les reconnaissances géographique, et hydrographique ; les observations climatériques et autres qui rentrent dans le programme de tous les explorateurs.

Les débuts du voyage de Ferdinand de Béhagle avaient été pénibles.

Les moyens dont il disposait étaient d'ailleurs précaires ; et il serait trop long de raconter tous les déboires qu'il rencontra, tant dans l'organisation de sa

(2) Ferd. de Béhagle : *Projet de Voyage du Congo à la Méditerranée*, etc.

mission que dans la première partie de son voyage. Bref, parti de France en , il n'arriva dans le bassin du Chari, à la fin de 1897, qu'au prix des plus grandes difficultés. Il rencontra heureusement, comme on l'a vu, M. Gentil qui, sa première mission au Tchad terminée, rentrait en France et lui prêta le *Léon-Blot* pour transporter ses marchandises sur le Chari. Le pays était alors en apparence assez tranquille ; mais on sait que peu après le départ de l'explorateur Gentil, Rabah se jeta dans le bas Baghirmi qu'il saccagea complétement, et d'où le sultan Gaourang dut s'enfuir. Il était dès lors sinon impossible, du moins fort difficile à de Béhagle de poursuivre son voyage par le Barghirmi vers le Ouadaï, sans le consentement de Rabah qui occupait en maître la contrée au Sud du Tchad. Ce fut certainement une des raisons pour lesquelles notre compatriote chercha à entrer en relations avec le conquérant. Toutefois, de Béhagle ne fit en cela que donner suite à un projet arrêté depuis longtemps; en venant dans l'Afrique Centrale, il était fermement résolu à profiter de la première occasion qui s'offrirait, pour nouer des rapports avec le nouveau maître du Bornou. Il espérait même que sa qualité déclarée de marchand devant lui valoir une certaine confiance de la part de Rabah, il pourrait profiter du crédit qu'elle lui vaudrait pour préparer une entente pacifique entre l'aventurier et les Français.

Malheureusement de Béhagle arrivait dans un moment où les défiances de Rabah étaient comme on le sait en éveil. Nous avons laissé l'explorateur à Dikoa, où sur ses instances répétées il avait réussi à se faire conduire, et où Rabah l'avait fait mettre aux fers.

Pendant bien longtemps on ne sut rien, en France, du sort du courageux explorateur, L'on croyait cependant que Rabah avait condamné son prisonnier à mourir de faim.

Un fait bien frappant, c'est que, dans la région même du Tchad, l'on n'était pas mieux informé au sujet de de Béhagle. C'est ainsi que le 18 juillet 1899, Mercuri écrivait de N. Délé que, depuis le mois de janvier précédent, il était sans nouvelles de son chef de mission qu'il supposait cependant avoir été emmené à à Afadé, dans le Bornou, où Rabah avait alors son camp. Cela donne la mesure de l'autorité que Rabah avait sur son monde, de la terreur qu'il inspirait, du zèle avec lequel on le servait.

Ce fut seulement en 1901, après la destruction de la puissance de Rabah, mais alors à vrai dire que personne ne croyait plus notre infortuné compatriote vivant, que l'on eut des renseignements certains sur les circonstances qui avaient amené et entouré sa mort. Ces détails furent recueillis sur place par le commissaire du Gouvernement Gentil et le capitaine Reibell, qui venait de prendre une part glorieuse à la défaite de Rabah.

Trompé par les assurances du gouverneur indigène de Koussouri, de Béhagle avait cru pouvoir s'avancer sans danger jusqu'à Dikoa, capitale de Rabah. Il fut reçu par Rabah lui-même, et l'entretien débuta d'une façon cordiale, de Béhagle ayant affirmé qu'il était commerçant et qu'il venait étudier les produits du pays.

Malheureusement les choses prirent mauvaise tournure dès que, Rabah sachant que de Béhagle avait une certaine quantité de fusils à tabatière, désira les lui acheter. Notre compatriote refusa net, alléguant qu'il avait besoin de ses armes pour sa défense. Des paroles vives furent échangées et l'on se sépara fort mécontent l'un de l'autre.

D'ailleurs de Béhagle, par son imprudence, n'avait pas tardé à exciter la méfiance des gens de Rabah, en prenant ostensiblement sur son carnet le plan du camp à travers lequel il allait et venait librement, mais non sans être épié.

Il lui fut difficile d'obtenir son audience de congé; Rabah finit cependant par la lui accorder.

On reparla des fusils d'abord; puis la conversation abandonna le terrain commercial pour aborder la politique. De Béhagle commit l'imprudence de demander au sultan : « Et tes limites avec le Baghirmi, quelles sont-elles ? » Puis il critiqua vivement Rabah au sujet de ses agissements vis-à-vis du Baghirmi, protégé de la France, lui affirmant que, s'il ne cessait ses incursions, il aurait à s'en repentir.

Furieux, Rabah appela l'assistance en témoignage que ce chien de chrétien, venu pour faire du commerce, s'occupait en réalité de politique. Il donna l'ordre de l'arrêter, de l'enchaîner. En même temps son monde était gardé à vue, ses marchandises et ses armes saisies. On le porta ensuite dans sa demeure et on lui donna d'autres serviteurs.

De Béhagle, hors de lui le prit de très haut; il se mit à invectiver ses gardiens et traita Rabah lui-même de « sale nègre », lui prédisant que pour un français tel que lui disparu, il en reviendrait mille. Il se calma néanmoins peu à peu et sa nouvelle attitude, faite de calme et de dédain, inspira à tous un respect mélangé de crainte.

Bref, il fut gardé étroitement dans sa prison, mais ne subit pas de mauvais traitements. Cela devait se passer en mai ou juin 1899.

Rabah appréhendant sans doute les conséquences d'un assassinat, n'osa pas faire mettre immédiatement à mort notre compatriote. Ce n'est qu'après le combat de Togbao et après le massacre de Bretonnet qu'il envoya l'ordre à son fils Fad'el'Allah de faire exécuter le prisonnier que Bretonnet, disait-il, était venu délivrer. Fad'el'Allah, que tout le monde s'accorde à représenter comme moins sanguinaire que son père, eut un moment d'hésitation, mais comme il était impossible de contrevenir aux ordres reçus, il se rendit chez le malheureux e lui donna connaissance de la lettre de Rabah.

De Béhagle reçut la terrible nouvelle très froidement. Il se leva de son lit et dit à Fad'el'Allah : « Je dois mourir; les Français ne craignent pas la mort, je suis prêt; mais, rappelle-toi que je serai vengé. »

Fad'el'dAllah, très impressionné, sortit et donna l'ordre à des esclaves de le porter sur leurs épaules jusqu'eu lieu du supplice, la place du marché, où une potence était dressée.

Pendant le funèbre trajet, la victime, jusque-là silencieuse, se tourna vers Fad'el'Allah et lui dit : « Je vais mourir, et n'ai point peur. Quant à vous, apprêtez-vous à subir le même sort. Dans trois mois, cette terre ne vous appartiendra plus ; vous serez ou morts ou fugitifs. »

Ces paroles prophétiques n'empêchèrent point le crime de s'accomplir. De Béhagle fut pendu à la potence où l'on exécutait les voleurs et les assassins ; son corps fut ensuite jeté dans un puits, voisin de la maison où il avait été gardé à vue.

Le capitaine, depuis commandant, Reibell, avait eu ces renseignements par les serviteurs même de de Béhagle que Rabah retenait eux aussi prisonniers, notamment son boy, plusieurs de ses sénégalais. Enfin son interprète et des marchands tripolitains qui avaient résidé à Dikoa, confirmèrent ces dramatiques détails. La conduite de de Béhagle, en ces circonstances, fut en tous points digne d'admiration. M. Reibell, dont le jugement en matière de bravoure a une valeur particulière, terminait ainsi la lettre dans laquelle il venait de raconter la fin de de Béhagle :

« Tels sont les renseignements que nous avons pu recueillir sur la fin d'un homme qui s'était peut-être risqué imprudemment, mais qui s'est comporté avec une dignité, une correction et un courage devant la mort, qui font honneur à sa qualité de citoyen français.

« Ses amis peuvent en être fiers. »

* * *

*Missions Bretonnet et Gentil-Bretonnet (Mission du Chari).* — Nous reprenons ici le récit des actes de la mission Bretonnet, que nous avons laissée à N'Délé, où elle se trouvait le 30 mai 1899.

M. Bretonnet était parti de France, comme on l'a dit, en septembre 1898, ramenant au Baghirmi les ambassadeurs de Gaourang. Il avait avec lui le lieutenant Braun (de l'artillerie de marine), le sous-officier Martin, et seulement une quarantaine de tirailleurs sénégalais.

M. Bretonnet devait retrouver au Baghirmi le lieutenant Durand-Autier (qui avait remplacé comme résident M. Prins rentré en France). Celui-ci avait comme escorte une dizaine de sénégalais. La mission Bretonnet ne faisait que précéder la mission Gentil ; elle ne devait pas, en principe, chercher à entrer en lutte avec Rabah, ce que d'ailleurs ne lui eut pas permis son faible effectif. Puis M. Bretonnet croyait personnellement à la possibilité d'entrer en négociations avec Rabah, et de réinstaller Gaourang par des procédés pacifiques. M. Bretonnet avait donc reçu les ordres suivants : « Il devait se porter à la rencontre de Gaourang avec les 150 hommes de la compagnie Julien et le personnel milicien sénégalais disponible et attendre, dans les environs du 10e degré de latitude nord, l'arrivée de renforts et les instructions rédigées (par le gouvernement) de concert avec M. Gentil ».

Nous rappelons que, tandis que la mission Bretonnet se trouvait à N'Délé en mai, la compagnie Julien était encore à Krebedjé au milieu de juin.

Entre temps, en France, le gouvernement alarmé par la nouvelle des dernières incursions de Rabah dans le Baghirmi (à la suite de quoi Gaourang s'était refugié à Kouno), avait pressé l'organisation de la mission Gentil. M. Gentil était chargé d'exécuter un programme vaste et complet. On l'autorisait à recruter 200 hommes au Sénégal, et l'on mettait à sa disposition un personnel civil et militaire comprenant les capitaines Robillot, de Cointet, de Lamothe ; le lieutenant Kieffer ; les sous-officiers Levassor, Baugnies et Cathala ; MM. Bruel, Pinel et divers agents. Enfin il recevait le titre de Commissaire du Gouvernement au Chari, avec les pouvoirs les plus étendus. En fait, M. Gentil recevait la direction de toutes les opérations dont le bassin du Tchad pourrait être le théâtre. Il devait enfin conclure avec les souverains indigènes tous traités utiles en vue d'arriver à la prise de possession des territoires que nous abandonnaient les récentes conventions (14 juin 1898 ; 21 mars 1899).

M. Gentil partit de France le 25 février 1899, pourvu du matériel nécessaire à son expédition. Le 30 mars il rejoignit, à Brazzaville, le capitaine Robillot qui l'y avait précédé depuis un mois, et il y séjourna jusqu'en mai. Dans les premiers jours de juin il ralliait à la mission de la Sainte-Famille le capitaine Julien qui avait reçu de Bretonnet l'ordre de se tenir provisoirement à Krebedjé. Bretonnet avait quitté la station du Gribingui dans le courant de mai, pour se rendre au Baghirmi.

M. Gentil fut mis au courant des plus récents événements du Baghirmi par M. Prins qui, remplacé auprès de Gaourang par le lieutenant Durand-Autier, rentrait en France.

M. Bretonnet était parti le 31 mai de N'Délé, se dirigeant vers Kouno par El-Kouti : c'est faute de moyens de transport qu'il avait pris la voie de terre et c'est pourquoi Prins n'avait pu le rencontrer. Bretonnet avait avec lui le lieutenant Braun, le maréchal-des-logis Martin, un agent du Congo, M. Pouret, deux interprètes arabes, 60 miliciens et le matériel de guerre destiné à Gaourang ; dans ce matériel se trouvaient trois petits canons de 4.

M. Bretonnet put cependant se servir, sur une partie du parcours, d'une flotille de pirogues et de baleinières en acier qui montaient à destination du Gribingui. Il arriva à Kouno, en même temps que M. Gentil arrivait à Kiebedjé. On était alors à la fin de juin.

Bretonnet trouva bien à Kouno le sultan Gaourang et le lieutenant Durand-Autier, mais Rabah était dans la région, sur l'autre rive de l'Aouk, avec des forces imposantes. La position de Kouno était indéfendable; aussi M. Bretonnet, ne s'y trouvant pas en sûreté se retira à 20 kilomètres en arrière, à Togbao (Niellim) sur une série de petites hauteurs qui commandent la vallée et le cours du Chari. En même temps Gaourang et ses Baguirmiens s'installaient à côté de lui, ayant abandonné à Kouno leurs troupeaux et leur matériel.

Quant à M. Gentil, après avoir arrêté les dispositions nécessaires pour le transport de l'énorme matériel qu'il amenait, il prit avec lui la compagnie Julien et se transporta à Gribingui. Arrivé là le 29 juin, il fit réparer en toute hâte le *Léon Blot*, et monter un grand chaland qu'il avait apporté de France.

M. Gentil reçut seulement le 23 juillet, par pirogue, une lettre que Bretonnet lui avait écrite le 6. Après une demande de matériel, Bretonnet exposait la situation politique telle qu'elle lui apparaissait. Il lui annonçait que son arrivée avait rendu l'assurance à Gaourang et à son entourage, et ajoutait :

« J'ai confié au lieutenant Durand-Autier la délicate mission d'aller aux avant-postes de Rabah porter une lettre dans laquelle j'annonce mon arrivée à Rabah et lui déclare que nous n'avons aucune intention hostile contre ses États. Je lui dis me refuser à croire le bruit qui m'est rapporté et d'après lequel il retiendrait prisonnier M. de Béhagle, venu à lui avec des paroles de paix et confiant dans les assurances de sécurité qui lui avaient été données. Le lieutenant Durand-Autier parti, avec la baleinière et 15 miliciens, a ordre d'attendre la réponse de Rabah et de M. de Béhagle à Maïnheffa.

« Le 4 juillet, au soir, je recevais de lui une lettre m'annonçant la nouvelle, reçue également par le sultan, d'une panique considérable sur tout le fleuve, provoquée par une nouvelle razzia des gens de Rabah. Le bruit de la mort de M. de Béhagle fut même rapporté..... M. Durand-Autier, arrêté un moment, a dû reprendre sa route vers le nord. »

En ce qui concerne Rabah, Bretonnet écrivait :

« Une disette extrême règne au Bornou, où il n'a pas plu l'an dernier, de sorte qu'il n'y a pas eu de récolte. Telle serait la cause des razzias actuelles sur la rive droite, dans le seul but de se procurer des vivres. »

Bretonnet exposait ensuite ses projets :

« Je m'étais inquiété, dès mon arrivée, et vu les basses eaux, de faire rassembler aussitôt par le sultan les pirogues nécessaires pour aller au Gribingui chercher la compagnie Julien, qui doit y être arrivée maintenant, et le ravitaillement...

« Malheureusement, l'alerte qui vient d'avoir lieu, jointe au manque d'autorité du sultan, l'a empêché de me fournir les cent pirogues qu'il m'avait promises, il importe néanmoins de sortir le plus tôt possible de cette situation intenable et d'aller occuper Massénya, toujours tenu par Halifa Moïto. Nous ferons de notre mieux pour aviser au manque de moyens de transport. J'envoie ordre à la compagnie Julien de rallier Kouno... »

Au reçu de cette lettre M. Gentil envoya M. Pinel à Krebedjé avec ordre de ramener 200 charges de première utilité demandées par Bretonnet : M. Pinel devait être de retour pour le 6 août, date à laquelle le *Léon-Blot* serait prêt à partir pour ravitailler Bretonnet.

Malheureusement Rabah n'était pas disposé à attendre que ces opérations fussent exécutées. Il connaissait la faiblesse des éléments qu'il avait devant lui à Togbao, et il voulait essayer de les écraser, précisément avant l'arrivée des renforts qu'il savait venir de la direction du Congo.

Le 16 juillet, l'armée de Rabah, forte de 8,000 hommes, effectuait son attaque. Le chef de guerre de Gaourang, Ali Faba, évacua un défilé par lequel passèrent des troupes de Rabah, qui vinrent prendre de flanc la hauteur où se trouvaient les Français. les Sénégalais et l'artillerie. Presque tous les nôtres furent tués après une héroïque défense qui ne coûta pas moins de 700 morts à Rabah. Nous perdîmes là le vaillant administrateur Bretonnet, les lieutenants Braun et Durand-Autier, le maréchal des logis Martin, le chef de poste Pouret, et les deux interprètes arabes Chabka et Hassen. Simultanément, l'armée de Gaourang était taillée en pièces.

Rabah devait retirer de cette victoire un prestige considérable dans toute l'Afrique centrale, surtout quand on sut qu'il s'était emparé de ces armes formidables qui s'appellent des canons. Gaourang dut se retirer vers Laï, sur le Logone, ayant perdu ses femmes, ses bagages et trois mille soldats, morts ou prisonniers.

Parmi les blessés recueillis à Niellim se trouvait un sergent de Sénégalais nommé Samba Sal. On l'amena les mains liées devant Rabah. Le sultan, par l'entremise d'un autre Sénégalais fait prisonnier à la suite du massacre de la mission Crampel, lui demanda de le servir dorénavant pour l'instruction de ses troupes, lui promettant en échange des femmes, des chevaux, des esclaves.

Samba Sal répondit : « Je sers les Français et je ne servirai qu'eux. » Et comme l'interprète lui faisait observer que si Rabah connaissait cette réponse il lui ferait couper la tête, parce qu'il n'admettait pas que des musulmans se battissent à côté des chrétiens : « On ne meurt qu'une fois », répartit Samba Sal. « Eh bien, je vais lui dire que tu demandes à réfléchir », conclut le Sénégalais pris de pitié pour son compatriote. « Demande au chef la permission que j'aille voir nos morts », ajouta Samba Sal. L'autorisation fut donnée. Les deux hommes partirent par la colline où les Sénégalais avaient vaillamment combattu, à côté de leurs chefs blancs, et là Samba Sal, usant de stratagème, pria son gardien de lui délier les mains afin de vaquer à une obligation des plus naturelles. Aussitôt libre, le sergent se masqua dans la brousse et bientôt après il détala et, dépistant les cavaliers dépêchés à sa recherche, il remonta le Chari afin d'aviser les autorités françaises de l'issue de cette fatale rencontre (1).

C'est le 31 juillet, au poste du Gribingui que M. Gentil apprit, par un mot rédigé par Bretonnet le matin même de la bataille, la gravité de la situation. A ce moment même, il se proposait, avec le *Léon-Blot* et sa petite flottille, de rejoindre Bretonnet avec le capitaine Robillot, le capitaine Julien et sa compagnie de Sénégalais. Le 3 août la flotille partit, descendit le Gribingui, puis le Chari et, le 16 août, elle arriva à Tounya, par 9° 30, où elle trouva Samba Sal au milieu d'une troupe de Baguirmiens. Samba Sal raconta alors quels avaient été les résultats du combat du 16 juillet.

M. Gentil laissa à Tounya le capitaine Robillot, le capitaine Julien, sa compagnie, avec deux canons, et, pendant que nos hommes édifiaient à la hâte une redoute fortifiée — Fort-Archambault — pour se défendre contre une attaque possible de Rabah, il retourna à Gribingui, chercher la compagnie de miliciens sénégalais du capitaine de Cointet. La flottille était de retour à Fort-Archambault

(1) Samba Sal, pour son dévouement dans ces tragiques circonstances, fut fait chevalier de la Légion d'honneur.

le 8 septembre et elle repartait aussitôt prendre à Gribingui la seconde compagnie de miliciens du capitaine de Lamothe.

Mais il fallait faire vivre à Fort-Achambault les forces qui s'y concentraient, et le prestige de Rabah était tel que les indigènes se souciaient fort peu de se compromettre en livrant beaucoup d'objets aux Européens. A 20 kilomètres de Fort-Archambault, notamment, il y avait des Baghirmiens rebelles à leur sultan Gaourang qui intriguaient contre nous. Le 16 septembre, la compagnie Julien partait en reconnaissance, bousculait le lendemain les alliés de Rabah, et, après cette opération, les indigènes plus confiants apportèrent des vivres en assez grande abondance.

. . . . . . . . . . . . . . . . . . . . . . . . . . . . . .

La nouvelle du massacre de la mission Bretonnet souleva une émotion considérable en France, où elle fut connue seulement le 31 octobre. M. Prins était arrivé à Paris la veille, annonçant que la mort de M. de Béhagle n'était pas douteuse. Peu de temps auparavant, on avait appris les dramatiques événements qui avaient interrompu la mission Voulet-Chanoine et coûté la vie au lieutenant-colonel Klobb (1). C'était trop de désastres à la fois. D'ailleurs, on ne recevait sur la mission Foureau-Lamy, qui se dirigeait vers le Tchad à travers le Sahara, que des nouvelles rares, incertaines et souvent alarmantes. Le découragement s'empara des coloniaux les plus résolus. On voyait déjà compromise, perdue, l'œuvre menée si patiemment et au prix de tant de cruels sacrifices en Afrique ; la victoire de Rabah avait dû consolider sa puissance : on se figura que la mission Gentil était vouée à une perte certaine, et il fut un moment question de la rappeler.

Bien mieux, on préconisa l'abandon pur et simple de l'Afrique centrale et, par suite, la dislocation des deux autres missions françaises qui devaient converger vers le Tchad.

Mais on se rendit heureusement compte que ce serait fermer pour toujours à notre commerce, à notre influence, les régions où déjà nous avions dépensé tant d'efforts; car en Afrique, il est impossible de commercer en paix dans des pays auprès duquel règne un conquérant noir. Les El hadj Omar, les Ahmadou et les Samory au Soudan occidental, comme les Rabah au Soudan central, étaient de ces autorités fanatiques qui n'acceptent pas l' « entente cordiale » avec les Européens; musulmans et sultans sanguinaires, ils puisent leur principale puissance dans leur force militaire qu'ils savent décupler par le zèle religieux. Dans ces conditions, il faut, pour les Européens, ou quitter complètement le pays, ou se décider à vaincre. Au surplus, quand on recule devant un chef noir, on ne sait jamais où l'on s'arrêtera, parce que celui qui n'avance pas donne aux indigènes l'impression de la faiblesse. Par conséquent, poser en principe que

(1) On trouvera plus loin le résumé de l'historique de ces évènements.

Rabah ne serait pas inquiété, c'était s'exposer à voir un beau jour une troupe envahissante menacer nos postes du moyen Chari et nos établissements voisins du Congo. La sagesse consistait ainsi à détruire le nid de frelons qu'était l'armée de Rabah.

D'ailleurs nous n'étions pas les seuls intéressés à voir disparaître la puissance de Rabah. La majeure partie du Bornou est située dans la sphère d'influence de l'Angleterre, et Dikoa, la dernière capitale de l'ancien esclave de Zobeïr, est placée dans la partie des pays riverains du Tchad qui appartiennent à l'Allemagne. Une action combinée contre Rabah, qui aurait pu être attaqué simultanément par le Cameroun allemand et le Congo français, fut même envisagée, et M. Gentil fut consulté par les autorités allemandes. Cette combinaison ne fut pas suivie d'effet, peut-être parce qu'il n'était possible aux Allemands d'atteindre pratiquement Rabah qu'en partant de la Haute-Benoué, c'est-à-dire en envoyant une expédition par le territoire anglais de l'ex-Royal Niger Company. Il semble qu'à Berlin on ait reculé devant cette nécessité comme aussi devant une expédition difficile autant qu'onéreuse, et dont on ne percevait pas en outre les résultats immédiats.

Quoiqu'il en fut, la première émotion passée, le gouvernement laissa les missions poursuivre leur marche vers le Tchad, où décidément de trop gros intérêts commandaient de les rassembler.

Quant à la mission Gentil particulièrement, le *Bulletin du Comité de l'Afrique Française*, toujours très au courant des choses d'Afrique, exposait (numéro de décembre 1899) les raisons qui militaient en faveur de son maintien dans la région du Chari, où elle se trouvait alors rendue.

« La question se pose actuellement de savoir ce que deviendra la mission Gentil. Les adversaires de l'expansion française au lac Tchad ont très nettement conclu à l'arrêt de cette mission. Le Ministère des Colonies n'a point fait encore connaître son avis, quoiqu'il paraisse défavorable à la reprise de la marche en avant au Chari et déjà le *Temps*, hostile à notre action au Chari, a annoncé que la mission Gentil est terminée.

Nous avons déjà dit que le massacre de la mission Bretonnet ne diminuait en rien l'utilité de la mission Gentil. Celle-ci a, en effet, pour premier objectif de maintenir la paix dans le Baghirmi, placé sous notre protectorat, et elle se rendait à Massénya non point pour guerroyer avec Rabah, mais pour l'écarter s'il était hostile, par un déploiement de forces suffisantes pour le tenir en respect.

Elle avait aussi un objectif politique, qui prend aujourd'hui une singulière importance. Elle devait occuper le Ouadaï et entrer en relations avec le chef de ce pays, avec lequel nous n'avons encore jamais eu de rapports directs. Des bruits divers ont circulé, en effet, ce mois de novembre, sur la situation politique de l'Ouadai : ils tendent tous à faire croire que des tentatives ont été faites pour entraîner le chef de ce pays dans un mouvement islamique et pour lui faire accepter une sorte de suzeraineté morale de la Turquie. Déjà, au mois de septembre, les journaux ottomans disaient qu'une mission avait été envoyée de

Tripolitaine à Abecher, et que son chef aurait remis au Sultan de l'Ouadaï une décoration de la part du Sultan de Stamboul. Pendant le mois de novembre, des dépêches du Caire et de Constantinople au *Standard* et au *Daily Telegraph* sont revenues sur ces rumeurs ; à les en croire, les Turcs, pour se dédommager de la non-acceptation de leurs protestations contre la convention franco-anglaise du 21 mars, se seraient mis en marche du Fezzan vers l'Ouadaï, si même ils n'ont pas dès à présent occupé cet empire soudanais. D'autres bruits assuraient que Rabah lui-même aurait fait acte de vassalité envers Abdul-Hamid et que le cheik Senoussi se serait rendu de Koufra dans le Bornou.

Nous ne croyons pas qu'il y ait lieu de s'alarmer de ces rumeurs, et on ne voit pas très bien pourquoi la Turquie, qui ne s'est jamais occupée du Tibesti, du Kanem ni de l'Ouadaï, aurait soudainement éprouvé pour ces pays un intérêt assez puissant pour la décider à s'y établir immédiatement après qu'un acte diplomatique eut proclamé nos prétentions et nos droits sur ces territoires. Mais on peut cependant être frappé de la persistance avec laquelle ces nouvelles sont répandues et se demander quels en sont l'origine et le but. En tout cas, il est prudent que nous prenions des garanties du côté de l'Ouadaï.

Ce pays est le seul qui n'ait pas, jusqu'à ce jour, subi les atteintes de Rabah. Il est capital, pour notre action en Afrique centrale, d'entrer en relations avec son chef. C'est le but de la mission Gentil. Attendrons-nous, pour agir au Tchad, que Rabah ait fait des pays qui nous reviennent en désert semblable à celui que les mahdistes ont créé au Soudan égyptien, et dont sir W. Garstin signalait l'inutilité pour de longues années? Attendrons-nous, pour nous établir dans l'Ouadaï, que le Sultan ait subi les attaques de Rabah ou l'influence ottomane ? Ignorerons-nous, enfin, la « question Rabah », qui est si nettement posée par le massacre de la mission Bretonnet ? Telles sont les considérations que le Ministre des Colonies devra peser avant de prononcer sur l'avenir de la mission du Chari. »

Les événements devaient, en effet, donner bientôt raison à l'auteur de cet article.

Le 18 octobre 1899, Gentil arrivait à Fort-Archambault avec la compagnie de Lamothe. Le capitaine Robillot, commandant des troupes, disposait alors de 3 compagnies, soit 350 fusils, et de 3 canons servis par 12 artilleurs. On laissa 24 hommes à la garde de Fort-Archambault, et le 23 la petite troupe se mettait en marche sur Kouno, où Rabah avait massé ses contingents et où il avait édifié un *tata* solidement fortifié. L'infanterie marchait en longeant la rive gauche du Chari sur lequel s'avançait le *Léon-Blot* et la flottille que dirigeaient M. Gentil et son adjoint M. de Mostuéjouls. La marche fut lente en raison des marais qu'il fallait souvent traverser. Le 28, on reconnut, près de Niellim, l'emplacement où Bretonnet et ses compagnons étaient tombés trois mois auparavant, et le 29, à neuf heures du matin, on était devant Kouno, à un kilomètre du village.

Le combat s'engagea entre notre petite colonne et une ligne de 2,000 soldats armés de fusils, que Rabah avait placés au-devant du village de Kouno. Auprès de chaque fusilier était un soldat, prêt à prendre le fusil des mains de son camarade s'il venait à tomber.

Grâce à un mouvement tournant, cette ligne de tirailleurs prise de flanc, éprouva des pertes considérables: elle se retira en désordre sur Kouno, poursuivie par nos troupes. Le village fut brillamment enlevé et incendié. Mais brusquement on se trouva en présence du « tata » d'où sortit un feu infernal. Le maréchal des logis de Possel, de la compagnie Julien, fut tué, le lieutenant Kieffer, le sergent Cathala furent blessés, et la compagnie du capitaine Julien qui fut très éprouvée, eut à ce moment 3 sergents sénégalais sur 4 et 6 caporaux sur 8 hors de combat, morts ou blessés. Une section de la compagnie de Cointet fut presque enlevée par un obus tiré par une des pièces de 4 prises à Bretonnet.

On amena l'artillerie à 60 mètres du tata et on tira à toute volée des obus à la mélinite. L'effet fut terrible. Le tata commença à flamber et ceux de ses défenseurs qui n'avaient que des armes blanches se retirèrent en masse. Rabah, blessé à la jambe droite, était démoralisé par la perte de son grand marabout, Faki Ahmed, et de neuf de ses principaux officiers, dont son fils Niebil.

A ce moment, le capitaine Robillot, constatant que nos troupes n'avaient presque plus de munitions — on avait tiré 45,000 cartouches et 400 obus, dont 99 à la mélinite — donna l'ordre de revenir près de la flottille pour se réapprovisionner et pour ramener les blessés. Nous avons eu 48 tués et 113 blessés.

Dans cette marche, le capitaine Robillot fut blessé.

Pendant la nuit, le village et le tata se consumèrent. Rabah partit avec le reste de ses troupes, après avoir fait enterrer ses lieutenants.

En l'absence de cavaliers pour poursuivre les fuyards, et en présence des pertes nombreuses que notre colonne avait subies, M. Gentil décida de ramener la colonne à Fort-Archambault pour soigner les blessés et appeler à lui les contingents de Gaourang. Quelques jours plus tard, on retourna à Niellim enterrer les restes des victimes du 16 juillet.

Cette victoire de Kouno rendit l'autorité à notre protégé. Rabah n'avait-il pas mis en ligne 15,000 hommes, soit 2,000 cavaliers, 5,000 fusiliers et 8,000 soldats armés de sabres ou lances, avec trois canons ? Et cette troupe nombreuse avait été mise en déroute et avait perdu 5,000 hommes dans une rencontre avec 18 Français et 320 Sénégalais.

Le 16 novembre, Gaourang arrivait à Fort-Archambault avec 500 cavaliers et 5,000 fantassins. On lui rendit des honneurs auxquels il fut fort sensible. Et peu de temps après le sultan du Baguirmi avait avec lui une troupe de 12 à 15.000 personnes, parce que tous les captifs faits par Rabah au Baghirmi, comme tous les fugitifs qui avaient quitté le pays au moment de l'invasion, revenaient auprès de leur roi. D'autre part quelques reconnaissances effectuées par ordre du capitaine Robillot autour de Fort-Archambault, en pays Sara, avaient replacé sous la souveraineté de Gaourang certaines populations fétichistes qui s'étaient révoltées.

M. Gentil avait appris seulement en novembre la sombre histoire de la mission Voulet-Chanoine; mais il ne devait apprendre que plus tard la belle conduite des officiers Joalland et Meynier qui réunirent les débris de la mission et poursuivirent l'œuvre si misérablement interrompue. Il put donc, un moment, croire qu'il n'y avait plus à compter sur le concours de cette troisième mission. D'autre part, Rabah, quoique vaincu, constituait encore un danger pour nous. M. Gentil se rendit donc à Bangui, auprès du commissaire général de Lamothe, pour lui demander des renforts en hommes et en munitions. M. de Lamothe envoya au Chari le capitaine d'artillerie Bunoust, les lieutenants Martin et Larrouy, pour former une batterie d'artillerie, et le lieutenant Boué avec 70 tirailleurs sénégalais.

La mission du Chari ainsi renforcée, s'installa solidement dans la partie inférieure du fleuve en attendant que l'arrivée des missions Joalland-Meynier et Foureau-Lamy lui permette de reprendre l'offensive. Elle s'y trouvait encore au commencement de février 1900.

La mission Joalland-Meynier (qui continuait les missions Voulet-Chanoine et Klobb) se trouvait alors dans le bas Chari, en face de Goulfei où elle était arrivée le 8 février.

Vers le même temps la mission saharienne (*Foureau-Lamy*) dont le passage avait été signalé à Zinder le 15 novembre, arriva sur le bord oriental du Tchad où le lieutenant Joalland, parti à son avance, la rejoignit le 18 février, à Débénenki et se plaça avec sa propre troupe sous les ordres du commandant Lamy.

Quant à Rabah, avec toutes les forces dont il disposait, il occupait le pays entre Logone et Dikoa, où commandait son fils, Fad-el-Allah.

*
* *

*Mission Cazemajou.* — C'était sur sa demande que le capitaine Cazemajou, de l'arme du génie (1) avait reçu en 1896 la mission du gouvernement qui l'amena à Zinder; mais le Comité de l'Afrique française avait largement favorisé l'organisation de son expédition, en lui fournissant le matériel nécessaire.

La mission du capitaine Cazemajou avait pour objet de reconnaître la ligne Say-Barroua (2), d'étudier la situation politique de la région du Tchad en vue de l'extension de notre domination de ce côté, et, accessoirement, d'éclaircir définitivement la question des survivants de la mission Flatters, qu'un ex-interprète militaire, Djebari, disait être retenus prisonniers dans l'oasis de Thaoua (3).

---

(1) Cet officier s'était déjà signalé, en Afrique, par la reconnaissance qu'il fit en mars-avril 1893 avec le lieutenant de spahis Dumas, de Nofta, poste du Sud tunisien, jusqu'à Ghadamès, reconnaissance qui n'atteignit pas complètement son but par suite du mauvais vouloir du caimakan turc de Ghadamès.

(2) On sait que cette ligne conventionnelle, partant de Say sur le Niger pour aboutir à Barroua, sur le Tchad, limitait alors théoriquement, au sud, la zone d'influence française en Afrique centrale.

(3) Le colonel Flatters avait été assassiné en 1881 (16 février) par des Touareg Hoggar, à Bir-el-Gharanna, au cours d'une mission qu'il accomplissait à travers le Sahara. Cet endroit est situé par 5° long. O. et 23° lat. N. à 2 degrés 1/2 au nord du puits d'Assiou, dans le lit d'un affluent du Niger qui passe près de Sokoto.

La mission était composée du capitaine Cazemajou, de M. Félix Dubois (1), de l'interprète Olive, interprète judiciaire à Mostaganem, et du sergent du génie Doutrelong, plus 37 noirs. Elle arriva à Say au commencement de décembre 1897. Là, M. Félix Dubois quitta la mission pour rentrer par le Dahomey, et le sergent Doutrelong, malade, la quitta également à Say. Le mois de décembre fut consacré au recrutement des bœufs porteurs, et la mission abandonna le Niger à Karimama le 29 décembre; jusque-là, aucun incident fâcheux n'avait marqué son voyage; elle arriva le 15 janvier à Argoungou où elle fut fort bien reçue par le serky N'kaby. Après avoir conclu un traité avec lui, elle se remit en route pour le Sokoto, et, en traversant l'Adar, elle établit l'inanité de la légende des survivants de la mission Flatters.

Le 6 mars 1898, le capitaine partit de Konni pour Zinder. Dans une lettre datée de la veille, il disait :

« Dernièrement j'ai reçu, en communication du chef du village de Konni, une lettre d'un chef d'une des fractions importantes des Touareg Kel-Gress, me disant qu'il ne me recevrait plus dans son pays. D'autre part, j'ai appris qu'un envoyé du cheik Senoussi de Koufra parcourt le pays des Touareg du Sud. Il est actuellement à Gue'donndabou, village situé à 70 kilomètres au nord-est de Konni..... Cet envoyé poussait les Touareg à m'attaquer. »

Malgré ces informations alarmistes, il comptait trouver à Zinder un bon accueil et en effet il fut reçu par le chérif du sultan de cette ville, où il arriva vers le 11 avril 1898, avec de grandes démonstrations d'amitié. Pendant 22 ou 23 jours que la mission séjourna à Zinder, le capitaine et son monde purent aller et venir librement, faire leurs achats par la ville, vaquer à toutes leurs affaires sans rencontrer la moindre hostilité de la part de la population ni des autorités locales. Néanmoins, le 5 mai, au sortir de l'audience de congé qu'il avait obtenue du Serky (sultan), lequel s'était montré fort cordial avec lui, le capitaine et l'interprète Olive furent attirés dans une maison où l'on devait, disait-on, leur remettre les cadeaux du sultan, et des individus apostés là se jetèrent sur eux et les assommèrent à coups de bâton. Les gens de la mission furent alors en partie jetés en prison tandis que les autres, au nombre de 12, sous les ordres du caporal sénégalais de l'escorte, se mettaient en défense et se retranchaient dans le tata, où vinrent les attaquer 5 à 600 hommes du Serky. Ceux-ci durent se retirer après avoir vainement essayé, à plusieurs reprises, d'enlever le réduit, et en laissant plus de 200 des leurs sur le terrain. L'attitude du caporal Kouby Keïta et de ses compagnons en imposa aux hommes du Serky au point que celui-ci, littéralement terrorisé, donna bientôt l'ordre de relâcher les prisonniers.

(1) Bien que le nom de ce voyageur soit certainement connu de tous ceux qui ont suivi le mouvement d'expansion de la France en Afrique en ces dernières années, on croit devoir rappeler que M. Félix Dubois avait déjà fait pour le compte du Journal l'*Illustration* dont il était le correspondant, d'autres voyages au Continent Noir. On lui doit, entre autres ouvrages : *La Vie au Continent Noir* (Hetzel et Cie 1893) et *Tombouctou la Mystérieuse* (E. Flammarion, 1897) un des meilleurs ouvrages qui aient paru depuis celui d'Oskar Lenz sur la métropole soudanaise.

Après des retours offensifs des gens du Serky et de nouveaux incidents, qu'il serait trop long de rapporter, mais où se conduisirent glorieusement nos tirailleurs sénégalais dont plusieurs, entr'autres Kouby Keïta furent tués, les vaillants débris de la mission purent enfin s'échapper le 14 mai de Zinder et parvenir à Ilo, où ils arrivèrent le 8 juillet (1).

L'on eut par eux des renseignements sur le meurtre de Cazemajou et d'Olive, mais le médecin des colonies Le Tel, qui les interrogea sur ce dramatique événement, ne put, de tous leurs témoignages qu'il résuma dans un rapport, dégager clairement les véritables causes de l'assassinat de nos malheureux compatriotes.

« D'après, dit M. Le Tel, l'interprète Badie Diara (1), sur les renseignements que lui a donnés le chef d'Argoungou, l'assassinat du capitaine Cazemajou et de l'interprète Olive aurait été commis à l'instigation du sultan de Sokoto. Mais, ces deux hommes étant d'irréconciliables ennemis, il n'y a lieu d'accepter ce dire que sous réserves. Il est également possible que le capitaine Cazemajou, se trouvant à Zinder, dans la zone des territoires mis à contribution par Rabah, ait demandé sur ce chef des renseignements qui auront éveillé la méfiance du Serky.

Comme Rabah a pillé cette région il y a quinze mois, il est fort possible qu'on ait cru que le capitaine Cazemajou allait se joindre à lui et lui porter des secours. Mais il parait plus probable que le fanatisme musulman a été la vraie cause de l'assassinat. Il faut remarquer, en effet, que la conduite du Serky et des habitants vis-à-vis de la mission a été très bienveillante jusqu'au jour où le marabout de Kong, venant de La Mecque, est arrivé à Zinder. C'est lui qui présidait la fête musulmane qui eut lieu au moment où le capitaine se préparait à partir. Ce marabout sut prendre très vite une influence considérable sur l'esprit du Serky ; il fut beaucoup employé par lui comme intermédiaire, ce qui donnerait à entendre que ce fut lui l'instigateur du crime. »

* * *

*Missions Voulet-Chanoine, Klobb et Joalland-Meynier* (Mission de l'Afrique centrale). — A la suite de l'échec de la mission Cazemajou, le gouvernement chargea, au mois de juillet 1898, le capitaine Voulet, assisté du capitaine Chanoine (3), d'aller continuer, en l'élargissant, le programme que l'infortuné officier assassiné à Zinder n'avait pu réaliser.

La mission Voulet, disposant d'effectifs considérables, devait ainsi étudier la

(1) Sur 33 indigènes dont 18 tirailleurs Sénégalais adjoints à la mission, il y en eut 7 tués, et 11 blessés, dont 9 tirailleurs.

(2) Interprète indigène de la mission.

(3) Ces deux jeunes officiers, appartenant à l'infanterie de marine, s'étaient déjà signalés par une belle mission au Mossi et au Gourounsi.

limite fixée par la convention franco-anglaise du 14 juin 1898, et ultérieurement tendre la main à la mission Foureau-Lamy qui l'attendrait dans l'oasis de Teghelel et à la mission Gentil-Bretonnet qui opérait dans bassin du Chari. La mission Voulet devait en outre soumettre le Kanem. Quant à la jonction de ces trois grandes expéditions, elle devait avoir pour conséquence l'occupation effective des territoires dévolus à la France dans le bassin du Tchad.

Cette mission comprenait, outre les capitaines Voulet et Chanoine, les lieutenants Peteau, Pallier et Joalland, le médecin militaire Henric et les trois sous-officiers Laury, Bouthel et Tourot.

Arrivé au Soudan, le capitaine Voulet partagea sa mission en deux sections. L'une, dont il prenait la direction, devant se diriger sur Say par la voie du Niger. La seconde section, sous les ordres du capitaine Chanoine, devait prendre la voie de terre à travers le Macina et le Mossi pour se procurer les chevaux et les animaux de bât dont elle avait besoin pour son voyage de Say au lac Tchad.

Les deux sections se rejoignirent le 2 janvier 1899 aux environs de Sansanné-Haoussa, à 150 kilomètres en amont de Say. Elles s'organisèrent et, deux mois après, dans les premiers jours de mars, la mission se mit en route dans la direction de l'Est.

Cependant, le lieutenant Peteau, s'étant séparé de ses chefs, peu après leur arrivée sur le Niger, pour rentrer en France, dénonça aux autorités françaises de graves abus de pouvoir, compliqués d'actes de cruauté injustifiés, que la mission avait commis tant sur la route du Niger à Say par le Mossi, que dans les parages du Sansanné-Haoussa.

Le lieutenant-colonel Klobb (1) reçut alors à Kayes, où il se trouvait momentanément, la mission de rejoindre Voulet et Chanoine, de faire sur place une enquête contradictoire sur les faits à eux reprochés et de procéder, s'il y avait lieu, à l'arrestation des coupables. Il devait ensuite prendre le commandement de la troupe et achever la mission confiée aux deux capitaines.

On était à la fin de 1898. Le lieutenant-colonel emmena avec lui le lieutenant Meynier et une faible escorte ; il quitta Kayes vers le 18 avril 1899 et fit une telle diligence qu'il atteignit le 14 juillet suivant la mission Voulet-Chanoine à Dermangar ou Damaghara, près de Zinder. La mission Voulet comprenait encore 8 européens et 750 indigènes.

Voulet était jeune, ardent, mais déjà aigri par les difficultés de son voyage. Il avait eu récemment, sur le Niger, des dissentiments avec le lieutenant-colonel Klobb qui avait été chargé de mettre la mission en route et l'avait accompagnée jusqu'à Ansongo.

En apprenant la venue de son chef que d'ailleurs il supposait bien motivée par les dénonciations que l'on sait, il se figura que celui-ci, le poursuivant comme son supérieur et son juge, allait le dépouiller de son commandement et

(1) Il appartenait à l'artillerie de marine et avait fait toute sa carrière au Soudan.

lui ravir la gloire espérée de la réalisation du programme qu'il avait déjà en partie exécuté, le tout sans préjudice du châtiment qu'il redoutait. Il perdit la tête et essaya d'abord, de concert avec Chanoine, d'échapper par la fuite à l'obligation où il allait se trouver de remettre le commandement de la mission. Puis, changeant brusquement de tactique, le 14 juillet, il s'avança seul européen avec 100 hommes armés au devant du colonel qu'il rencontra à Diankori, près de Tessaoua ; et, barrant la route à son chef, il lui déclara qu'il refusait toute obéissance et le sommait de s'en retourner. Comme le colonel cependant continuait d'avancer, tout en exhortant les rebelles à le reconnaître, Voulet ordonna le feu, puis commanda la charge à la baïonnette. Aux premiers coups de fusil, Klobb tomba mort, tandis que le lieutenant Meynier et huit hommes de leur escorte étaient plus ou moins grièvement blessés. Les autres hommes de l'escorte, croyant que le lieutenant était tué aussi, se dispersèrent poursuivis par les tirailleurs de Voulet qui ne purent les atteindre.

Au bout de deux jours de recherches dans la brousse, le sergent indigène de la mission Klobb finit par réunir les survivants blessés ou valides de sa troupe et à s'échapper avec eux du pays : il put les ramener sans être autrement inquiété à Dosso (rive gauche du Niger).

Revenu le soir même du crime auprès de la mission, Voulet mit les Européens au courant de ce qui s'était passé, déclarant qu'il se révoltait contre la France, qu'il emmenait avec lui les tirailleurs pour se constituer dans l'Afrique un Etat indépendant, mais qu'il était prêt à renvoyer au Soudan, avec une escorte, ceux qui ne voudraient pas se joindre à lui.

Chanoine, pendant ce premier acte du drame se trouvait assez loin de là avec un détachement. Rentré au camp, il déclara vouloir faire cause commune avec son collègue et partager la vie d'aventures où l'autre avait résolu de se jeter. Il fut le seul officier de la mission à accepter la proposition de Voulet et tous les deux, avec les tirailleurs dont la fidélité leur était croyaient-ils acquise, se séparèrent de la mission et, emmenant d'autorité les sergents Tourot et Bouthel, se dirigèrent vers un village voisin appelé Mayhri.

Pendant ce temps, les lieutenants Pallier et Joalland et le sergent Laury rassemblaient le reste du personnel de l'expédition à Nafouta, où le lieutenant Meynier recevait les soins du docteur Henric.

Le 16 juillet, dès le matin, Tourot et Bouthel s'échappèrent d'avec les rebelles pour rejoindre la mission à Nafouta.

De leur côté, les tirailleurs qui avaient suivi les deux capitaines ne tardèrent pas à comprendre que Voulet avait abusé de leur crédulité en leur affirmant que le lieutenant-colonel n'était venu à la poursuite de la mission que pour leur reprendre les femmes, les esclaves et le butin qu'ils avaient reçus depuis le départ. Par ces déclarations mensongères il les avait entraînés dans son audacieuse révolte à Diankori, puis à Mayhri. Mais avertis sans doute par de leurs camarades, ou la réflexion leur étant enfin venue, ils n'envisageaient plus sans terreur les conséquences que le coup de tête de leur chef et leur désertion pouvaient avoir pour eux.

Ils se révoltèrent contre les capitaines et la plupart d'entr'eux s'en allèrent emmenant le canon de la mission. Chanoine s'étant jeté sur leurs pas en leur ordonnant de revenir et de lui obéir, ils se crurent poursuivis en force, retournèrent leur canon, ouvrirent le feu sur le village, et un de leurs premiers coups tua l'officier rebelle. Ils rentrèrent alors à Mayrhi, avec les deux sergents qui étaient venus de Nafouta à leur rencontre.

Cependant, Voulet, en présence de l'hostilité que sa troupe n'avait pas tardé à lui montrer, s'était enfui. Mais dès le lendemain (17 juillet), pressé peut-être par la faim, il tentait de rentrer à Mayhri et fut tué par une sentinelle.

Ainsi se termina cet effroyable drame, sans précédents dans les annales de notre histoire coloniale.

Tous les tirailleurs, sous la conduite de Tourot, vinrent dès lors, en bon ordre, se réunir à Nafouta aux lieutenants Pallier et Joalland.

Au lieutenant Pallier revenait le commandement de la colonne, ainsi que la charge d'exécuter les instructions remises à Voulet, et celles que le lieutenant-colonel Klobb avait reçues pour le moment où, ayant renvoyé à la côte les deux capitaines coupables d'abus d'autorité, il aurait pris le commandement de la mission.

Les dernières instructions envoyées, par dépêche ministérielle du 7 juillet 1899, au lieutenant-colonel Klobb, qui n'avait pu les recevoir, portaient que la jonction avec la mission Foureau-Lamy (à Toghelel) n'était pas le principal objectif, qu'il y avait au contraire un intérêt national à arriver le plus tôt possible sur le Tchad. Notre situation, en Afrique centrale, avait en effet été changée aux mieux de nos intérêts — depuis le départ de la mission Voulet — par la convention franco-anglaise de mars 1899.

Cependant, en cas de rencontre du lieutenant-colonel avec la mission Foureau-Lamy, si M. Foureau ne désirait pas prendre la route de Zinder pour rentrer en France et choisissait la route du Congo, l'escorte de M. Foureau devait passer sous l'autorité de Klobb, qui continuerait sa marche vers le Tchad et le Kanem.

M. Pallier ayant donc réorganisé sa troupe, dans l'effectif de laquelle entra le lieutenant Meynier à peine guéri de sa blessure, se mit en marche vers Zinder qu'il occupa le 30 juillet, après un combat livré le 29, à Tyrméni, au sultan du Damaghara (Damergou). Mais, en présence des dispositions incertaines d'une grande partie des noirs de la mission, il ne crut pas devoir s'avancer davantage dans l'est.

Le 4 septembre il quitta Zinder, ramenant vers Dosso 300 hommes qui devaient être licenciés à leur arrivée en cet endroit. Il laissa à Zinder, pour occuper le pays, les lieutenants Joalland et Meynier (le premier comme résident), le sergent Bouthel et 300 hommes.

Afin de pacifier la région et de rejeter dans le désert les tribus turbulentes qui avaient déjà disputé le passage à la mission et qui ne cessaient point de manifester des intentions hostiles, le lieutenant Joalland fit faire autour de la ville quelques reconnaissances qui eurent un plein succès. Dans l'une d'elles, même, fut tué l'assassin de Cazemajou.

Bref, ayant rétabli la tranquillité dans la contrée, réorganisé sa troupe et remonté le moral de ses hommes, le lieutenant cru pouvoir prendre pour lui les ordres d'un intérêt urgent que le lieutenant-colonel Klobb n'avait pu exécuter et qui comportaient une prompte occupation des bords du Tchad. Il ne pouvait d'ailleurs compter sur l'arrivée prochaine de la mission Foureau-Lamy, qu'il savait être encore fort loin de Zinder. Le lieutenant Joalland laissa donc à Zinder comme résident le sergent Bouthel, avec 100 fusils et, le 3 octobre, il se mit en route avec le lieutenant Meynier et le reste de la colonne Voulet, soit 190 à 200 hommes (165 fusils, un canon, des chameaux, des chevaux, etc.)

C'est à cette nouvelle mission que l'on donna le nom de *Mission Joalland-Meynier*.

Le 10 octobre elle était à Gouré, où son chef apprit que le commandant Lamy (*mission Foureau-Lamy*) se trouvait à Agadès, retenu par le manque de guides, de vivres et de moyens de transport, et ne comptait arriver à Zinder que vers la mi-novembre. Le lieutenant Joalland envoya aussitôt à Bouthel, à Zinder, l'ordre de fournir la mission Foureau-Lamy, lorsqu'elle arriverait, de tout ce qui lui serait nécessaire pour pouvoir continuer sa route vers le Tchad.

Le lieutenant arriva sur le Tchad le 22 octobre : le lendemain il était à Nguigmi, village important où se fait un actif commerce de poisson sec. Il resta là jusqu'au 2 novembre et en profita pour faire signer un traité qui nous reconnaissait la possession de la rive ouest du lac, de Barroua à Nguigmi, et la rive nord jusqu'au Kanem.

La prise de possession du Kanem, fut-ce par la conquête, rentrait dans le programme que Voulet, puis Klobb avaient dû exécuter, et qu'il appartenait au lieutenant Joalland de mener à bonne fin. Elle donna lieu à une série d'opérations brillamment menées, dont nous ferons le récit d'après le lieutenant Joalland lui-même (1), en reproduisant les renseignements intéressants que cet officier a donnés sur les populations des bords du Tchad.

« Tout le pays entre N'Guigmi et N'Gouri est absolument désert. Autrefois habité par des noirs, il a été abandonné depuis l'arrivée des Ouled-Sliman ; les habitants se sont tous retirés vers le Tchad et le sud du Kanem.

« J'avais eu soin de constituer un fort approvisionnement de mil. La question des vivres devenait, à partir de ce jour, la question principale ; pendant toute la durée de la mission, je n'ai pu donner que la demi-ration aux hommes et aux chevaux alors que je demandais à tous le maximum d'efforts. Jusqu'à Rig-Rig nous ne trouvâmes âme qui vive et pourtant notre marche était continuellement surveillée. Tout le long de notre route, on voyait s'allumer de grands feux ; mais nous ne réussîmes point à nous aboucher avec les indigènes pour leur faire part de nos intentions pacifiques.

Le 8 novembre, j'arrivais à Rig-Rig, après avoir traversé les terrains arides

(1) Conférence à la Société de Géographie de Paris, 14 mai 1901, par M. Joalland, qui avait été fait capitaine à la suite de sa belle campagne dans la région du Tchad.

du nord du Tchad. Rig-Rig est le centre d'un groupe de petits villages occupés principalement par des Tebbous et situé à l'est de Kiskaoua.

Tout était évacué ; mais une reconnaissance commandée par le sergent sénégalais Souley-Taraoré fut soudain attaquée par une centaine de Tebbous. Il fut impossible de faire un seul prisonnier ; 30 Tebbous restaient à terre ; mais, de notre côté, nous avions 1 tué et 3 blessés.

Une autre reconnaissance était attaquée dans les mêmes conditions et le sergent Boubou-Taraoré forçait l'ennemi à battre en retraite.

Avant de raconter les opérations dans le Kanem, je dois exposer la situation politique du pays, à mon arrivée (1).

A) *Les Ouled-Sliman.* — Ils occupent le nord du Tchad et le Chittati ; ils sont divisés en deux fractions : l'une, de beaucoup la plus importante, composée des Arabes blancs, a pour chef le cheik Raouss ; l'autre a pour chef le cheik F'Dinn, qui s'est séparé du premier, il y a environ sept ans, en opposant comme chef des Ouled Sliman le cheik Ahmed, jeune frère du cheik Raouss. Ces deux fractions sont en guerre ; le cheik F'Dinn, quoique n'ayant avec lui que peu d'Arabes, peut soutenir la lutte, grâce à l'appui des Tebbous.

Les Ouled Sliman ne font aucune culture ; ils se consacrent exclusivement à l'élevage des troupeaux (bœufs, moutons, chameaux), mais, avant tout, ils sont pillards et, c'est à eux principalement qu'on doit imputer la ruine du Kanem. Parasites des noirs, ils vivent du travail de ces derniers ; l'occupation du Kanem les met à notre merci, et, on peut prévoir qu'avant peu ils seront obligés de faire leur soumission.

Dès notre arrivée dans le Kanem, je suis entré en relations avec le cheik Raouss, qui m'a assuré de ses bonnes intentions. Quant au cheik F'Dinn, chassé par son ennemi, il fut obligé d'aller demander l'aman au commandant Lamy lors de son passage à Barroua.

B) *Les noirs du Kanem.* — Ce sont les seuls gens intéressants de tout le Kanem proprement dit. Du sud du Chittati jusqu'au Bahr-el-Ghazal, et du Tchad jusqu'à cette grande zone déserte qui sépare le Ouadaï du Kanem, existe un pays riche en grains, en dattes, en bétail. Quand on songe que ce pays peut produire, malgré son état d'anarchie et les luttes qu'il a été obligé de soutenir, on est en droit d'espérer en faire une colonie splendide, maintenant que nous y avons apporté la paix et établi l'unité de commandement.

Tout le pays était placé (nominativement) par le Ouadaï, sous l'autorité d'Halifa Djerab, descendant des anciens chefs du pays, fils d'Halifa Moussa et d'une tante du Sultan actuel du Ouadaï. Mais cette unité de commandement était absolument virtuelle. En effet, Halifa Djerab avait autrefois sa résidence à Mao ; à la suite de désaccord entre lui et le cheik Raouss, il vint habiter à Débénenki,

(1) Nous rappelons que ces renseignements se rapportent à novembre 1899.

pendant que le cheik Raouss prenait sous sa protection Halifa Agui, un cousin germain de Djerab, lequel s'était déclaré chef du Kanem. Le Ouadaï n'intervint jamais, se contentant de pressurer l'un et l'autre.

Il ne restait plus à Halifa Djerab que les cantons de Débénenki, de N'Gouri et Mondo. Le premier seul lui obéissait; les autres le considéraient comme leur chef, mais en se gardant bien de l'écouter. Lorsque Halifa Djerab quitta Mao, beaucoup d'habitants de Gala et de Mao le suivirent à Débénenki; d'autres se réfugièrent dans le Dénéka, le chef de ce pays leur donna de grandes étendues de terrain dans la fertile vallée du Bahr-el-Ghazal, mais, obligés d'obéir à Halifa et au chef de Dékéna, ils n'obéissaient, en réalité, à personne.

Ainsi, à mon arrivée, il y avait autant de commandements que de cantons et bien souvent y avait-il encore rivalité entre ces cantons, rivalité qui allait parfois jusqu'à la guerre.

C) *Les Tebbous.* — Dans tout le pays qui s'étend depuis Gouré jusqu'au Darfour et du Tchad au Fezzan par le Tibesti, on trouve des Tebbous, nomades pour la plupart. Leur caractérisque est l'indépendance, ils errent partout, payent une légère redevance dans le pays où ils se trouvent, parfois même établissent un village fixe, mais ils n'ont entre eux aucune cohésion; on les trouve partout, mais on ne voit nulle part de chef. On peut en cela les comparer aux Peuhls disséminés dans les villages du nord du Niger. Avant tout, ce sont des pillards et des coupeurs de route. Sauf à Rig-Rig, où mes reconnaissances ont été attaquées par eux, jamais je n'ai pu les rencontrer.

D) *Arabes du Sud.* — Enfin au sud du Kanem, se trouvent, en allant de l'Est à l'Ouest, les Arabes de Dékéna, d'Assala, les Hammadias et les Ouled Bokhters, placés à peu près comme ils le sont sur la carte au 1/2000000e du ministère de la guerre. Tous ces Arabes sont fortement métissés de noirs, indépendants les uns des autres, et payaient l'impôt au Ouadaï ou à Rabah.

A cette énumération il y a lieu d'ajouter: 1° les Babalias, derniers descendants d'une tribu venue autrefois de Médine et habitant le seul village de Bit El-Fil; 2° des habitants de Goulfei chassés par Rabah et réfugiés dans le Dékéna.

De cet état d'anarchie, du manque absolu de commandement, résultait forcément pour nous des difficultés inouïes pour nous procurer des vivres, et il a fallu à nos troupes leur admirable esprit de discipline pour pouvoir supporter les privations imposées.

Mon intention était de reconstituer un empire du Kanem, de rassembler tous les noirs sous un seul commandement. A l'heure actuelle, ce but a été atteint.

Je reviens, à la date du 8 novembre, à Rig-Rig. Parti de ce point le 10, la mission arrivait le 17 à Débénenki; M. Meynier, lancé en avant, avait reçu la veille la soumission d'Halifa Djerab et du canton de Débénenki.

Halifa a vingt-six ans; grand, d'un physique agréable, il est d'une intelligence très vive. Dès le premier jour, quand je lui expliquai les avantages qu'i pouvait retirer de notre occupation, il fut tout acquis à notre cause ; il devint pour nous l'auxiliaire le plus utile et le plus dévoué. On pourra avoir en lui la plus grande confiance.

N'Gouri n'est situé qu'à 8 kilomètres de Débénenki. J'avais espéré qu'Halifa ayant fait sa soumission, ses vizirs (*kachellas*) suivraient son exemple. J'envoyai des courriers qui restèrent sans réponse ; je ne croyais pourtant pas rencontrer de résistance, quand le 22 novembre, au moment où j'allais partir avec toute la colonne, Halifa me prévint que je serais attaqué sur la route.

En effet, à 2 kilomètres du village, tout ce qu'il y avait de valide dans les cantons de N'Gouri et de Mondo était réuni. J'essayai de parlementer, ce fut inutile.

Je n'insiste pas sur ce combat de N'Gouri ; le terrain était très découvert, il me fut facile de toujours tenir l'ennemi à distance et de le harceler.

Après un combat de deux heures. j'entrai à N'Gouri. Cette bataille, la seule d'ailleurs que j'eus à livrer, devait me donner tout le Kanem.

Les gens de N'Gouri avaient, en effet, la réputation d'être invincibles et ils considéraient comme un jeu pour eux de nous détruire. Cette attaque n'a été suivie d'aucune répression ; deux jours après, le *kachella* Bagara, chef de N'Gouri, demandait à faire sa soumission. Le 25 novembre, je signais avec Halifa Djerab un traité lui accordant tout le Kanem jusqu'au Chittati, lui restituant le pays de Gala et de Mao. Je remettais à plus tard le soin de lui donner effectivement le pays. En effet, nous apprenions à ce moment que les blancs se trouvaient à Goulféi. Nous avions entendu parler déjà d'une victoire remportée par nos troupes contre Rabah ; il était donc naturel de penser que la mission de M. Gentil avait dû descendre le Chari.

Nous partons, le 29 novembre, avec 100 fusils, laissant à Kouli, près N'Gouri, les chameaux avec 60 fusils sous le commandement du sergent Souley. Le 1er décembre, je signais un traité avec les gens de Dékéna, le 4 avec ceux d'Assala. Les chefs accouraient, trop heureux de trouver enfin un protecteur contre Rabah et le Ouadaï.

Je quittais Assala, le 9 décembre, accompagné par le fils de l'ancien chef de Goulféi. J'arrivais en ce point le 10 décembre. Grand fut notre désappointement en n'y trouvant pas les blancs qu'on nous avait annoncés ! Je recevais, le 11, la nouvelle que des Européens étaient à Mandjafa, nouvelle démentie le soir même ; on me donnait alors Bousso comme point de concentration de la mission Gentil. Voulant absolument entrer en relations avec cette mission, j'envoyai un courrier par pirogue, puis retournai dans le Kanem, afin d'achever le règlement de la situation d'Halifa.

Revenu à Dagana (Dékéna), j'apprenais que mon courrier n'avait pas pu passer, arrêté par l'armée de Rabah en fuite sur Dikoa. En effet, ce courrier revenait à Dagana le 21 décembre.

Ignorant la situation de la mission Gentil et voulant à tout prix accomplir le programme fixé par le gouvernement, j'envoyai le lieutenant Meynier à la recherche de la mission. Il était entendu avec lui que je réglerais les affaires du

Kanem et qu'aussitôt son retour, notre mission étant terminée, nous rentrerions à Zinder. Les circonstances ne nous ont pas permis de suivre ce programme; nous allions avoir le bonheur de coopérer à l'affranchissement des territoires du Tchad.

Je partis de Dagana le 24 décembre et revins au campement de Kouli le 27. Je transportai le campement à Riguédo au nord de N'Gouri, et, le 3 janvier 1900, je partis avec 50 fusils pour visiter le nord du Kanem.

Halifa Agui s'était placé franchement comme notre ennemi; le 4 janvier, il était tué dans une reconnaissance par le brigadier de spahis Suleyman Seïdou. Par cette mort, la question du Kanem était réglée, tous les noirs reconnaissaient comme chef Halifa Djerab. Je terminai ma reconnaissance par une tournée aux puits du nord du Kanem, au-delà du 15e degré de latitude Nord.

Les Ouled Sliman avaient fui devant moi, tout en protestant de leur dévouement; j'aurais pu les atteindre, mais j'ai préféré laisser le temps accomplir son œuvre. Après la prise de Tombouctou, les Touareg ont été amenés petit à petit à faire leur soumission; il en sera de même des Ouled Sliman; tenant le Kanem qui les nourrit, nous les verrons tous, avant peu, venir se mettre sous notre autorité.

Notre mission étant donc terminée, en attendant le retour de M. Meynier, j'allais faire une tournée dans le pays des Arabes du Sud.

Le 30 janvier, je recevais, enfin, des nouvelles de mon camarade et de la mission Gentil. Au nom de ce dernier, le capitaine Robillot me demandait de rester pour lui prêter notre appui.

Malgré les fatigues énormes que nous avions supportées, nous avons acccepté avec plaisir le nouveau sacrifice que l'on nous demandait. Le 3 février, je quittais le Kanem, et, après une marche rapide de cinq jours, j'arrivais à Goulfei le 8. M. le lieutenant Meynier y arrivait le même jour; il ramenait sa vaillante petite troupe en excellent état, malgré les marches surprenantes qu'il avait dû lui imposer pour entrer en relations avec la mission du Chari. En quinze jours, il avait parcouru 700 kilomètres.

Au moment où tout était arrêté, où les espérances du gouvernement venaient échouer à Zinder, M. le lieutenant Meynier et moi nous avons eu le bonheur de voir en trois mois atteint le but fixé par le gouvernement.

Le drapeau français flottait de N'Gouri jusqu'à Goulféi; le nord du Tchad, le Kanem, le Bahr-el-Ghazal avaient accueilli nos troupes avec enthousiasme.

La place de Goulféi était occupée par 300 ou 400 fusils de Rabah; j'établis mon camp sur la rive droite du Chari et envoyai chaque jour des reconnaissances sur la rive gauche, estimant que le meilleur moyen de défensive est l'offensive. Quelques jours après, je recevais un courrier de la mission saharienne, Foureau-Lamy, m'annonçant son arrivée sur le Tchad.

En apprenant l'arrivée du commandant Lamy par le nord du Tchad, je laissai le commandement à Meynier et me portai au-devant de mes camarades.

Le 18 février, je rencontrai la mission saharienne près de Débénenki. Le 24, à Goulféi, je plaçai ma mission sous les ordres du commandant Lamy. Quelques jours avant, le 17 février, le sergent Souley Taraoré s'était une fois de plus couvert de gloire : avec 40 hommes il avait enlevé de vive force la petite place de Marra, défendue par plus de 150 fusils de Rabah.

Ce brillant succès ouvrait dignement la campagne qui allait amener la chute du terrible sultan du Bornou.

Dans une reconnaissance autour de Goulféi (9 février), M. Meynier avait été blessé assez légèrement. Lors de la prise de Marra, nous avions eu 5 blessés, dont 2 très grièvement. A partir de ce moment jusqu'au 24 mai, c'est-à-dire pendant trois mois, va se dérouler la campagne du Bornou, où ma mission n'aura à agir qu'en coopération avec les autres missions. »

***

*Mission Foureau-Lamy* : (Mission Saharienne.) — Cette mission, l'une des trois grandes expéditions qui avaient le Tchad pour objectif, fut lancée d'Algérie. Par sa réunion aux missions Voulet-Chanoine et Gentil, elle devait consommer la jonction de nos trois principaux domaines africains. Outre ce but politique, elle devait avoir une grande utilité au point de vue géographique et commercial, par le fait seul qu'elle traverserait le Sahara du nord au sud, en territoires qui n'avaient pas encore été explorés et qu'il y avait le plus grand intérêt pour nous à parcourir en force, n'eût-ce été que parce qu'ils rentrent dans les limites de l'Afrique française.

La mission saharienne devait d'abord n'avoir d'autre but que la traversée du Sahara et l'étude, au point de vue scientifique et commercial, des territoires parcourus (1) : traversée du Sahara jusqu'au Soudan, route du Soudan au Tchad, puis au Kanem et de là au Chari où elle se joindrait à la mission Gentil. Elle avait été organisée par la Société de Géographie et dépendait du ministère de l'Instruction publique : d'autres ministères, des corps élus, le Comité de l'Afrique française, etc., lui avaient d'ailleurs accordé des subventions. Mais, même avec ce but, elle ne pouvait s'engager sans une forte escorte dans le Sahara inexploré.

« J'avais — a dit M. Foureau (2) — depuis de longues années tenté de pénétrer dans le Sahara et de le traverser avec le simple appui d'une escorte indigène à faible effectif; chaque fois, j'avais pénétré un peu plus profondément dans l'intérieur de ce mystérieux inconnu, mais chaque fois aussi je m'étais heurté à un très significatif mauvais vouloir des touareg, dont le résultat — bien prévu par eux, d'ailleurs, — avait fatalement amené le retour vers l'Algérie. J'étais donc obligé de penser que, pour traverser cette région fermée, que ses habitants veulent conserver vierge de toute pénétration et de tout

---

(1) Les résultats scientifiques de la mission furent : le lever complet de l'itinéraire, 512 observations astronomiques destinées à en fixer les points principaux; nombreuses observations géologiques, météorologiques, botaniques, ethnographiques, etc., etc.

(2) Compte-rendu par M. Foureau de son voyage, à la Société de Géographie (5 décembre 1900).

contact, il était nécessaire de s'appuyer sur une force armée imposante. » Mais cette force était surtout nécessaire à la mission, par sa présence, et l'explorateur pensait qu'il n'aurait « qu'exceptionnellement besoin de l'employer. »

Le gouvernement fit donc « d'une pierre deux coups » en donnant à M. Foureau une escorte beaucoup plus forte qu'il ne l'eut fallu pour le voyage seulement scientifique, mais qui, une fois parvenue sur la ligne Say-Barroua, en tous cas sur les bords du Tchad, devait opérer comme colonne expéditionnaire et participer à la conquête — s'il était nécessaire de la faire — de la région du Tchad. La mission saharienne fut, comme les deux autres, fortement constituée ; à sa tête, deux hommes également remarquables, l'un, M. Foureau, qui tant de fois déjà avait parcouru le Sahara : l'autre, le commandant Lamy, que ses longs et brillants services en Afrique recommandaient à l'attention de ses chefs et de tous les coloniaux.

M. Foureau était chargé plus spécialement de la partie scientifique de l'expédition : le commandant Lamy en était le chef militaire. Jusqu'au Tchad, M. Foureau devait être le chef de la mission : son rôle cessait là, et M. Lamy, devenant seul chef de la troupe qui cessait d'être « l'escorte », prenait dans l'état-major des forces rassemblées dans la région le rang qui lui revenait d'après son grade.

La mission comprenait cinq membres civils : MM. Foureau, Dorian, Villate, Leroy, Du Passage; des officiers : commandant Lamy, capitaine Reibell, lieutenants Rondeney, Métois, Verlet, Britsch et Oudjari; sous-lieutenant de Chambrun, docteurs Fournial et Haller. Le lieutenant de Thézillat, qui la rejoignit quelque temps après son départ, lui amenant un convoi, ne peut être renvoyé en arrière et entra dans son état-major. Enfin, 280 hommes environ, et un convoi de plus de 1.000 chameaux.

La concentration de la mission et le rassemblement de ses animaux de portage et des provisions s'effectua à Sedrata, d'où elle partit vers le sud le 23 octobre 1898, se dirigeant sur Aïn-el-Hadjaj. Après avoir traversé en 4 jours le massif montagneux de Tindesset, elle passa par Tighammar, Ahelledjem, et parvint à Afara, où elle se trouvait pour le 1er janvier 1899. Ensuite, par Tadent, puis In-Azaoua, elle gagne In-Iférouane, premier village de l'Aïr, dans la vallée d'Irhazar, où la retient assez longtemps la difficulté de remplacer ses animaux de transport, morts dans la traversée du Sahara ; le 12 mars elle essuie là l'attaque d'une bande de 4 à 500 touareg que, d'ailleurs, mettent promptement en fuite ses feux de salve.

Le 26 mai la mission est à Aguellah, d'où elle repart le 25 juin ; elle est à Aoudéras le 14 juillet, et le 28 elle arrive à Agadez. Disons en passant quelques mots de cette ville, d'après la description que M. Foureau lui-même en a donnée (1), car c'est un des principaux centres commerciaux et politiques du Sahara.

(1) Conférence citée.

« L'aspect de cette ville est plutôt triste. Sa surface est considérable, et, pour plus de moitié, recouverte de maisons en ruines. Les constructions intactes sont en pisé, plusieurs possèdent un étage. Des monticules formés d'immondices ou de murs affaissés et détruits, font çà et là des éminences au pied desquelles s'ouvrent des trous, qui deviennent des mares après les pluies, et dont l'eau sert à abreuver les habitants.

Quelques rares maisons sont assez coquettes ; elles appartiennent toutes à des gens du Touât ou de la Tripolitaine. Celle du sultan — qui est pourvue d'un étage percé de petites fenêtres régulières — n'a aucun caractère. Elle s'élève massive, tout près de la mosquée au haut minaret, en forme de tronc de pyramide. Les pluies ont creusé sur ses flancs d'argile des ruisseaux larmoyants qui menacent de les traverser complétement.

Les poutres d'étages sont saillantes au dehors et lui donnent un aspect hérissé et farouche.

Un marché se crée à la porte du camp de la mission (situé près d'un puits, sur un mamelon planté de quelques arbres, à 1.800 mètres de la ville). On y amène de rares bœufs mais beaucoup de moutons et de chèvres, des pintades, poules, pigeons ; des arachides, des galettes de farine de mil, des fromages secs, des haricots, un peu de lait aigre, enfin, du tabac excellent, qui provient du Katschéna et de Kano. »

La mission avait été bien reçue à Agadez, mais le sultan ne pouvait pas grand chose pour elle : son pouvoir, en réalité, ne s'étendait guère en dehors de la ville, et malgré ses protestations de dévouement, et celles de ses vizirs, M. Foureau eut un mal inimaginable pour se procurer les bêtes de somme, les vivres et les guides qui lui étaient nécessaires pour continuer sa route. M. Foureau et son monde purent enfin partir d'Agadez, mais le guide se perdit et l'on fut trop heureux de pouvoir, après avoir erré pendant dix jours, retrouver la ville, d'où on ne repartit définitivement que le 17 octobre (1899).

La mission était alors dans le dénûment le plus complet. La traversée du Sahara, jusqu'à Agadez, avait été extrêmement pénible à tous égards. Officiers, tirailleurs et chameliers y avaient éprouvé les privations les plus diverses et les plus dures : ils n'étaient plus vêtus que de guenilles, car il avait fallu à un certain moment brûler les bagages, faute d'animaux pour les transporter.

Dans ces conditions, ce ne fut qu'au prix de nouvelles souffrances que l'expédition put atteindre le Damerghou, en traversant l'Azaouakh, région désertique aussi découverte, aussi inhospitalière et aride que le reste du Sahara. Enfin, le 1er novembre 1899, elle atteignit Zinder, d'où elle repartit pour le Tchad, (après avoir pris un repos bien gagné et d'ailleurs indispensable, le 26 et le 29 décembre), en deux groupes qui se réunirent le 9 janvier 1900 à Adeber, et firent dès lors route commune.

MM. Dorian et Leroy, cependant, étaient restés à Zinder, comptant rentrer en France par Say et le Dahomey.

Nous emprunterons encore à M. Foureau le récit de la marche de la mission, et la description des pays traversés à partir d'Adeber.

« Le pays comporte quelques beaux villages. La brousse est très claire, avec bouquets de grands arbres et vastes plaines couvertes de hautes graminées sèches, dans lesquelles le gibier abonde. De nombreuses mares, ou petits lacs, à eaux natronées, s'égrennent tout le long du chemin.

« Ces dépressions sont toujours entourées de palmiers doum. Tel est le pays nommé Manga. On y trouve de nombreuses exploitations de sel que les indigènes extrayent des boués, des eaux et des cristallisations des lacs, sel très impur du reste, mais qui néanmoins se vend bien et dont la consommation s'étend au loin.

« Les producteurs de ce sel, qui sont des industriels et non des agriculteurs, l'échangent contre du mil pour leur nourriture.

« Du village d'Adeber, marchant toujours à travers des plaines à hautes graminées que dominent çà et là d'imposants tamariniers, nous atteignons la rivière Komadougou Yobé où coule un filet d'eau et dont les bords sont partout voilés par une bande forestière assez épaisse.

« Cette rivière arrose l'important village de Begra, où nous trouvons le cheikh Ahmar Scindda, fils de l'ancien Sultan de Kouka détrôné par Rabah.

« Nous assistons à son investiture comme nouveau Sultan de Bornou au milieu d'un grand concours de chefs, venus un peu de toutes parts.

« Ahmar Scindda arrivait lui-même de Zinder où il s'était autrefois réfugié.

« Il semble compter uniquement sur nous pour ressaisir son trône. Il a été, avec une suite de quelques cavaliers et auxiliaires, notre compagnon de route, et ne nous a pas un instant quittés ; il était encore avec l'escorte au moment où j'ai repris le chemin de la France.

« Pendant toute cette période, aussi bien que dans celle qui a suivi, nous étions toujours très limités comme rations de vivres. Le mil était extrêmement rare dans ce pays où l'exploitation du sel se substitue complètement aux travaux agricoles.

« Nos animaux s'égrenaient encore sur la route ; nous n'avions que de l'herbe sèche à leur fournir, nourriture qui leur constituait un très maigre ordinaire surtout en raison des services pénibles que nous leur demandions.

« Cette situation, au point de vue de l'alimentation des hommes et des animaux ne fit, au surplus, que s'empirer chaque jour jusqu'à Kousseri, où, pour changer, elle continua, après une courte période d'aisance relative.

« Tous les villages rencontrés, dans le voisinage de la rivière Komadougou, ont été pillés et brûlés par les bandes de Rabah. Ce ne sont partout qu'amoncellements d'ossements humains, de crânes, de tibias, qui blanchissent dans la brousse, lamentable épilogue de cette sauvage et cruelle invasion.

« Kouka, l'ancienne merveilleuse capitale du Bornou, la ville aux cent mille habitants, n'a pas été plus épargnée ; ce n'est plus maintenant qu'un immense et attristant amas de ruines. Des murs à demi écroulés qui dressent encore leurs silhouettes déjà recouvertes de lianes, des arbres élevés poussent à l'intérieur des cases, des milliers de jarres en terre, les unes brisées, les autres intactes, voilà tout ce qui reste de l'antique reine du Soudan. Ce spectacle est d'une infinie tristesse et la pensée se plaît à reconstituer les foules jadis grouillantes dans ces rues et aujourd'hui dispersées dans tous les coins de la Nigritie.

« C'est, tout près du village d'Arégué, le 21 janvier, que j'ai vu pour la première fois le Tchad ; là, le lac est bordé de roseaux, mais des trouées permettent d'apercevoir nettement les eaux du large, sur lesquelles brille le soleil et s'ébattent d'innombrables oiseaux. La bordure des hautes eaux est recouverte de cultures de coton que l'on retrouve un peu partout dans la même situation. Plus au Sud, on chemine sur le bord même de la grande nappe, sans aucune barrière de roseaux, et nous avons pu y voir une assez forte houle indiquant une certaine profondeur. L'eau est douce et fort bonne à boire.

« Dans l'espace qui s'étend entre le Tchad et Kouka, et dans tout le nord de cette région, c'est en abondance qu'on voit errer le gros gibier : les éléphants y sont très nombreux, non seulement nous en coupons souvent des traces, mais encore ils nous apparaissent d'eux-mêmes, suivant notre colonne ou la côtoyant, sans donner le moindre signe d'inquiétude ou de fureur.

« Par la suite, la route nous fait contourner et suivre de près les rives du lac. La mission passe à Barroua, à Woudi, à Nguigmi. Ce dernier village a ses paillottes intactes, mais abandonnées par les habitants, en raison des trop fréquentes razzias des Oulad Sliman et surtout des Tebbous.

Nous touchons l'abreuvoir d'Yarra et enfin le village de Kologo ; sur tout ce parcours, c'est-à-dire sur toute la partie nord-ouest et nord du Tchad, la brousse s'arrête à la ligne de montée extérieure des hautes eaux ; elle couronne une chaîne ininterrompue de petites collines à sol de sable et d'un très faible relief, mais formant pour ainsi dire les berges du lac.

Là, ce ne sont que débris de poissons énormes dont le sol est jonché, ossements blanchis d'hippopotames, de crocodiles et d'éléphants. Le gibier pullule partout.

Les girafes, rhinocéros, lions, sont fréquents dans la brousse. Sur la rive Ouest, nous avions vu quelques pirogues des habitants des îles du Tchad, les Boudouma. Ces pirogues, fabriquées en paquets de roseaux étroitement réunis, sont lourdes, mais insubmersibles, bien que les gens qui y prennent place soient assis plus ou moins dans l'eau. Ce sont presque des radeaux, pour ainsi dire sans plat-bord, mais dont la forme est celle d'un bateau ordinaire, avec la proue notablement élevée et se terminant par un paquet de joncs dressés.

« Les Boudouma sont essentiellement pillards. Ils réduisent en esclavage tous les individus isolés, tous les traînards de caravanes, qu'ils guettent, cachés dans les grands roseaux de bordure, et qu'ils vont ensuite vendre sur la rive opposée.

« A partir de Kologo, notre route s'infléchit fortement au Sud-Est, le bord franc du Tchad s'éloigne de nous et le lac se divise en multiples lagunes, sortes de tentacules, dont les méandres capricieux et diffus s'avancent souvent fort loin dans les terres, nous forçant à des circuits et à des crochets fastidieux,

« Ce n'est qu'aux villages de Néguéleoua qu'il nous est donné de revoir, —

et pour la dernière fois, — la nappe brillante du Tchad, émaillée, en cette région, de nombreuses iles.

« Nous sommes ensuite dans la région du Kanem, dont les oasis principales, qui nourrissent des palmiers, sont dans notre Est. Une marche oblique nous conduit à Déguénemdji, village situé non loin de Ngouri et de Mâo.

« Le lieutenant Joalland, qui avait reçu les lettres à lui précédemment adressées par le commandant Lamy, est venu ici, avec 30 cavaliers, au-devant de nous, son camp étant resté en face de Goulféi, sur le bord du Chari, sous le commandement du lieutenant Meynier.

« De Déguénemdji, une marche rapide de cinq jours nous amène (sur le Chari, en face de Goulféi) au campement de la mission « Afrique centrale. »

« La jonction était donc définitivement faite avec cette mission (ancienne mission Voulet).

« Notre séjour en face de Goulféi fut très court; bientôt après nous faisions une halte de trois jours à Marra, ville située sur le bord du Chari.

« Là, il nous fallut traverser le fleuve, c'était facile pour les hommes, que transportaient des pirogues, mais beaucoup plus difficile pour les animaux. Le passage de ces derniers dura presque deux jours et donna lieu à nombre de scènes amusantes, que nous eussions considérées très gaiement, si elles n'avaient pas eu pour dénouement la perte d'un certain nombre d'animaux.

« Ce village était abandonné et nous continuâmes jusqu'à Kousseri, ville assez importante, située au confluent du Logone et du Chari.

« Le 2 mars, la mission était campée à quelques kilomètres de Kousseri, fortement occupée par une partie des troupes de Rabah. Dans la nuit, le commandant Lamy, avec la majeure partie des forces sous ses ordres, partit dans la brousse, et le 3, dès le matin, il prenait possession de Kousseri, après un brillant assaut dans lequel l'ennemi perdit bon nombre des siens, des armes, des étendards et des provisions de bouche.

« Aussitôt que nous avons été installés à Kousseri, nous avons vu arriver, par grandes quantités, des bandes d'indigènes, qui se sont mis à camper autour de la ville, fuyant Rabah et venant, pour ainsi dire, se mettre sous la protection de l'escorte de la mission. On peut, sans exagération, évaluer le nombre de ces gens à 10 ou 12,000 individus qui, dans l'espace d'un mois, sont venus se grouper autour de Kousseri. Ils avaient amené leurs troupeaux, dont on peut fixer l'importance à environ 15,000 bœufs, moutons ou chèvres. Ces indigènes appartenaient tous au diverses tribus des Choa.

« Rabah, tant par lui-même que par ses lieutenants, occupait les places de Goulféi, de Karnak-Logone et de Dikoa. Les nouvelles les plus diverses et les plus variées arrivaient chaque jour, donnant les renseignements les plus contradictoires sur les positions ou sur les mouvements supposés de l'ennemi.

. . . . . . . . . . . . . . . . . . . . . . . . .

« Cependant, grâce aux énormes distances à parcourir, à l'insécurité du pays et à la lenteur des communications par indigènes, nous n'avions pu encore recevoir de M. Gentil lui-même de réponses à nos lettres. Le capitaine de

Lamothe se trouvait à Masséri, ville du Baghirmi, peu éloignée de Massénya : les troupes qu'il commandait formaient l'avant-garde de la mission de Gentil qui descendait lui-même le Chari avec tout son convoi pour venir nous rejoindre.

« Entre temps, le commandant Lamy avait envoyé le sous-lieutenant de Chambrun conduire une soixantaine de nos chameaux au capitaine de Lamothe pour aider aux transports de la mission. Des nouvelles de M. de Chambrun et de M. de Lamothe nous arrivèrent à Kousseri le 2 avril au matin. Aussitôt, Lamy décida d'envoyer à M. Gentil un renfort d'une vingtaine de pirogues pour faciliter la descente de son convoi.

« La mission Saharienne avait, à ce moment, accompli en entier son programme : *Sahara, Soudan, Tchad et Chari*. Son rôle était donc terminé et l'escorte des missions *Saharienne* et de l'*Afrique Centrale* (Joalland-Meynier) restait désormais sous le commandement du commandant Lamy, à la disposition du Commissaire du Gouvernement Gentil pour les opérations de guerre qu'il jugerait nécessaire de faire.

« Je me mis donc en route le soir même (pour gagner le Congo par le Chari et l'Oubanghi,) avec les pirogues destinées à M. Gentil et une escorte de 30 hommes. Le 11 avril seulement je rencontrai M. Gentil à Mandjafa (Maïnheffa.) Il mit gracieusement à ma disposition, outre des pirogues, des pagayeurs, des miliciens, etc , un guide, ami particulier de Gaourang, qui avait fait le voyage de Paris en 1898. Le 14 avril je continuais à remonter le fleuve, tandis que la mission Gentil descendait rejoindre Kousseri. » (Ce n'est que beaucoup plus tard, en France que M. Foureau apprit la mort du commandant Lamy, et la chute et la mort de Rabah.)

⁂

Avant de reprendre l'exposé des opérations qui allaient amener la chute de Rabah et placer définitivement sous notre domination les territoires de la région du Tchad dont, en vertu des conventions diplomatiques la possession était réservée à la France, rappelons quelle était, au début de 1900, la situation des missions et comment se fit leur concentration.

Depuis la bataille de Kouno la mission *du Chari*, commandée par le capitaine Robillot, se trouvait à Fort-Archambault, attendant le retour de son chef, M. Gentil, qui était allé à Gribingui demander des renforts.

La mission *Afrique-Centrale* était rendue le 8 janvier à Goulféi : dès le 28 décembre M. Joalland (entre temps promu capitaine) avait envoyé le lieutenant Meynier annoncer à la mission du Chari son arrivée. Meynier accomplit 700 kilomètres en 14 jours, et, le 11 janvier il atteignit Sada, poste avancé de la mission du Chari (capitaine de Cointet).

Au reçu de cette nouvelle, et en attendant l'arrivée de Gentil, le capitaine Robillot prit les dispositions suivantes : le lieutenant Meynier retourna à Goulféi, rejoindre Joalland qui irait installer des relais entre le Kanem et le Bahr-el-Erguieg. Le capitaine de Lamothe, envoyé de Gribingui se rendit à

Bousso, en vue de pousser ses relais jusqu'au Bahr-el-Erguieg; la compagnie Galland assurerait les communications entre Bousso et Togbao.

Une autre compagnie resterait à Fort-Archambault pour préparer le départ de la mission et de son énorme matériel, vers le Bas-Chari.

Sur ces entrefaites le capitaine Joalland prévenu de l'arrivée de la mission *Afrique-Centrale* se porta au devant d'elle et la rencontra à Débénenki le 18 février; le **24**, à Goulféi, il mettait les hommes dont il disposait sous le commandement du commandant Lamy. Les forces françaises stationnaires à Goulféi (rive droite), avaient entre temps, presque chaque jour, des escarmouches avec des bandes de Rabah, qui était lui-même fortement installé entre Logone et Dikoa, mais qui avait mis du monde à Kousseri, à Karnak-Logone et à Goulféi (rive gauche).

Enfin, le 3 mars, M. Gentil quittait Fort-Archambault avec le reste des troupes de la mission, le matériel de guerre et les approvisionnements, et commençait à descendre le Chari. Il ne devait arriver à Kousseri que le **21** avril, mais il amenait une réserve de 13.000 cartouches. Les troupes rassemblées à ce moment autour de Kousseri comprenaient : 330 hommes de la mission du Chari, 274 combattants de la mission Saharienne et 170 de la mission *Afrique-Centrale*, plus les contingents fournis par Gaourang.

Cependant à partir du moment ou les missions Saharienne et Afrique Centrale ont fait leur jonction, et sont entrées en communication avec celle du Chari, les événements se précipitent. Nous en prendrons l'exposé dans le rapport du capitaine (depuis commandant) Reibell, qui fut amené comme on le verra à terminer la campagne.

Dès qu'il est installé, selon les instructions du capitaine Robillot, sur la rive droite du Chari, en face de Goulféi, le détachement de Soudanais de la mission Afrique-Centrale commence, sur la rive opposée du fleuve, une série de reconnaissances destinées à assurer sa sécurité.

Ces coups de main, parmi lesquels on doit citer celui dirigé par le sergent Souley Taraoré, le 17 février 1900, sur la petite place de Marra, et celui du sergent Boubou Taraoré, préparés dans le plus grand secret, sont très habilement et très vigoureusement exécutés.

Mais Rabah a fait occuper, par des détachements importants les places de Goulféi, Kousseri et Karnak-Logone, de façon à intercepter la navigation du Chari à la mission Gentil, dont la flotille, dans le haut fleuve, va se mettre en route pour venir nous rejoindre.

Dans le but de dégager le cours du fleuve, le commandant Lamy décide de porter les deux missions sur la rive gauche du Chari, puis de tomber sur la place de Koucheri, qui commande le confluent du Chari et du Logone, et que les renseignements lui signalent comme bien moins défendue et plus accessible que Goulféi, où se trouve Fadel-Allah, fils aîné de Rabah.

Le mouvement commence, le 26 février 1900, par le passage, sans incident, du Chari, à Marra; cette opération, facilitée par un simulacre d'attaque sur

Goulféi, nous demande près de trente-six heures pour faire passer les chevaux et les chameaux du convoi.

Des reconnaissances, exécutées les jours suivants, toujours dans la direction du Nord et sur les deux rives du fleuve, ont pour but de tromper l'ennemi sur notre objectif et de lui faire croire que nous allons prendre Goulféi à revers.

Le 2 mars, les deux missions quittent subitement Mara et viennent prendre position à quelques kilomètres au nord de Koucheri. Dans l'après-midi, un détachement, commandé par le lieutenant Britsch, de la mission saharienne, va reconnaître les abords de la ville et prendre contact avec l'ennemi.

Le 3 mars, à la première heure, une colonne de combat, comprenant 250 fusils de la mission saharienne et 115 fusils de la mission « Afrique centrale », plus deux canons, l'un de 80 millimètres et l'autre de 42 millimètres, quitte le camp dans lequel sont laissés tous les bagages, les réserves de munitions, le troupeau, tous les chevaux et les chameaux, gardés par 100 hommes commandés par le capitaine Reibell, auquel incombe la tâche ingrate, mais non sans danger, d'assurer les derrières de la colonne et de lui servir de point d'appui.

Vers huit heures un quart du matin, la colonne de combat arrive en vue du rempart de la ville de Koucheri, que l'on distingue vaguement au milieu des buissons et des bois qui l'entourent. Quelques coups de feu, partis du haut de la muraille, saluent la colonne dès qu'elle se montre hors des bois.

Elle est formée en ligne de colonnes de compagnie, à demi intervalle de déploiement : la compagnie de droite, sous le commandement du lieutenant Rondeney, comprend les 4e, 5e et 6e sections de la mission saharienne ; la compagnie de gauche, les tirailleurs soudanais, sous les ordres du lieutenant Meynier ; la colonne du centre, les 3e, 2e et 1re sections de la mission saharienne et les deux pièces de canon, sous les ordres directs du commandant Lamy.

La 3e section, sous les ordres du lieutenant Oudjari, se déploie et gagne, au milieu des buissons, du terrain en avant, pendant que l'artillerie, déchargée des mulets et des chameaux, se met en batterie, la pièce de 42 millimètres commandée par le lieutenant de Chambrun, à droite ; la pièce de 80 millimètres, sous les ordres du capitaine Joalland, à gauche.

On n'est qu'à environ 300 mètres des murs de la place. Une porte se distingue à l'extrémité du chemin que l'on suit : la muraille, à quelques mètres de la porte, semble en mauvais état et paraît déjà ébréchée. Le feu de l'artillerie est immédiatement ouvert sur la droite de la porte, d'où partent d'assez nombreux coups de feu.

Les deux pièces avancent par bonds successifs, sous la protection de la 3e section, jusqu'à une centaine de mètres de la muraille, que l'on bat en brèche ; des tireurs, choisis dans chacune des sections, surveillent le haut du rempart et le rendent intenable aux défenseurs.

Quelques obus allongés font ébouler une partie de la muraille ; le feu de la défense se ralentit : un dernier bond est exécuté, et l'on se trouve au pied même du rempart, qui n'est pas flanqué ; les deux canons sont à quelques mètres de la porte ; des bombes, confectionnées avec des pétards de mélinite, sont envoyées par-dessus la muraille ; quelques gradés parviennent à se hisser en haut du rempart et ouvrent le feu dans l'intérieur de la place, pendant qu'on rend la brèche plus praticable avec les outils portatifs et que l'on essaye de faire sauter la porte en bois très dur et très massif. Une grêle de projectiles, partie des maisons de la ville, accueille lee premiers hommes qui ont gravi la brèche; néanmoins, à la sonnerie de la charge, les tirailleurs, se poussant les uns les autres, escaladent la brèche, atteignent le haut de la muraille et ouvrent un feu bien ajusté sur les défenseurs du rempart qui, se voyant pris à revers, commencent à se débander et à fuir au milieu des maisons de la ville. Le lieutenant Oudjari, un des premiers montés sur le rempart, rassemble les hommes qui ont franchi la muraille et, à leur tête, se précipite, en suivant le pied de la fortification, jusque sur les premières maisons du village, le traverse sans s'y arrêter et vient prendre position à l'autre extrémité de la place, sur le rempart qui domine la rivière Logone, à travers laquelle fuient les défenseurs de Koucheri. Mais la rivière est large et n'est pas partout guéable ; aussi, un grand nombre de fuyards sont-ils tués et noyés.

Pendant ce temps, le capitaine Joalland prend le commandement du peloton de douze spahis soudanais et se lance à la poursuite des ennemis qui auraient pu fuir par le lit même de la rivière Logone ; ce mouvement est appuyé par la colonne de droite : 4e, 5e et 6e sections de la mission saharienne; l'interprète auxiliaire Abdoul Sall enlève un étendard à un groupe de soldats en fuite.

Toutes les sections passent les unes après les autres par la brèche, finissent par enfoncer la porte de façon à pouvoir faire entrer les pièces de canon, qui restent en réserve près de l'entrée de la ville avec une section de soudanais, pendant que tout le reste de la colonne, après avoir traversé la ville au pas de course, vient garnir le rempart au-dessus du Logone et fusille les fuyards qui éprouvent des difficultés à franchir la rivière.

Koucheri est pris, mais nous avons à regretter la perte de deux excellents tirailleurs algériens, et quelques blessures, d'ailleurs insignifiantes.

Le soir, le convoi nous rejoint et les deux missions en entier s'installent au cantonnement dans les différents quartiers de la ville, dont la plus grande partie de la population n'a pas eu le temps de prendre la fuite.

L'occupation de Koucheri mit la colonne en situation d'attendre, dans de bonnes conditions, l'arrivée des troupes du Chari, pourvu que la marche en avant de ces dernières ne fût pas trop lente. Mais, le 8 mars, dans l'après-midi, les nouvelles contradictoires ayant été transmises au commandant Lamy, celui-ci décide, dans la soirée, d'envoyer une assez forte reconnaissance dans la direction du Sud, jusqu'au village de Kabi, qui semble avoir été visité par les partisans de Rabah.

La reconnaissance, prise dans la mission saharienne (96 fusils, et 30 tirailleurs soudanais qui ont déjà été au village de Kabi dans une reconnaissance antérieure), quitte Koucheri vers neuf heures du soir, sous les ordres du lieutenant Rondeney, et se dirige vers le Sud.

A environ 4 kilomètres de la place, elle est brusquement accueillie par une douzaine de coups de feu qui blessent assez gravement un tirailleur soudanais. Après une courte fusillade qui met en fuite ce parti ennemi, la reconnaissance s'arrête et couche en carré, prête à faire face à quelque attaque que ce soit.

Le commandant Lamy, prévenu, donne immédiatemeni l'ordre au lieutenant de Thézillat de quitter Koucheri le lendemain, à quatre heures du matin, et d'aller, avec 36 hommes montés, renforcer la reconnaissance. Ce détachement rejoint, en effet, la reconnaissance vers six heures et demie du matin et porte son effectif à 162 combattants.

La marche en avant vers le Sud continue, les hommes montés servant d'éclaireurs à la reconnaissance, qui s'avance très péniblement et très lentement au milieu des taillis d'arbres épineux qui empêchent de rien distinguer à plus de 100 mètres.

A un moment donné, le maréchal des logis Bonjean, en pointe avec quelques cavaliers, atteint la rive gauche du Logone et aperçoit dans une éclaircie de la brousse, le long de la rivière, un groupe d'indigènes armés abreuvant des chevaux.

Le lieutenant de Thézillat, commandant les éclaireurs, prévenu, fait exécuter un feu à volonté sur ces indigènes, qui prennent la fuite.

Le lieutenant Rondeney envoie le lieutenant Oudjari faire un mouvement enveloppant sur la droite, afin de couper la retraite à ces indigènes et de les rejeter dans la rivière, qui n'est pas guéable.

Le lieutenant Oudjari est en train d'exécuter son mouvement, lorsqu'il reçoit une décharge nourrie qui lui tue un homme et lui en blesse plusieurs autres; lui-même est légèrement atteint.

En un instant, le feu devient très violent; il part de tous les buissons, de tous les taillis, sans qu'on puisse bien distinguer les ennemis qui vous fusillent à bout portant. Le lieutenant Rondeney, suivi par une réserve comprenant les spahis sahariens de la mission saharienne et la section de Soudanais, se porte en avant, de façon à soutenir les sections engagées.

L'ennemi démasque alors complètement sa position, et, profitant d'une énorme supériorité numérique et de la nature du terrain, qui lui a permis de se laisser approcher presque sans être vu jusqu'à moins d'une centaine de mètres, dessine un mouvement enveloppant autour de notre troupe, dont les rangs sont rompus par des taillis et des fourrés inextricables qui l'empêchent d'avancer en ordre.

Le lieutenant Rondeney fait sonner le rassemblement, forme son détachement en carré et attend, sous un feu violent, que l'ennemi, qui s'excite au combat par des cris et des chants de guerre et par un tam-tam assourdissant, ait dessiné un mouvement qui permette de se jeter sur lui.

Au bout de quelques minutes, les combattants ne sont plus qu'à quelques mètres les uns des autres; mais les nègres, n'osant pas se jeter sur cette petite troupe bien en ordre, qui semble assister, impassible, à tout le vacarme qui l'environne et à la fusillade qui la décime, le lieutenant Rondeney fait, tout d'un coup, déployer trois faces du carré, sonner la charge et se jette avec tout son monde, à corps perdu, sur l'adversaire qui redouble un instant son feu, mais qui fuit bientôt épouvanté devant cette charge furieuse, à laquelle il ne s'attendait pas. La section de Soudanais reste en réserve et est chargée de garder les mortset les blessés.

En quelques bonds, nos tirailleurs, électrisés par l'exemple de leurs officiers, dont deux sur trois sont blessés, sont sur les talons des nègres et, peu après, ils atteignent la lisière d'une clairière, au milieu de laquelle est installé un vaste camp dont on ne soupçonnait pas l'existence. Deux salves sont immédiatement exécutées sur la masse confuse qui s'agite devant nos hommes, qui se précipitent ensuite, la baïonnette en avant, sur cette foule qui fuit éperdue dans tous les sens.

Le camp est traversé au pas de course, la lisière sud est occupée et les dernières salves font disparaître cette masse armée dans les buissons et taillis qui s'étendent de toutes parts.

La tente, les bagages, les munitions, le sabre de commandement du fils de Rabah tombent entre nos mains; de nombreux cadavres couvrent le sol. Mais nos pertes sont très sensibles; outre 2 officiers blessés presque dès le commencement de l'action, la reconnaissance a 2 hommes tués, 3 autres grièvement blessés et 25 autres plus ou moins gravement atteints.

Dans l'après-midi, après que les morts et les blessés ont été évacués sur Koucheri, sur les pirogues amenées à cet effet, la reconnaissance reprend sa marche en avant jusqu'au village de Kabi où l'ennemi aurait pu essayer de se reformer. Les soldats de Rabah ne s'y sont pas arrêtés, ils fuient plus loin vers le sud. La reconnaissance rentre le soir même à Koucheri.

Les troupes des missions Saharienne et Afrique centrale ont enrichi à cette occasion les annales des colonies, déjà si riches en faits d'armes héroïques, d'une des plus belles pages qui puissent s'y voir, laquelle se résume en ceci : une poignée de braves soldats a, pendant deux heures, lutté au milieu de taillis et de fourrés impénétrables, contre un ennemi presque aussi bien armé qu'elle, mais à raison de un contre douze ou quinze assaillants, et fanatisé par la présence du fils du plus farouche conquérant nègre de l'Afrique centrale.

Le combat du 9 mars nous donnait du répit du côté de nos adversaires, mais les approvisionnements de Koucheri s'épuisaient rapidement. Nous étions menacés de la famine si nos camarades du Chari ne venaient au plus vite nous rejoindre et nous permettre de sortir d'une expectative énervante. Le commandant Lamy adressait à M. Gentil des appels pressants. Il mettait à sa disposition les moyens de transport susceptibles d'accélérer sa marche. Ainsi, le 22 mars, le lieutenant de Chambrun était envoyé à Koucheri au-devant des troupes du Chari, avec un convoi de 64 chameaux de bât, escorté par 15 hommes de troupe commandés par le sergent Belin, de la mission saharienne, et 15 convoyeurs indigènes.

Le lieutenant de Chambrun avait l'ordre d'aller de sa personne jusqu'au point où il rencontrerait M. Gentil ; il devait laisser ses chameaux soit au capitaine de Lamothe, à Macéré, soit au capitaine Robillot, là où il y aurait un chargement à enlever, de préférence des cartouches. Le lieutenant de Chambrun arriva le 30 mars, à onze heures du matin, à Bousso où il trouva M. Gentil et le capitaine Robillot. Il repartit de Bousso le 31 mars, à six heures du matin ; il était de retour à Koucheri le 6 avril à midi, ayant laissé le convoi des 64 chameaux avec le sergent Belin à la disposition du capitaine Robillot.

Le 2 avril 1900, le commandant Lamy recevait à Koucheri une nouvelle demande de moyens de transport que lui adressait le capitaine de Lamothe, de Macéré. Il mobilisait aussitôt toutes les pirogues de pêche disponibles à Koucheri et les faisait partir au-devant de M. Gentil avec un détachement de 18 tirailleurs algériens et de 12 tirailleurs soudanais commandé par l'adjudant Jacques, de la mission saharienne. Le départ avait lieu le 2 avril, à dix heures du soir.

Le commandant Lamy n'hésitait donc pas à tout mettre en œuvre pour hâter la réunion des forces françaises sur le Chari. Il avait diminué de quarante-cinq hommes le nombre des troupes occupant Koucheri, pour assurer l'escorte des moyens de transport supplémentaires envoyés au-devant des troupes du Chari, dont la lenteur le désespérait. Ces quarante-cinq hommes pouvaient lui faire cependant défaut à Koucheri même, qui se trouvait maintenant sous le coup d'une attaque directe de Rabah, dont on signalait le départ de Dikoa avec le gros de ses forces. A partir du 11 avril, le doute ne fut plus possible ; deux salves de trois coups de canon furent tirées à peu de distance au nord de Koucheri en l'honneur de la grande fête des musulmans, l'Aïd-el-Kebir ; elles nous signalaient insolemment la présence, à proximité de la place, d'un adversaire qui ne cherchait pas à se cacher et qui, bien au contraire, venait nous narguer, en tirant à nos oreilles des salves d'allégresse avec les canons qu'il avait enlevés à la mission Bretonnet. Cette jactance inspira au commandant Lamy une ligne de conduite tout opposée. Il fallait confirmer cet audacieux adversaire dans son outrecuidance, affecter une attitude réservée, timide même, jusqu'au moment où nous serions rejoints par les troupes du Chari.

Le commandant avait supprimé tous les postes extérieurs de la place afin d'éviter qu'ils ne soient exposés inutilement aux coups des reconnaissances à gros effectifs de Rabah, qui nous avaient déjà tué deux tirailleurs algériens. Mais, la nuit, fonctionnait un système très actif de patrouilles qui, embarquées sur des pirogues, glissaient silencieusement jusqu'aux abords du camp de Rabah, établi à peu de distance du Chari, en aval de Koucheri : elles épiaient tous les mouvements de l'ennemi à la faveur du joyeux vacarme de ses tam-tam nocturnes.

On resta ainsi en contact immédiat pendant dix jours qui nous parurent interminables, sans sortir de notre attitude expectante et volontairement passive Nos patrouilles repoussèrent avec succès plusieurs reconnaissances de la nombreuse et excellente cavalerie ennemie.

Enfin, le 21 avril, à deux heures après midi, les troupes du Chari arrivaient à Koucheri, d'où elles repartaient le lendemain matin pour marcher au feu, conformément à la décision suivante, n° 36, de M. le Commissaire du gouvernement au Chari.

N° 36

« Le Commissaire du gouvernement au Chari, chevalier de la Légion d'Honneur,

» Vu ses instructions,

» Vu les dépêches ministérielles donnant au commissaire du gouvrnement le droit d'utiliser les missions « saharienne » et « Afrique centrale » suivant les nécessités du moment,

» Décide :

« L'objectif de la colonne sera d'asseoir notre domination au Chari dans les conditions prévues par les conventions internationales.

» A cette fin, dans le cas où des opérations contre Rabah seraient jugées nécessaires, elles seraient conduites par M. le chef de bataillon Lamy qui, en outre des troupes déjà sous son commandement, disposera des troupes du Chari.

« Signé : Gentil. »

La présence de Rabah dans les territoires voisins de ceux où nous voulions assurer notre domination, les positions stratégiques qu'il occupait, ne nous laissaient aucune sécurité ; il fallait le réduire avant de songer à une installation.

En conséquence, une colonne d'opérations contre Rabah fut formée sous les ordres du commandant Lamy ; elle comprenait, en plus des troupes du Chari, celles de la mission « Afrique centrale » et celle de la mission « saharienne » ; elle était forte de 700 fusils, 30 chevaux de spahis algériens et soudanais et disposait de trois canons de 80 millimètres de montagne et d'un canon de 42. Les contingents indigènes du Sultan du Baguirmi, Gaourang, comprenaient un grand nombre de cavaliers et suivaient la colonne d'opérations.

Le dispositif de marche pour le combat était pris au sortir même de la place de Koucheri. La marche s'exécutait sur trois colonnes parallèles pendant cinq kilomètres environ. La colonne de droite longeait le Chari ; elle comprenait les troupes de la mission « Afrique centrale » sous les ordres du capitaine Joalland ; la colonne du centre, formée des troupes du Chari, commandées par le capitaine Robillot, était accompagnée de la batterie d'artillerie de quatre pièces, commandée par le capitaine Bunoust.

La colonne de gauche, composée des troupes de la mission « Saharienne », sous les ordres du capitaine Reibell, était chargée d'exécuter un mouvement tournant et de couper la retraite de l'ennemi.

L'action fut engagée à sept heures et demie du matin par la colonne de droite. Les colonnes du centre et de gauche entrèrent successivement en action.

Le camp apparaissait au sommet d'un mamelon dont les vues étaient bien dégagées dans un rayon de 600 à 800 mètres. Il comprenait un vaste réduit central de forme circulaire et d'un diamètre de 300 mètres. Ce réduit était fortement organisé, entouré de palanques renforcées par une levée de terre ; à l'extérieur se trouvait installé un village en paillotes, entouré d'une zériba.

Toute la position, et particulièrement l'intérieur du réduit, fut arrosée par le tir à mitraille, qui tira 74 obus de 80 millimètres et 20 obus de 42, tandis que la violence du feu d'infanterie redoublait sur les faces attaquées à l'ouest et au nord du camp.

Après un combat de préparation par le feu de deux heures, dans lequel nos hommes brûlèrent 32,000 cartouches, l'assaut fut donné, sous l'impulsion de la réserve, maintenue au centre, à la disposition du commandant Lamy, avec un entrain tel que la position ennemie fut enlevée et traversée d'un seul élan.

A l'intérieur du réduit eut lieu un carnage effroyable. C'est à ce moment, et alors que le succès était définitivement assuré, qu'un retour offensif des fuyards, pour protéger la retraite de Rabah blessé, vint frapper mortellement le chef admirable, le commandant Lamy, qui avait conduit ses troupes à une victoire aussi sagement et mûrement préparée que brillamment enlevée.

Aux côtés du commandant Lamy, et au même moment, tombaient le capitaine de Cointet, tué raide, et le lieutenant de Chambrun, blessé au bras.

Ce court retour offensif était bien vite repoussé et l'ennemi coupé de sa retraite sur le Chari par la colonne de gauche qui, après avoir traversé le réduit, avait gagné les bords du fleuve, se dispersait de tous côtés dans la brousse, cherchant à gagner la seule issue qui lui demeurât ouverte vers le Sud-Est, c'est-à-dire vers Koucheri.

La colonne du capitaine Reibell le poursuivit dans cette direction pendant environ trois kilomètres, appuyée par des cavaliers auxiliaires du Baguirmi, qui rapportèrent la tête de Gaddem, atteint et tué dans sa fuite.

Au même moment, on apportait au camp la tête de Rabah, tué par un tirailleur soudanais de la mission «Afrique centrale». La victoire était donc décisive et aussi complète qu'on pouvait le désirer. Tous les étendards ennemis étaient tombés entre nos mains, ainsi que les trois canons de 4 provenant du massacre de la mission Bretonnet, dont la mort était une fois de plus vengée. Plus de cinq cents cadavres gisaient à l'intérieur du réduit ; parmi eux, ceux des principaux chefs d'étendards.

La civilisation triomphait d'une façon éclatante, au cœur de l'Afrique barbare, sous l'égide de la France. Mais notre succès avait été trop chèrement acheté. La mort d'un chef tel que le commandant Lamy, celle d'un officier aussi valeureux que le capitaine de Cointet, sont des pertes irréparables. Quatre officiers blessés, un sous-officier tué ; 17 hommes de troupe tués, 55 hommes de troupe blessés, constituent le bilan de nos pertes. Celles de l'ennemi ne s'élevaient pas à moins d'un millier de tués tant sur la position enlevée qu'à ses abords ; un grand nombre de prisonniers et un butin immense de chevaux, d'armes, de munitions, d'effets de toute nature, complétaient nos trophées.

D'après les renseignements recueillis, le camp de Rabah, sur le Chari, renfermait 5.000 personnes, parmi lesquelles 1.500 fusils de tout modèle, dont un millier à tir rapide, 600 chevaux et 3 canons. Il serait resté 500 fusils à Karnak-Logone, avec Fadel-Allah, et 400 fusils à Dikoa, avec Niébé, les deux fils de Rabah.

Le capitaine Reibell, de la mission « saharienne », prit, comme étant l'officier le plus ancien, le commandement de la colonne d'opérations contre Rabah en remplacement du commandant Lamy.

. . . . . . . . . . . . . . . . . . . . . . . . . . . . . . .

Cependant notre tâche n'était pas terminée. Si le combat du Chari avait supprimé Rabah et porté un coup mortel à l'empire éphémère créé par lui dans le Bornou, le pays était encore infesté par ses bandes, et les fuyards échappés au désastre du 22 avril pouvaient se rallier autour des fils de Rabah dans les deux places fortes de Karnak-Logone et de Dikoa. Aussi, le commissaire du gouvernement décidait-il par l'ordre ci-après de les poursuivre sans relâche :

N° 39.

« Le commissaire du gouvernement au Chari,

» Vu ses instructions,

» Considérant que la présence des bandes rabistes à Dikoa est une menace permanente pour la sécurité des pays de protectorat français,

» Décide :

» La marche sur Dikoa aura lieu demain matin 27 avril.

» Dès que les opérations contre Dikoa seront terminées, l'évacuation se fera immédiatement, et les deux missions, saharienne et Afrique centrale, prendront leurs dispositions pour le retour en territoire français.

» Signé : GENTIL. »

La majorité des fuyards avaient pris après le combat du Chari la direction de Karnak-Logone, où ils avaient rejoint Fadel-Allah, fils aîné de Rabah, qui occupait cette place avec une garnison de 400 fusils, sous les ordres de Faki-Ahmed-Seri. C'était le noyau le plus voisin de Koucheri, et en apparence le centre le plus sérieux de reconstitution des forces ennemies.

Le 24 avril, un détachement de 50 tirailleurs soudanais, sous les ordres du sergent Souley-Taraoré, de la mission Afrique centrale, remontait en pirogues le Logone pour aller reconnaître la place.

Cette avant-garde était appuyée le 25 avril par le gros de la colonne d'opérations, quittant Koucheri, à l'effectif de 600 fusils, qui se portait à 28 kilomètres, dans la direction de Logone, au campement de Tidem. En ce point parvenaient dans la soirée les résultats de la reconnaissance de Souley-Taraoré, qui avait trouvé la ville de Logone abandonnée par Fadel-Allah et mise au pillage par les habitants du pays, qui s'étaient emparés de toutes les richesses qu'une fuite précipitée avait fait abandonner.

C'est à Dikoa que se réunissait le restant des forces de Rabah. Cette ville, dont il avait fait la capitale de son empire, devenait dès lors l'objectif de la colonne d'opérations. Il fallait revenir le 26 avril à Koucheri pour prendre, dès le 27, la seule route présentant des ressources en eau suffisantes pour une colonne telle que la nôtre. Cette route descendait le Chari jusqu'à Malteu, à 30 kilomètres de Koucheri, et suivait ensuite le bras occidental du delta du Chari, en se dirigeant vers l'Ouest, par Afadé, à 22 kilomètres de Malteu et Tingoumou, à 8 kilomètres d'Afadé. De ce point, jusqu'à Dikoa, il restait un espace de 60 kilomètres, sans eau ou à peu près, à franchir avant d'atteindre les environs de Dikoa.

Cette distance fut parcourue en une seule marche de nuit, coupée par un long repos de trois heures. Cet effort amenait la colonne, le 30 avril, au village d'Ourselle, à 20 kilomètres seulement de Dikoa. Nous y trouvâmes les nouvelles les plus contradictoires sur les projets de l'ennemi. Il n'y avait qu'une façon de les contrôler : aller de l'avant. Le 1er mai, la colonne se portait sur Dikoa par Adjiré, où elle apprenait que la capitale avait été évacuée le matin même. Il fallait se hâter d'y arriver, pour mettre fin au pillage commencé aussitôt après le départ des troupes de Rabah par les habitants des villages environnants et les quelques rares habitants de la banlieue de Dikoa, qui n'eussent pas été contraints de force à suivre Fadel-Allah. C'était la migration de tout un peuple, laissant derrière lui une ville déserte.

L'aspect en était imposant. Au centre, entouré d'une enceinte continue, l'emplacement où s'élevaient les palais de la famille de Rabah et ceux de tous les grands chefs militaires ; à l'extérieur, rendant les abords de la muraille très difficiles, les quartiers occupés par le peuple ou par les prisonniers bornouans ou baguirmiens. Plus loin encore, les maisons de campagne de Rabah et de quelques grands personnages, les casernes des troupes de la garnison de Dikoa, enfin le quartier occupé par une centaine de marchands tripolitains, dont aucun n'avait quitté Dikoa. Il fallait occuper la ville au plus vite, pour mettre fin au pillage par les indigènes.

Le palais de Rabah fut occupé par les troupes du Chari et par l'artillerie ; les troupes de la mission Afrique centrale occupèrent le palais de Fadel-Allah ; celles de la mission saharienne, le palais de Niebé. Les troupes étaient installées depuis deux heures environ, losqu'une explosion formidable vint jeter l'alarme dans les cantonnements.

Une colonne épaisse de fumée s'élevant au-dessus de la maison de Rabah, indiquait l'emplacement de l'accident ; les flammèches provenant de l'explosion mettaient le feu en différents points de la ville, qui semblait devoir être la proie d'un immense incendie. Les explosions succédaient aux explosions, et c'est un miracle qu'il ne se produisît pas d'accident de personnes mortel parmi les troupes du Chari, qui occupaient le local même d'où le feu s'était propagé. Seuls, les deux officiers d'artillerie, M. M. Bunoust et Martin, qui procédaient au même instant à la visite de la poudrière, furent atteints par les flammes et brûlés, le premier très grièvement, le second assez légèrement.

Ils purent sauver tout le matériel et toutes les munitions de leur artillerie avec l'aide du maréchal des logis Papin ; seuls, quelques fusils des troupes du Chari furent perdus dans ce sinistre, dont la cause n'a pu être nettement établie et qui ne parait cependant pas pouvoir être attribué à la malveillance. Finalement, l'incendie fut limité à la poudrière de Rabah, sans même que le reste de son immense palais fût très sérieusement endommagé, et cet accident qui aurait pu avoir des suites terribles n'eut pas d'autre conséquence que de retarder de quelques heures la départ du détachement de poursuite, composé des éléments les plus mobiles de la colonne, qui devait se lancer immédiatement sur les traces de Fadel-Allah.

Ce détachement, comprenant 10 spahis algériens, 20 spahis soudanais, 50 tirailleurs montés à cheval, 30 tirailleurs montés à chameau de la mission saharienne, 40 tirailleurs soudanais montés à chameau, quitta Dikoa le 1er mai, à onze heures du soir, sous les ordres du capitaine Reibell. Il parcourut rapidement pendant une marche de nuit, dans une obscurité épaisse, 40 kilomètres, et le lendemain matin, 3 mai, à sept heures et demie, il tombait sur la smala de Fadel-Allah, formant un camp immense, établi sur les bords d'une vaste dépression dont l'écoulement est vers le Tchad, et dans laquelle l'eau se trouve en grande abondance à peu de profondeur. Le lieu porte le nom de Deguemba.

Après un combat, qui dura une heure environ, qui fut très vif et au cours duquel les troupes de Fadel-Allah, au nombre de 700 à 800 fusils, chargèrent notre petite colonne de combat jusqu'à moins de 50 mètres, le camp ennemi fut enlevé dans une charge irrésistible, menée sur une distance de près de 2 kilomètres, avec un élan remarquable, par MM. Rondeney et Britsch.

Dix étendards furent pris avec tout le convoi de poudre et de munitions, les bagages personnels de Fadel-Allah, son harem, plus de 300 fusils et un grand nombre de prisonniers. Pendant toute la journée, les soldats ennemis qui s'étaient dispersés dans la brousse et que la soif tenaillait vinrent se rendre en masse. Le petit nombre de notre cavalerie, l'état de nos chevaux ne nous permit pas d'atteindre Fadel-Allah et son frère Niébé, qui s'étaient enfuis à toute allure avec un grand nombre de cavaliers.

Sur le terrain, on reconnut le cadavre de Faki-Ahmed-el-Kebir, gouverneur de Dikoa, qui était venu se faire tuer courageusement jusque sur nos baïonnettes. Ce beau succès ne nous avait coûté que deux blessés, parmi lesquels le médecin Haller, qui, accompagnant le détachement de poursuite dut s'arrêter deux jours à Deguemba pour attendre l'arrivée d'un médecin appelé de Dikoa et pour mettre un peu d'ordre et d'organisation dans le millier d'individus que la prise de la smala de Fadel-Allah nous mettait sur les bras. Les ressources en vivres trouvées dans le camp étaient nombreuses; plus de 500 bœufs, une centaine de moutons, du mil en quantité. Le 3 mai, un détachement allait reconnaître la direction de fuite prise par Fadel-Allah, qui avait remonté, dans la direction du Sud, le cours d'eau indiqué par Barth sous le nom de Yadzram.

Le 5 mai, à 7 heures du matin, le détachement de poursuite repartait à la suite de son insaisissable ennemi; il comprenait 8 spahis algériens, 15 spahis soudanais, 60 tirailleurs à cheval de la mission saharienne, 40 tirailleurs algériens à pied, 20 tirailleurs soudanais montés à chameau, une pièce de canon de 42 millimètres à chameau, 5 tirailleurs algériens à chameau servant la pièce.

Sur cet effectif total de 148 hommes, les 40 tirailleurs algériens à pied et la pièce de canon ainsi que ses servants étaient arrivés pendant la nuit même de Dikoa et avaient déjà parcouru 40 kilomètres; les spahis algériens avaient été chercher ce renfort et étaient revenus avec lui; ils étaient en selle depuis 80 kilomètres au moment du départ. La garde de notre camp et de nos blessés à Deguemba fut confiée à 60 hommes sous les ordres du capitaine Joalland.

La marche fut reprise sans interruption pendant 145 kilomètres, jusqu'au moment où l'on rejoignit les fuyards. Le détachement arriva à Jaloé, à 15 kilomètres de Deguemba, où eut lieu un long repos, de dix heures du matin à cinq heures du soir; la marche fut reprise sur Rabori où l'on arrivait à quatre heures et demi du matin, le 6 mai, après une marche de nuit qu'une violente tornade et une pluie torrentielle avait interrompue pendant trois heures. On continua sur le village abandonné d'Ourga, et l'on s'arrêta pour une grande halte, de dix heures et demi à midi. On atteignit à cinq heurs du soir le village de Médoubé, que Fadel-Allah avait quitté le matin même, où ses feux brulaient encore et où l'on trouvait, comme sur le reste de son parcours, de nombreux vestiges des atrocités commises par ce digne fils de Rabah, qui razziait tout sur son passage, emmenait de force les populations, se constituait une nouvelle smala, plus nombreuse que l'ancienne, et faisait exterminer sans pitié tous les traînards laissés sur ses derrières. Cependant sa marche était loin d'être facile; privé de munitions, ne disposant plus que des quelques cartouches portées par ses soldats, il était en butte aux attaques incessantes des indigènes du pays, gens du Gamerghou ou Kourdis, païens armées d'arcs et de flèches empoisonnées, chasseurs de gazelles et d'antilopes qui, chaque jour, lui tuaient du monde.

Il s'était arrêté à Isségué, à l'entrée du pays des Mandaras, où il devait rencontrer une hostilité déclarée de la part du sultan de Doloo, dont le père avait été tué par Rabah. Fadel-Allah comptait établir un camp fortifié à Isségué et y attendre des jours meilleurs. Il fallait le suprendre par la soudaineté de notre apparition.

On fit un long repos à Médoubé, de six heures du soir à minuit, et, à sept heures du matin, le détachement arrivait à Isségué, en face du camp de Fadel-Allah. Les 145 kilomètres avaient été franchis en quarante huit heures. Le lieutenant Oudjari et ses hommes en avaient parcouru 185 en trois nuits et deux jours, les spahis algériens 225 en trois jours et trois nuits. En vue de l'ennemi, personne ne se ressentait de ses fatigues.

Quelques coups de canon, quelques coups de fusil dispersèrent comme une volée de moineaux les derniers soldats de Fadel-Allah, qui s'enfuit avec 200 cavaliers à peine, nous abandonnant une seconde fois tout son camp et le produit de ses dernières rapines. Les spahis, dont les chevaux étaient en parfait état lui donnèrent une chasse vigoureuse. Le brigadier Suleiman Sidibé, avec le détachement de spahis soudanais, parfaitement monté, regagna la tête de la colonne des fuyards, fit mettre pied à terre à ses cavaliers et exécuta des feux de salve sur l'ennemi jusqu'à complet épuisement de ses munitions. Il tua ainsi parmi les personnes importantes de l'entourage de Fadel-Allah, qui fut épargné,

Niébé, son frère; Abed, gendre de Rabah, et Bandas, chef d'étendard. Deux étendards tombèrent encore entre nos mains, ainsi qu'une centaine de fusils, parmi lesquels dix gros fusils de rempart.

La poursuite, appuyée par quatre sections de tirailleurs algériens à cheval, ne permit qu'à un petit groupe de cavaliers parfaitement montés de nous échapper. Ceux-ci, privés de tout, sans vivres, sans munitions, sans femmes, sans domestiques, traqués par les indigènes armés de flèches, arrêtés en avant par les Mandaras, leurs ennemis mortels, étaient réduits aux abois. Il ne leur restait plus qu'à périr dans les rochers où ils s'étaient refugiés ou à se rendre.

Le programme tracé au commandant de la colonne était rempli. Il avait débarrassé le Centre africain des dernières bandes rabistes, mises définitivement hors d'état de nuire à qui que ce soit. Il fallait songer au retour et organiser le rapatriement de cette population de plus de 6,000 individus, parmi lesquels 5,000 femmes de tout âge, de toutes conditions, depuis la femme de Fadel-Allah, Hadja, fille du cheik Senoussi, depuis la femme de Rabah jusqu'aux plus misérables vieilles se traînant à peine. On consacra la soirée du 7 et la matinée du 8 mai aux préparatifs de retour.

Cependant avant de quitter Isségué, le capitaine commandant la colonne voulut faire parvenir à Fadel-Allah la proposition de se rendre. Il lui écrivit une lettre dans ce sens, que trois des prisonniers de la veille se chargèrent de porter à Fadel-Allah, sous la conduite de deux indigènes du pays. La réponse à ces ouvertures devait lui parvenir à Dikoa.

La colonne précédée de ce troupeau humain, dont elle avait maintenant la charge, quitta Isségué le 8 mai, à deux heures de l'après-midi pour aller coucher à Médoubé à 30 kilomètres plus au Nord.

Le 9 mai, la colonne atteignit après une marche de 55 kilomètres le groupe de villages de Kabori qui présentaient des ressources suffisantes pour sa subsistance.

Le 11 mai, elle rentrait à son camp de Deguemba, ayant franchi une nouvelle distance de 55 kilomètres Il ne restait plus qu'à ramener à Dikoa, à la suite des combats des 2 et 7 mai, les captifs libérés, et parmi lesquels se trouvaient des épaves de toutes les catastrophes fatales aux entreprises européennes en Afrique durant le cours des vingts dernières années : anciens combattants de Khartoum, Sénégalais de l'escorte de Crampel, débris de la mission Bretonnet, Sénégalais et domestiques de M. de Béhagle, Tripolitains et Egyptiens plus ou moins mêlés à ces drames, formant un ensemble de témoins qui pouvaient contribuer à jeter un jour complet sur les points demeurés obscurs de ces lamentables affaires.

La colonne d'opérations était concentrée le 13 mai au soir à Dikoa.

Grâce au tact et à l'énergie du capitaine Robillot, l'ordre n'avait pas tardé à être rétabli dans la ville livrée pendant deux jours à un pillage désordonné par les indigènes de toute catégorie, qui s'étaient rués sur la proie que l'incendie du 1er mai et l'évacuation de la ville par nos troupes mettaient à leur merci.

On retira des décombres de l'arsenal de Rabah, 35 canons de rempart de modèles anciens, et plus ou moins hors d'usage, 28 charges de poudre et de munitions qui, avec 120 fusils environ, provenant des soldats de Rabah, qui étaient venus se rendre à Dikoa, après le combat de Déguemba, furent remis au Fatcha, commandant le détachement de 100 cavaliers auxiliaires, fournis par le Sultan de Baghirmi, pour être transportés à Koucheri. A Dikoa, également, étaient venus se rendre directement deux Tripolitains, secrétaires de Rabah et de Fadel-Allah, au courant de toutes les richesses et de tous les approvisionnements laissés dans les palais de Dikoa et à Karnak Logone. Ils confirmèrent le renseignement, déjà parvenu de sources différentes, qu'il n'existait pas à Dikoa de trésors cachés, et tout ce qui n'avait pu être emporté avait été laissé dans des magasins que nous avons trouvés complétement pillés. Il en avait été de même à Karnak-Logone au moment du départ de Fadel Allah.

Nous nous bornâmes à prendre le mil et les animaux nécessaires à la subsistance de nos troupes sur le Chari.

Le séjour en territoire étranger (1) du détachement rendu nécessaire par les opérations contre Rabah ne pouvait être prolongé plus longtemps.

La colonne se remettait en marche sur Koucheri, les 15 et 16 mai. Elle formait trois échelons pour lui permettre de profiter plus aisément pour elle-même, pour les nombreux troupeaux et pour le personnel auxiliaire de toute nature qu'elle traînait à la suite des ressources peu abondantes en eau existant dans la région entre Dikoa et le Chari.

Les deux premiers échelons commandés, l'un par le capitaine Joalland, l'autre par le capitaine Robillot, se suivaient à un jour d'intervalle sur une route passant par Gadjibot et par Angalla et atteignaient au delà de cette localité le marigot d'Afadé; le troisième échelon avec lequel marchait le commandant de la colonne, transportait, sous l'escorte de 50 hommes des troupes du Chari commandés par le capitaine de Lamothe les officiers blessés, et reprenait au retour la même route qu'à l'aller. Cet échelon rejoignait à Afadé, le 19 mai, celui du capitaine Joalland. Tous deux rentraient ensemble à Koucheri le 21 mai.

La colonne d'opérations passait aussitôt sur la rive droite du Chari. Elle venait s'installer au point de la rive française qui doit porter le nom de Fort-Lamy et perpétuer le souvenir du chef regretté dont les sages prévisions avaient assuré le succès décisif du 22 avril et préparé les heureux résultats obtenus par le détachement de poursuite de Fadel-Allah.

Les opérations de la colonne contre Rabah ont pris fin le 22 mai 1900. »

---

(1) Nous rappelons que les opérations finales contre Rabah eurent lieu hors du territoire dévolu au protectorat français, en territoire allemand.

## CONCLUSION

L'on n'avait entrepris de retracer que la carrière de Rabah, ce qui a amené à faire l'exposé des opérations militaires dont le résultat fut la chute de ce conquérant.

Ici doit par conséquent s'arrêter notre récit.

A la suite des brillants faits de guerre accomplis sous le commandement du commandant Lamy et du capitaine Reibell, le commissaire du gouvernement Gentil ordonna la dislocation des missions que l'on a vues à l'œuvre et dont le rôle était terminé.

La mission *Afrique Centrale* (Joalland-Meynier) revint en France par le Soudan, en contournant de nouveau le Tchad. en retraversant le Kanem, le Damerghou et Zinder.

La mission *Saharienne* (ancienne mission Foureau-Lamy) rentra par le Chari et le Congo.

Il faut ajouter que ces missions, privées de moyens de transport, manquant de tout malgré leur récente victoire, connurent encore sur le chemin du retour de nombreuses privations et de longues fatigues.

Quant à la mission *du Chari*.(ancienne mission Gentil-Bretonnet) les troupes sénégalaises qui en faisaient partie restèrent, sous le commandement du capitaine Robillot dans la région du Chari dont elles occupèrent les points principaux, afin d'en assurer la pacification. Elles durent notamment achever la dispersion des débris des bandes de Rabah, que ses fils essayèrent vainement de rassembler pour recommencer la lutte.

Les immenses territoires que la défaite de Rabah a fait entrer dans l'orbe de notre domination reçurent sans retard une organisation appropriée à leurs besoins. Ils ont été partagés en *Région civile du Haut-Chari* et *Région militaire du Bas-Chari*, ce qui est conforme au plan adopté par le ministère des colonies et suivant lequel nos prossessions africaines doivent être regardées comme formant deux catégories. Dans la première rentrent les provinces qui, plus anciennment occupées et voisines de la côte, doivent être administrées surtout au point de vue économique et commercial: l'autre comprend les provinces qui, en avant de celles-là, étant en contact avec des populations belliqueuses et les nomades sahariens, constituent des sortes de marches et doivent être traitées comme « territoires militaires. »

C'est ainsi que, en avant du Haut-Oubanghi, s'étend le « territoire militaire des pays et protectorats du Tchad » auquel on a donné pour commandant supérieur un officier, le lieutenant-colonel Destenave, africain consommé, qui venait de réaliser pacifiquement l'occupation graduelle de la Boucle du Niger, sans occasionner aucune dépense ni au budget colonial, ni au budget local du Soudan.

Le Baghirmi fait partie de ce groupement. Le Ouadaï n'est pas encore soumis en fait, mais les petits états voisins, Kanem, etc, ont accepté notre suzeraineté, ou l'accepteront à brève échéance. Quant au pays de Zinder en raison de sa situation en marge du Sahara, il est constitué en territoire militaire.

Tous les pays soumis ou protégés continuent d'être administrés par des chefs indigènes, sous le contrôle d'agents français: l'organisation qui leur a été donnée conserve tout ce qui, dans celle qu'ils avaient autrefois, n'était pas à rejeter. Les impôts ont été diminués, la sécurité assurée dans la mesure du possible; la chasse aux esclaves et la traite interdites.

C'est ainsi que le Baghirmi dont le sultan Gaourang nous doit de n'avoir pas été définitivement dépossédé par Rabah, est gouverné par ses dignitaires. Gaourang garde l'aspect extérieur du pouvoir. L'impôt qui écrasait le peuple a été considérablement réduit : il est réparti d'une façon aussi équitable que possible.

Gaourang doit prélever, sur ce qu'il reçoit, de quoi nous payer à nous-mêmes un tribut consistant en 2000 charges (de 120 Kilog.) de mil: 500 boubous et 100 bœufs. Le tout représente une valeur d'environ 42000 francs. Le tribut qu'il payait au Ouadaï a été supprimé.

Cette organisation est à peu de chose près, mais avec une foule d'abus en moins, celle que Rabah lui-même avait donnée à ses conquêtes, et en particulier au Bornou. Les chefs locaux avaient gardé leurs attributions : ils demeuraient les intermédiaires entre la population et le pouvoir; auprès d'eux, les principaux chefs de Rabah, installés comme résidents, veillaient à l'exécution de ses volontés. Les populations ne faisaient que changer de sultan. Ce mode de protection eut été pour Rabah le meilleur moyen de s'attacher le peuple qui n'était pas sous lui plus asservi ni plus maltraité, et les grands, qu'il ne dépossédait pas de leurs « situations. » Mais il avait en matière d'impôt la main trop lourde et ce furent ses exigences à cet égard qui lui aliénèrent ses nouveaux sujets.

Les populations de l'Afrique centrale garderont longtemps le souvenir de la chute de Rabah qu'elles croyaient invincible. Cet événement souleva dans le monde noir une émotion dont on peut mesurer l'étendue d'après la rapidité avec laquelle la nouvelle s'en répandit; ainsi, on l'apprit en Europe par Tripoli — où elle avait été apportée par une caravane — plus vite que par la voie du Chari-Congo et le Câble télégraphique de l'ouest africain.

Chez nous aussi ce fait fut salué comme un des plus considérables de notre histoire coloniale. C'est que Rabah, en raison de ses facultés, des grands moyens dont il disposait, de la situation des pays qu'il occcupait, a été un des adversaires les plus sérieux que nous ayons eu à abattre en Afrique.

Sa victoire de Togbao lui avait donné un prestige qui aurait pu nous être funeste Si l'on n'avait réussi à briser sa puissance tout d'un coup, c'en eut été fait de nos espérances et de nos projets, au moins pour de bien longues années. Sa défaite et sa mort, en ouvrant à l'activité économique et à la civilisation le Soudan central, marquent réellement le début d'une ère nouvelle pour notre empire Africain.

Nous ne serons pas les seuls du reste à bénéficier de ces événements.

L'Angleterre et l'Allemagne nous doivent de les avoir, en faisant disparaître Rabah, mises à même de prendre possession effective des domaines que les conventions attribuent: à la première, à l'ouest du Tchad ; à la seconde, sur la rive gauche du Chari.

On ne saurait trop admirer la conduite de nos officiers et de nos soldats dans cette campagne qui malheureusement nous coûta tant de vies précieuses. Ainsi que l'a dit le commissaire du gouvernement Gentil, dans le bel ordre du jour qui déclarait closes les opérations menées jusque-là sous sa haute direction :

« Les annales coloniales sont remplies de faits glorieux qui sont autant de témoignages en faveur de la vaillance des troupes françaises. On ne peut pas citer une seule colonne ayant réussi aussi bien et aussi vite que celle qui vient d'être dirigée contre Rabah. »

Après avoir payé aux morts et aux survivants le juste tribut d'éloges qui leur est dû, ajoutons que l'on doit louer d'une manière particulière l'homme aux conceptions et à la persévérance de qui la France doit d'avoir pu relier en un seul domaine ses plus vastes possessions d'Afrique : l'administrateur Gentil qui au milieu de circonstances difficiles et avec des moyens restreints, sut organiser la victoire que nos troupes ont remportée.

# TABLE DES MATIÈRES

PREMIÈRE PARTIE

## LE TRAITANT ZOBÉIR & LES DÉBUTS DE RABAH



DEUXIÈME PARTIE

## PREMIÈRES CONQUÊTES DE RABAH



TROISIÈME PARTIE

## GUERRES CONTRE LE BAGHIRMI & LE BORNOU



QUATRIÈME PARTIE

## AUTOUR DU TCHAD : PAYS & POPULATIONS



CINQUIÈME PARTIE

## LES FRANÇAIS AU TCHAD

www.ingramcontent.com/pod-product-compliance
Ingram Content Group UK Ltd.
Pitfield, Milton Keynes, MK11 3LW, UK
UKHW020957230726
13923UKWH00007B/495